2021年版全国一级建造师执业资格考试辅导

公路工程管理与实务

全国一级建造师执业资格考试辅导编写委员会　编写

中国建筑工业出版社
中国城市出版社

图书在版编目（CIP）数据

公路工程管理与实务复习题集／全国一级建造师执业资格考试辅导编写委员会编写．—北京：中国城市出版社，2021.4

2021年版全国一级建造师执业资格考试辅导

ISBN 978-7-5074-3364-7

Ⅰ.① 公…　Ⅱ.① 全…　Ⅲ.① 道路工程–施工管理–资格考试–习题集　Ⅳ.① U41-44

中国版本图书馆CIP数据核字（2021）第040181号

责任编辑：田立平
责任校对：张　颖

2021年版全国一级建造师执业资格考试辅导

公路工程管理与实务复习题集

全国一级建造师执业资格考试辅导编写委员会　编写

*

中国建筑工业出版社、中国城市出版社出版、发行（北京海淀三里河路9号）

各地新华书店、建筑书店经销

北京圣夫亚美印刷有限公司印刷

*

开本：787毫米×1092毫米　1/16　印张：$19\frac{1}{2}$　字数：447千字

2021年5月第一版　　2021年5月第一次印刷

定价：**58.00**元（含增值服务）

ISBN 978-7-5074-3364-7

（904347）

如有印装质量问题，可寄本社图书出版中心退换

（邮政编码 100037）

出版说明

为了满足广大考生的应试复习需要，便于考生准确理解考试大纲的要求，尽快掌握复习要点，更好地适应考试，根据《一级建造师执业资格考试大纲》（2018 年版）（以下简称《考试大纲》）和《2021 年版全国一级建造师执业资格考试用书》（以下简称《考试用书》），我们组织全国著名院校和企业以及行业协会的有关专家教授编写了《2021 年版全国一级建造师执业资格考试辅导——复习题集》（以下简称《复习题集》）。此次出版的复习题集共 13 册，涵盖所有的综合科目和专业科目，分别为：

- 《建设工程经济复习题集》
- 《建设工程项目管理复习题集》
- 《建设工程法规及相关知识复习题集》
- 《建筑工程管理与实务复习题集》
- 《公路工程管理与实务复习题集》
- 《铁路工程管理与实务复习题集》
- 《民航机场工程管理与实务复习题集》
- 《港口与航道工程管理与实务复习题集》
- 《水利水电工程管理与实务复习题集》
- 《矿业工程管理与实务复习题集》
- 《机电工程管理与实务复习题集》
- 《市政公用工程管理与实务复习题集》
- 《通信与广电工程管理与实务复习题集》

《建设工程经济复习题集》《建设工程项目管理复习题集》《建设工程法规及相关知识复习题集》包括单选题和多选题，专业工程管理与实务复习题集包括单选题、多选题、实务操作和案例分析题。题集中附有参考答案、难点解析、案例分析以及综合测试等。为了帮助应试考生更好地复习备考，我们开设了在线辅导课程，考生可通过中国建筑出版在线网站（exam.cabplink.com）了解相关信息，参加在线辅导课程学习。

为了给广大应试考生提供更优质、持续的服务，我社对上述 13 册图书提供网上增值服务，包括在线答疑、在线视频课程、在线测试等内容。

《复习题集》紧扣《考试大纲》，参考《考试用书》，全面覆盖所有知识点要求，力求突出重点，解释难点。题型参照《考试大纲》的要求，力求练习题的难易、大小、长短、宽窄适中。各科目考试时间、分值见下表：

序 号	科 目 名 称	考试时间（小时）	满 分
1	建设工程经济	2	100
2	建设工程项目管理	3	130
3	建设工程法规及相关知识	3	130
4	专业工程管理与实务	4	160

本套《复习题集》力求在短时间内切实帮助考生理解知识点，掌握难点和重点，提高应试水平及解决实际工作问题的能力。希望这套题集能有效地帮助一级建造师应试人员提高复习效果。本套《复习题集》在编写过程中，难免有不妥之处，欢迎广大读者提出批评和建议，以便我们修订再版时完善，使之成为建造师考试人员的好帮手。

中国建筑工业出版社

中国城市出版社

2021 年 2 月

购正版图书　享超值服务

凡购买我社《复习题集》的读者，均可凭封面上的增值服务码，免费享受网上增值服务。增值服务包括在线答疑、在线视频、在线测试等内容，使用方法如下：

1. 计算机用户

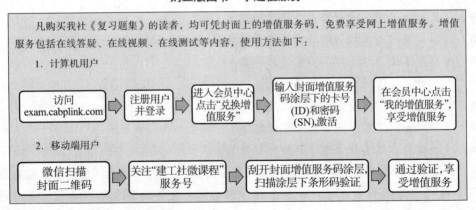

访问 exam.cabplink.com ➡ 注册用户并登录 ➡ 进入会员中心点击"兑换增值服务" ➡ 输入封面增值服务码涂层下的卡号(ID)和密码(SN),激活 ➡ 在会员中心点击"我的增值服务"，享受增值服务

2. 移动端用户

微信扫描封面二维码 ➡ 关注"建工社微课程"服务号 ➡ 刮开封面增值服务码涂层，扫描涂层下条形码验证 ➡ 通过验证，享受增值服务

读者如果对图书中的内容有疑问或问题，可关注微信公众号【建造师应试与执业】，与图书编辑团队直接交流。

建造师应试与执业

前　言

　　本书按照一级建造师（公路工程）2018 年修订的执业资格考试大纲和 2021 年版考试用书的内容相关要求，组织有关院校和企业的教授及专家编写，并经过审定通过。

　　为了满足参加考试人员的培训和复习需要，本书在编写时采取了与考试题型一致的选择题和案例题形式编写。选择题以目为单元编写，实务操作和案例分析题内容可能涵盖多个章节内容。在编写时，力求做到内容全面、重点突出、通俗易懂，同时达到举一反三的目的。

　　本书既可作为一级建造师（公路工程）复习考试的参考性资料，也可供其他从事公路工程项目管理人员使用，同时也可作为大中专院校相关专业师生教学参考。

　　本书在编写过程中力求精练、实用，但由于水平有限，加之时间紧迫，不足之处在所难免，恳请读者给予批评指正，以便今后进一步修改、补充，使其逐步完善。

目　录

第一部分　选择题

第二部分　实务操作和案例分析题

第三部分　综合测试题

第一部分

选择题

1B410000 公路工程施工技术

1B411000 路基工程

1B411010 路基施工技术

复习要点

1. 路基施工技术准备

路基施工前应做好组织、物质和技术三大准备。技术准备工作的内容主要包括熟悉设计文件、现场调查核对、设计交桩、复测与放样、试验及试验路段施工等。

2. 原地基处理要求。

3. 土质路堑施工技术

横向挖掘法（单层横向全宽挖掘法、多层横向全宽挖掘法）、纵向挖掘法（分层纵挖法、通道纵挖法、分段纵挖法）、混合式挖掘法的概念与施工方法。

机械开挖作业方式。

4. 石质路堑施工技术

开挖方式：钻爆开挖、直接应用机械开挖、静态破碎法。

5. 综合爆破施工技术与路基爆破施工技术。

6. 路基填料的选择

用于公路路基的填料要求挖取方便，压实容易，强度高，水稳定性好。其中强度要求是按 CBR 值确定，应通过取土试验确定填料最小强度和最大粒径。

7. 土质路堤施工技术

水平分层填筑、纵向分层填筑、横向填筑、联合填筑的填筑方法。

8. 填石路堤填料要求

硬质岩石、中硬岩石可用于路堤和路床填筑；软质岩石可用于路堤填筑，不得用于路床填筑；膨胀岩石、易溶性岩石和盐化岩石不得用于路基填筑。路基的浸水部位，应采用稳定性好、不易膨胀崩解的石料填筑。路堤填料粒径应不大于 500mm，并宜不超过层厚的 2/3。路床底面以下 400mm 范围内，填料最大粒径不得大于 150mm，其中小于 5mm 的细料含量应不小于 30%。

9. 填石路堤施工要求与施工技术

填筑方法有竖向填筑法（倾填法）、分层压实法（碾压法）、冲击压实法、强力夯实法。

10. 土石路堤施工技术。

11. 高填方路堤施工技术。

12. 粉煤灰路堤施工技术。

13. 台背与墙背填筑施工技术。

14. 路基雨期施工技术

雨期施工地段的选择、雨期填筑路堤施工技术要求、雨期开挖路堑施工技术要求。

15. 路基冬期施工技术

路基工程可冬期进行的项目、冬期填筑路堤、冬期施工开挖路堑表层冻土的方法、冬期开挖路堑。

16. 一般路堤拓宽施工要求。

17. 高路堤与陡坡路堤拓宽施工要求。

18. 软土的工程特性及软土地基处治施工技术

软土地基处理施工具体方法有垫层和浅层处理、竖向排水体、真空预压、粒料桩、加固土桩、水泥粉煤灰碎石桩、刚性桩、爆炸挤淤、路堤地基隔离墙、强夯和强夯置换等。

19. 膨胀土作为路基填料时的要求与膨胀土的填筑。

20. 湿陷性黄土的工程特性及湿陷性黄土路基施工

除采用防止地表水下渗的措施外，还可根据湿陷性黄土工程特性和工程要求，因地制宜采取换填法、冲击碾压法、强夯法、挤密桩法、桩基础法等措施对地基进行处理。湿陷性黄土填筑路堤填筑、湿陷性黄土路堑施工。

21. 滑坡防治的工程措施

滑坡防治的工程措施主要有排水、力学平衡和改变滑带土三类。

22. 滑坡地段路基的施工技术要点。

 单项选择题

1. 试验路段应选择地质条件、路基断面形式等具有代表性的地段，长度宜不小于（　　）m。

A. 100　　　　　　　　　　　　　B. 200

C. 250　　　　　　　　　　　　　D. 300

2. 开挖至零填、路堑路床部分后，应及时进行路床施工；如不能及时进行，宜在设计路床顶标高以上预留至少300mm厚的（　　）。

A. 保护层　　　　　　　　　　　B. 磨耗层

C. 调平层　　　　　　　　　　　　D. 防冻层

3. 低路堤应对地基表层土进行超挖、分层回填压实，其处理深度应不小于（　　　）。

　　A. 路床厚度　　　　　　　　　　B. 路面厚度

　　C. 垫层厚度　　　　　　　　　　D. 路基最小填土高度

4. 粉煤灰路堤的施工步骤与填土路堤施工方法相类似，仅增加了包边土和（　　　）等工序。

　　A. 基底防水处理　　　　　　　　B. 设置拉筋带

　　C. 设置护坡　　　　　　　　　　D. 设置边坡盲沟

5. 用于公路路基的填料要求强度高，其强度要求是按（　　　）指标确定。

　　A. 密度　　　　　　　　　　　　B. 回弹模量

　　C. 弯沉　　　　　　　　　　　　D. CBR 值

6. 路基施工采用毫秒微差爆破技术，当最深梯段为 H_T 时，单孔装药量 Q 的计算式为 $Q = e \cdot q \cdot H_T \cdot W_d$，其中 W_d 是（　　　）。

　　A. 药量指数　　　　　　　　　　B. 梯段爆破单位耗药量

　　C. 炸药换算系数　　　　　　　　D. 最小抵抗线

7. 一段较长的土质路堑纵向开挖，采用沿路堑全宽，以深度不大的纵向分层进行挖掘作业，这种作业方法称作（　　　）。

　　A. 分层纵挖法　　　　　　　　　B. 通道纵挖法

　　C. 分段纵挖法　　　　　　　　　D. 混合式纵挖法

8. 可在冬期进行路基施工的工程项目是（　　　）。

　　A. 一级公路的土路基开挖　　　　B. 挖掘填方地段的台阶

　　C. 岩石地段的路堑开挖　　　　　D. 整修路基边坡

9. 关于雨期路基施工的说法，错误的是（　　　）。

　　A. 每一填筑层表面应做成 2%～4% 单向路拱横坡

　　B. 高出设计洪水位 0.5m 以下部位应选用透水性好、饱水强度高的填料分层填筑

　　C. 开挖路堑，当挖至路床顶面以上 300～500mm 时应停止开挖

　　D. 雨期开挖岩石路基，炮眼宜水平设置

10. 在下列施工区域，应该按照冬期施工要求进行路基施工的是（　　　）。

　　A. 在季节性冻土地区，昼夜平均温度在 0℃ 以下，且连续 10d 以上

　　B. 在季节性冻土地区，昼夜平均温度在 −3℃ 以下，且连续 7d 以上

　　C. 在季节性冻土地区，昼夜平均温度在 0℃ 以下，且连续 7d 以上

　　D. 在季节性冻土地区，昼夜平均温度在 −3℃ 以下，且连续 10d 以上

11. 路肩式挡土墙路基拼接时，上部支挡结构物应予拆除，宜拆除至（　　　）以下。

　　A. 路槽底面　　　　　　　　　　B. 路床底面

　　C. 设计标高　　　　　　　　　　D. 设计水位

12. 在开挖限界处按适当间隔排列炮孔，在没有侧向临空面和最小抵抗线的情况下，用控制药量的方法爆炸，使拟爆体与山体分开，作为隔振减振带，起保护开挖限界以外山

体或建筑物和减弱爆破震动对其破坏的作用，这种爆破称为（　　　）。

    A．光面爆破　　　　　　　　　　B．微差爆破

    C．预裂爆破　　　　　　　　　　D．定向爆破

13. 抛石挤淤施工时，在抛石高出水面后，应采用重型机具碾压紧密，然后在其上设（　　　），再行填土压实。

    A．透水层　　　　　　　　　　　B．垫层

    C．反滤层　　　　　　　　　　　D．封层

14. 采用粒料桩处理软土地基时，其施工工艺程序为（　　　）。

    A．整平地面→振冲器就位对中→成孔→清孔→加料振密→关机停水→振冲器移位

    B．整平地面→振冲器移位→振冲器就位对中→成孔→清孔→加料振密→关机停水

    C．整平地面→振冲器就位对中→振冲器移位→成孔→清孔→加料振密→关机停水

    D．整平地面→振冲器就位对中→振冲器移位→成孔→加料振密→清孔→关机停水

15. 关于反压护道处理软基的说法，错误的是（　　　）。

    A．占地多　　　　　　　　　　　B．施工简易方便

    C．后期沉降小　　　　　　　　　D．不需特殊的机具设备和材料

16. 滑坡防治的工程措施主要有（　　　）、力学平衡以及改变滑带土三类。

    A．护面　　　　　　　　　　　　B．排水

    C．植树　　　　　　　　　　　　D．注浆

二　多项选择题

1. 关于填石路堤施工要求的说法，正确的有（　　　）。

    A．三级及三级以下公路的下路堤可采用倾填的方式填筑

    B．填石路堤顶面与细粒土填土层之间应填筑过渡层或铺设无纺土工布隔离层

    C．边坡码砌与路基填筑应基本同步进行

    D．每填高 3m 宜检测路基中线和宽度

    E．孔隙率的检测应采用水袋法进行

2. 高速公路、一级公路路床填料宜采用（　　　）。

    A．砂砾　　　　　　　　　　　　B．碎石

    C．粉质土　　　　　　　　　　　D．级配好的碎石土、砾石土

    E．黄土

3. 冬期施工开挖路堑表层冻土的方法有（　　　）。

    A．爆破冻土法　　　　　　　　　B．机械破冻法

    C．火烧法　　　　　　　　　　　D．蒸汽放热解冻法

    E．人工开挖法

4. 土方路堤填筑常用的机械有（　　　）。

A. 铲运机   B. 平地机

C. 装载机   D. 空压机

E. 挖掘机

5. 雨期路基施工地段一般应选择（   ）。

A. 砂类土地段   B. 碎砾石地段

C. 岩石地段   D. 黏土地段

E. 路堑的弃方地段

6. 以下一般属于小炮的有（   ）。

A. 钢钎炮   B. 深孔爆破

C. 药壶炮   D. 猫洞炮

E. 用药量 1t 以上的炮

7. 用于软基处理的粉煤灰垫层，可采用电厂排放的硅铝型低钙粉煤灰，其材料要求有（   ）。

A. 烧失量宜大于 12%   B. $CaO + MgO$ 含量不应低于 55%

C. 最大粒径不宜大于 2mm   D. 最小粒径不宜小于 0.05mm

E. 小于 0.075mm 颗粒含量宜大于 45%

8. 软基处理施工中的垂直排水固结法包括（   ）。

A. 打砂井   B. 堆载预压

C. 打袋装砂井   D. 铺砂垫层

E. 插塑料排水板

【1B411010　答案与解析】

一、单项选择题（有答案解析的题号前加 *，以下同）

1. B;   2. A;   *3. A;   4. D;   *5. D;   6. D;   *7. A;   8. C;

9. A;   *10. D;   11. B;   12. C;   *13. C;   *14. A;   15. C;   16. B

【解析】

3. A:

根据《公路路基施工技术规范》JTG/T 3610—2019 的规定，低路堤应对地基表层土进行超挖、分层回填压实，其处理深度应不小于路床厚度，这样处理后压实效果方能达到要求。

5. D:

用于公路路基的填料要求挖取方便，压实容易，强度高，水稳定性好。其中强度要求是按 CBR 值确定，应通过取土试验确定填料最小强度和最大粒径。

7. A:

分层纵挖法：沿路堑全宽，以深度不大的纵向分层进行挖掘，适用于较长的路堑开挖。

10. D：

在季节性冻土地区，昼夜平均温度在−3℃以下，且连续10d以上，进行路基施工称为路基冬期施工。

13. C：

根据《公路软土地基路堤设计与施工技术细则》JTG/T D31—02—2013规定：抛石高出水面后，应采用重型机具碾压紧密，然后在其上设反滤层，再进行填土压实。

14. A：

粒料桩处理软基的工艺：按整平地面→振冲器就位对中→成孔→清孔→加料振密→关机停水→振冲器移位的施工工艺程序进行。

二、多项选择题

1. B、C、D、E；　　*2. A、B、D；　　3. A、B、C、D；　　4. A、B、C、E；

*5. A、B、C、E；　　6. A、B；　　7. C、E；　　*8. A、C、E

【解析】

2. A、B、D：

高速公路、一级公路路床填料宜采用砂砾、碎石等水稳性好的粗粒料，也可采用级配好的碎石土、砾石土等；粗粒料缺乏时，可采用无机结合料改良细粒土。

5. A、B、C、E：

雨期路基施工地段一般应选择丘陵和山岭地区的砂类土、碎砾石和岩石地段、路堑的弃方地段。

8. A、C、E：

垂直排水固结法利用砂井、袋装砂井、塑料排水板增加土层竖向排水途径，缩短排水距离、加速地基固结，而堆载预压属于重压法，铺砂垫层属于表层处理法。

1B411020　公路路基防护与支挡

复习要点

1. 路基防护工程类型

路基防护工程分坡面防护（植物防护、骨架植物防护、圬工防护、土工织物防护）和沿河路基防护（直接防护、间接防护）。

直接防护：植物、砌石、石笼、浸水挡土墙等。

间接防护：丁坝、顺坝等导治构造物以及改移河道。

2. 常用防护工程施工技术要点。

3. 路基支挡工程的类型

按路基加固的不同部位分为：坡面防护加固、边坡支挡、湿弱地基加固三种类型。

坡面防护加固：路基防护中均有加固作用。

边坡支挡：包括路基边坡支挡和堤岸支挡。

湿弱地基加固：碾压密实、排水固结、挤密、化学固结、换填土。

4. 重力式挡土墙工程施工技术

重力式挡土墙墙背形式可分为仰斜、俯斜、垂直、凸形折线（凸折式）和衡重式五种。

开挖完成后应及时进行检验，检验合格后应及时进行下道工序施工。

砌石墙身应分层错缝砌筑，咬缝应不小于砌块长度的1/4，且不得出现贯通竖缝。片石、砌块应大面朝下砌筑，砌块不应直接接触，间距宜不小于20mm。混凝土墙身应水平分层浇筑，分层振捣。分层厚度应不超过300mm。挡土墙混凝土或砂浆强度达到设计强度的75%时，应及时进行墙背回填。距墙背0.5~1.0m内，不得使用重型振动压路机碾压。

5. 加筋土挡土墙工程施工技术

加筋土挡土墙由填料、在填料中布置的拉筋以及墙面板三部分组成。加筋土挡土墙施工简便、快速，并且节省劳力和缩短工期，一般包括下列工序：基槽（坑）开挖、地基处理、排水设施、基础浇（砌）筑、构件预制与安装、筋带铺设、填料填筑与压实、墙顶封闭等，其中现场墙面板拼装、筋带铺设、填料填筑与压实等工序是交叉进行的。

6. 锚杆挡土墙工程施工技术

锚杆挡土墙由于锚固地层、施工方法、受力状态以及结构形式等的不同，有各种各样的形式。按墙面的结构形式可分为柱板式锚杆挡土墙和壁板式锚杆挡土墙。

锚杆挡土墙施工工序主要有基坑开挖、基础浇（砌）筑、锚杆制作、钻孔、锚杆安放与注浆锚固、肋柱和挡土板预制、肋柱安装、挡土板安装、墙后填料填筑与压实等。

一　单项选择题

1. 喷射混凝土面层应在长度方向上每（　　　）m设伸缩缝，缝宽10~20mm。
   A. 10　　　　　　　　　　　　B. 15
   C. 20　　　　　　　　　　　　D. 30

2. 下列防护措施中，属于骨架植物防护的是（　　　）。
   A. 水泥混凝土空心块护坡　　　B. 干砌片石护坡
   C. 锚杆钢丝网喷浆　　　　　　D. 石笼

3. 不宜设置在挖方路段的挡土墙是（　　　）。
   A. 锚杆挡土墙　　　　　　　　B. 加筋土挡土墙
   C. 重力式挡土墙　　　　　　　D. 衡重式挡土墙

4. 墙背所受土压力较小的重力式挡土墙墙背形式是（　　　）。
   A. 俯斜式　　　　　　　　　　B. 仰斜式
   C. 垂直式　　　　　　　　　　D. 凸折式

二 多项选择题

1. 坡面喷射混凝土防护施工应符合的规定有（　　）。

   A．作业前应进行试喷

   B．当混凝土厚度大于 100mm 时，宜分两次喷射

   C．喷射混凝土初凝后，应立即开始养护，养护期宜不少于 14d

   D．面层表面应抹平，压实修整

   E．永久支护面钢筋的喷射混凝土保护层厚度应不小于 60mm

2. 沿河路基直接防护有（　　）。

   A．抛石 　　　　　　　　　　 B．丁坝

   C．砌石 　　　　　　　　　　 D．浸水挡土墙

   E．石笼

3. 锚杆挡土墙的锚固工序包括有（　　）。

   A．养护 　　　　　　　　　　 B．钻孔

   C．灌浆 　　　　　　　　　　 D．插入锚杆

   E．勾缝

4. 加筋土挡土墙靠近墙面板 1m 范围内的路基碾压可采用（　　）。

   A．羊足碾碾压 　　　　　　　　　 B．小型机具夯实

   C．人工夯实 　　　　　　　　　　 D．夯锤强力夯实

   E．18t 的振动压路机压实

【1B411020　答案与解析】

一、单项选择题

*1．D；　　*2．A；　　3．B；　　　4．B

【解析】

1. D：

喷射混凝土面层应在长度方向上每 30m 设伸缩缝，缝宽 10～20mm。

2. A：

骨架植物防护包括浆砌片石（或混凝土）骨架植草、水泥混凝土空心块护坡、锚杆混凝土框架植草。干砌片石护坡、锚杆钢丝网喷浆属于圬工防护，石笼属于沿河路基直接防护。

二、多项选择题

1．A、B、D；　　　　2．A、C、D、E；　　　　*3．A、B、C、D；　　　　*4．B、C

【解析】

3. A、B、C、D：

锚杆挡土墙是利用锚杆技术形成的一种挡土结构物。锚杆一端与工程结构物连接，另一端通过钻孔、插入锚杆、灌浆、养护等工序锚固在稳定的地层中，以承受土压力对结构物所施加的推力，从而利用锚杆与地层间的锚固力来维持结构物的稳定。

4. B、C：

路基施工分层厚度及每层碾压遍数，应根据拉筋间距、碾压机具和密实度要求，通过试验确定，不得使用羊足碾碾压。靠近墙面板1m范围内，应使用小型机具夯实或人工夯实，不得使用重型压实机械压实。

1B411030　公路工程施工综合排水

复习要点

1. 路基地下水排水设置与施工要求

路基地下水排水设施有暗沟（管）、渗沟、渗井、仰斜式排水孔等设施。其作用是将路基范围内的地下水位降低或拦截地下水并将其排除至路基范围以外。

路基基底范围有泉水外涌时，宜设置暗沟（管）将水引排至路堤坡脚外或路堑边沟内。

有地下水出露的挖方路基、斜坡路堤、路基填挖交替地段，当地下水埋藏浅或无固定含水层时，为降低地下水位或拦截地下水，可在地面以下设置渗沟。渗沟有填石渗沟、管式渗沟、洞式渗沟、边坡渗沟、支撑渗沟等。

当地下水埋藏深或为固定含水层时，可采用渗水隧洞、渗井。渗井宜用于地下含水层较多，但路基水量不大，且渗沟难以布置的地段，将地面水或地下水经渗井通过下透水层中的钻孔流入下层透水层中排除。

当坡面有集中地下水时，可设置仰斜式排水孔。仰斜式排水孔排出的水宜引入路堑边沟排除。

2. 路基地面水排水设置与施工要求

路基地面排水可采用边沟、截水沟、排水沟、跌水与急流槽、拦水带、蒸发池等设施。其作用是将可能停滞在路基范围内的地面水迅速排除，防止路基范围内的地面水流入路基内。

平曲线处边沟施工时，沟底纵坡应与曲线前后沟底纵坡平顺衔接，不允许曲线内侧有积水或外溢现象发生。曲线外侧边沟应适当加深，其增加值等于超高值。土质地段当沟底纵坡大于3%时应采取加固措施。

截水沟的位置。在无弃土堆的情况下，截水沟的边缘离开挖方路基坡顶的距离视土质而定，以不影响边坡稳定为原则。如是一般土质至少应离开5m，对黄土地区不应小于10m并应进行防渗加固。

排水沟线形应平顺，转弯处宜为弧线形。排水沟的出水口应设置跌水或急流槽，水流应引出路基或引入排水系统。

急流槽基础应嵌入稳固的基面内，底面应按设计要求砌筑抗滑平台或凸榫。对超挖、局部坑洞，应采用相同材料与急流槽同时施工。急流槽应分节砌筑，分节长度宜为 5～10m，接头处应采用防水材料填缝。混凝土预制块急流槽，分节长度宜为 2.5～5.0m，接头应采用榫接。

一 单项选择题

1. 暗管宜使用钢筋混凝土圆管、PVC 管、钢波纹管等材料，在管壁与含水层接触面应设置（　　　）。

    A. 防冻层   B. 渗水孔

    C. 隔离层   D. 泄水孔

2. 渗井的井壁和填充料之间应设（　　　）。

    A. 反滤层   B. 透水层

    C. 封层   D. 隔离层

3. 渗沟的作用是（　　　）。

    A. 降低地下水位   B. 排除边沟水

    C. 减少冰冻深度   D. 连接排水沟与渗井

4. 排水沟或暗沟通过软硬岩层分界处时应设置（　　　）。

    A. 渗水孔   B. 反滤层

    C. 检查井   D. 伸缩缝或沉降缝

二 多项选择题

1. 关于截水沟设置规定的说法，正确的有（　　　）。

    A. 截水沟的边缘离开挖方路基坡顶的距离，如是一般土质至少应离开 5m

    B. 截水沟的边缘离开挖方路基坡顶的距离，对黄土地区不应小于 10m 并应进行防渗加固

    C. 路基上方有弃土堆时，截水沟应离开弃土堆脚 1～5m

    D. 山坡上路堤的截水沟离开路堤坡脚至少 1.0m

    E. 截水沟挖出的土，可在路堑与截水沟之间修成土台并夯实，台顶应筑成 2% 倾向截水沟的横坡

2. 填石渗沟、管式渗沟和洞式渗沟均应设置（　　　）。

    A. 排水层（或管、洞）   B. 反滤层

C. 透水层   D. 防冻层

E. 封闭层

3. 填石渗沟的形状通常为（   ）。

A. 圆形   B. 三角形

C. 菱形   D. 梯形

E. 矩形

4. 下列对急流槽的施工要求描述正确的有（   ）。

A. 急流槽必须用浆砌圬工结构

B. 急流槽的纵坡不宜超过 1：1.5，同时应与天然地面坡度相配合

C. 当急流槽很长时，应分段砌筑，每段不宜超过 10m

D. 当急流槽较长时，槽底可用几个纵坡，一般是上段较缓，向下逐渐放陡

E. 急流槽的平面转弯半径应大于 20m

【1B411030   答案与解析】

一、单项选择题

*1. B；   2. A；   *3. A；   4. D

【解析】

1. B：

暗管宜使用钢筋混凝土圆管、PVC 管、钢波纹管等材料，在管壁与含水层接触面应设置渗水孔。

3. A：

为降低地下水位或拦截地下水，可在地面以下设置渗沟。

二、多项选择题

1. A、B、C、E；   *2. A、B、E；   *3. D、E；   4. A、B、C

【解析】

2. A、B、E：

渗沟有填石渗沟、管式渗沟和洞式渗沟三种形式，三种渗沟均应设置排水层（或管、洞）、反滤层和封闭层。

3. D、E：

填石渗沟通常为矩形或梯形，在渗沟的底部和中间用较大碎石或卵石（粒径 3～5cm）填筑，在碎石或卵石的两侧和上部，按一定比例分层（层厚约 15cm），填较细颗粒的粒料（中砂、粗砂、砾石），作成反滤层，逐层的粒径比例，由下至上大致按 4：1 递减。

1B411040　公路工程施工测量技术

复习要点

1. 平面控制测量

控制性桩点，应进行现场交桩，并保护好交桩成果。当原测的中线主要控制桩由导线控制时，施工单位必须根据设计资料认真做好导线复测工作。平面控制测量等级和导线复测精度应符合规定。平面控制测量应采用卫星定位测量、导线测量、三角测量或三边测量方法进行。

路基施工期间还应根据情况对控制桩点进行复测。季节性冻土地区，在冻融以后应进行复测。

2. 高程控制测量

高程测量应采用水准测量或三角高程测量的方法。高程控制测量等级与技术要求应符合规定。

3. 中线放样

路基开工前，应进行全段中线放样并固定路线主要控制桩，如交点、转点、圆曲线和缓和曲线的起讫点等。高速公路、一级公路宜采用坐标法进行测量放样。

测量放样方法有：切线支距法、偏角法、坐标法、GPS-RTK 技术放样。

GPS-RTK 技术用于道路中线的施工放样，其作业效率较高，降低作业条件要求，可全天候作业，可快速测设出道路中线上各里程桩位置。GPS-RTK 技术具有多种放样功能。在进行道路中线施工放样之前，首先要计算出线路上里程桩的坐标，然后才能用 GPS-RTK 的放样功能解算放样点的平面位置。

4. 常用测量仪器及其作用

公路工程施工常用的测量仪器有水准仪、经纬仪、全站仪、卫星定位仪等。

卫星定位仪就是基于卫星定位系统的一种定位仪器，一般可用于对人、对物的位置定位。卫星定位仪在我国主要有 GPS 卫星定位仪和北斗卫星定位仪两大类。

一　单项选择题

1. 三级公路的平面控制测量等级是（　　　）。
   A. 一级
   B. 二级
   C. 三级
   D. 四级
2. 公路高程测量应采用（　　）测量。
   A. 水准
   B. 三角高程
   C. GPS 高程
   D. 全站仪高程

3. 高速公路高程控制测量的等级为（　　　　）。

    A. 二等   B. 三等

    C. 四等   D. 五等

4. 一级公路宜采用（　　　　）进行测量放样。

    A. 坐标法   B. 切线支距法

    C. 偏角法   D. 解析法

5. 季节性冻土地区，在冻融以后应对导线点进行（　　　　）。

    A. 加固   B. 改移

    C. 加密   D. 复测

二 多项选择题

1. 中线放样采用坐标法时，需要的仪器和资料有（　　　　）。

    A. 水准仪   B. 全站仪

    C. 导线点   D. 逐桩坐标表

    E. 控制测量成果表

2. 平面控制测量应采用（　　　　）方法进行。

    A. 卫星定位测量   B. 导线测量

    C. 三边测量   D. 三角测量

    E. 水准测量

3. 宜增设水准点的地点或路段有（　　　　）。

    A. 隧道洞口附近   B. 涵洞附近

    C. 高填深挖路段   D. 急弯陡坡路段

    E. 工程量集中及地形复杂路段

【1B411040　答案与解析】

一、单项选择题

1. B;　*2. A;　3. C;　*4. A;　5. D

【解析】

2. A：

公路高程测量应采用水准测量。在水准测量确有困难的地段，四、五等水准测量可以采用三角高程测量。

4. A：

高速公路、一级公路宜采用坐标法进行测量放样。

二、多项选择题

1. B、C、D、E;   *2. A、B、C、D;   *3. A、C、E

【解析】

2. A、B、C、D:

根据《公路路基施工技术规范》JTG/T 3610—2019 的规定，平面控制测量应采用卫星定位测量、导线测量、三角测量或三边测量方法进行。

3. A、C、E:

沿路线每 500m 宜有一个水准点，高速公路、一级公路宜加密，每 200m 有一个水准点。在结构物附近、高填深挖路段、工程量集中及地形复杂路段，宜增设水准点。

1B411050 路基工程质量通病及防治措施

复习要点

1. 路基压实质量问题的防治

路基行车带压实度不足的原因及防治、路基边缘压实度不足的原因及防治。

2. 路堤边坡病害的防治

路堤边坡的常见病害有滑坡、塌落、落石、崩塌、堆塌、表层溜坍、错落、冲沟等。

边坡滑坡病害及防治措施、边坡塌落病害的原因分析及防治措施。

3. 高填方路基沉降的防治

高填方路堤的沉降表现为均匀沉降和不均匀沉降。均匀沉降一般发生在自然环境基本一致，如路线通过地质、地形、地下水和地表水变化不大，并且路基用土、机械设备、施工管理、质量控制等方面无显著变化的路段。不均匀沉降一般发生在地质、地形、地下水、地表水、填挖结合部及筑路材料发生显著变化处。

4. 路基开裂病害的防治

路基纵向开裂的原因分析及防治措施、路基横向裂缝的原因分析及防治措施、路基网裂的原因分析及防治措施。

一 单项选择题

1. 含水率大于最佳含水率，特别是超过最佳含水率两个百分点，最易导致的病害是（   ）。

   A. 纵向开裂   B. 表层溜坍

   C. 横向开裂   D. 弹簧现象

2. 防治高填方路基沉降的措施不包括（   ）。

A. 采用水平分层填筑　　　　B. 选用砾石类土填筑路基

C. 采用振动压路机碾压　　　　D. 超宽填筑路堤

3. 路基填筑时，填筑层有效宽度不够，边坡进行二期修补，最有可能造成（　　）。

A. 路基弹簧　　　　　　　　　B. 边坡崩塌

C. 边坡滑坡　　　　　　　　　D. 路基网裂

4. 关于路基网裂原因的说法，错误的是（　　）。

A. 路基下层土过湿

B. 路基碾压时土含水量偏大，且成型后未能及时覆土

C. 路基填料为膨胀土

D. 土的塑性指数偏低

二　多项选择题

1. 产生边坡滑坡病害的原因有（　　）。

A. 路基基底存在软土且厚度不均

B. 超宽填筑

C. 填土速率过快

D. 换填土时清淤不彻底

E. 路基填筑层有效宽度不够，边坡二期贴补

2. 高填方路基沉降主要由施工方面造成的原因有（　　）。

A. 施工时压路机功效过大　　　B. 原地面未清除草根、树根等

C. 填筑顺序不当　　　　　　　D. 压实不足

E. 在填挖交界处没有挖台阶

【1B411050　答案与解析】

一、单项选择题

1. D;　　2. D;　　*3. C;　　4. D

【解析】

3. C:

路基弹簧是路基碾压中的病害，与边坡修补无关；崩塌（崩落、垮塌或塌方）是较陡斜坡上的岩土体在重力作用下突然脱离母体崩落、滚动、堆积在坡脚（或沟谷）的地质现象，填方路基边坡一般缓于1:1.5，不会产生崩塌；路基网裂一般是路基顶面的病害，与边坡修补无关。选项A、B、D错误。路基填筑时，填筑层有效宽度不够，边坡进行二期修补在两部分结合之处处理不好，加之宽度窄不易碾压，则可能造成边坡滑坡。

*1. A、C、D、E；   2. B、C、D、E

【解析】

1. A、C、D、E：

边坡滑坡病害原因分析：设计对地震、洪水和水位变化影响考虑不充分。路基基底存在软土且厚度不均。换填土时清淤不彻底。填土速率过快，施工沉降观测、侧向位移观测不及时。路基填筑层有效宽度不够，边坡二期贴补。路基顶面排水不畅。用透水性较差的填料填筑路堤处理不当。边坡植被不良。未处理好填挖交界面。路基处于陡峭的斜坡面上。

1B412000　路面工程

1B412010　路面基层（底基层）施工技术

复习要点

1. 路面基层（底基层）用料要求

粒料基层原材料的技术要求、沥青稳定基层原材料的技术要求、无机结合料稳定基层原材料的技术要求。

水泥：强度等级为 32.5 或 42.5，且满足规范要求的普通硅酸盐水泥均可使用，所有水泥初凝时间应大于 3h，终凝时间应大于 6h 且小于 10h。在水泥稳定材料中掺加缓凝剂或早强剂时，应对混合料进行试验验证。

石灰：石灰技术指标应符合规定。应尽量缩短石灰的存放时间。石灰在野外堆放时间较长时，应覆盖防潮。

粉煤灰：干排或湿排的硅铝粉煤灰和高钙粉煤灰均可用作基层或底基层的结合料。粉煤灰中 SiO_2、Al_2O_3 和 Fe_2O_3 的总含量应大于 70%，粉煤灰的烧失量不应超过 20%；粉煤灰的比表面积应大于 $2500cm^2/g$（或 90% 通过 0.3mm 筛孔，70% 通过 0.075mm 筛孔）。湿粉煤灰的含水量应不超过 35%。

2. 路面粒料分类及适用范围

粒料分为嵌锁型（泥结碎石、泥灰结碎石、填隙碎石等）和级配型（级配碎石、级配砾石、符合级配的天然砂砾、部分砾石经轧制掺配而成的级配砾、碎石等）。

级配碎石可用于各级公路的基层和底基层。级配碎石可用做较薄沥青面层与半刚性基层之间的中间层。级配砾石、级配碎砾石以及符合级配、塑性指数等技术要求的天然砂砾，可适用于轻交通的二级和二级以下公路的基层以及各级公路的底基层。填隙碎石可用于各等级公路的底基层和二级以下公路的基层。

3. 粒料基层施工一般要求。

4. 粒料基层施工方法

级配碎石路拌法施工、级配碎石集中厂拌法施工、填隙碎石施工。

5. 沥青稳定类基层分类及适用范围

沥青稳定类基层包括热拌沥青碎石、沥青贯入碎石、乳化沥青碎石混合料等。

热拌沥青碎石适用于柔性路面上基层及调平层。沥青贯入式碎石可设在沥青混凝土与粒料基层之间，作上基层，此时应不撒封层料，也不做上封层。乳化沥青碎石混合料适于各级公路调平层。

6. 沥青稳定类基层施工一般要求。

7. 沥青稳定基层施工方法

热拌沥青碎石基层施工方法、沥青贯入碎石基层施工方法、乳化沥青碎石基层施工方法。

8. 无机结合料稳定类基层分类及适用范围

无机结合料稳定类基层分为水泥稳定土（水泥稳定级配碎石、未筛分碎石、砂砾、碎石土、砂砾土、煤矸石、各种粒状矿渣等）、石灰稳定土（石灰稳定级配碎石、未筛分碎石、砂砾、碎石土、砂砾土、煤矸石、各种粒状矿渣等）、石灰工业废渣稳定土（石灰粉煤灰类、石灰其他废渣类）。

水泥稳定土可适用于各级公路的基层和底基层，但水泥稳定细粒土不能用做二级和二级以上公路高级路面的基层。石灰稳定土适用于各级公路的底基层，以及二级和二级以下公路的基层，但石灰土不得用做二级公路的基层和二级以下公路高级路面的基层。石灰工业废渣稳定土可适用于各级公路的基层和底基层，但二灰、二灰土和二灰砂不应做二级和二级以上公路高级路面的基层。

9. 无机结合料稳定类基层施工一般要求。

10. 无机结合料稳定类基层施工方法

无机结合料稳定基层施工根据施工方法不同可以分为：无机结合料基层路拌法施工；无机结合料基层中心站集中厂拌法施工。对于二级以下的公路，用石灰工业废渣做基层和底基层时，可以采用路拌法施工；对于二级公路，应采用专用的稳定土拌合机，或用集中厂拌法拌制混合料。对于高速公路和一级公路，直接铺筑在土基上的底基层下层可以用专用的稳定土拌合机进行路拌法施工，如土基上层已用石灰或固化剂处理，则底基层的下层也应用集中拌合法拌制混合料。其上的各个稳定土层都应用集中厂拌法拌制混合料，并应用摊铺机摊铺基层混合料。

一 单项选择题

1. 高速公路和一级公路的基层，其石灰宜采用（　　　）。
   A. 熟石灰膏　　　　　　　　　　B. 生石灰膏
   C. 磨细消石灰　　　　　　　　　D. 磨细生石灰

2. 级配碎石的级配曲线宜为（　　　　）。

    A. 抛物线   B. 竖曲线

    C. 圆滑曲线   D. 悬链线

3. 水泥稳定基层中水泥剂量不宜超过（　　　　）。

    A. 4%   B. 5%

    C. 6%   D. 7%

4. 下列粒料类基层中，属于嵌锁型的是（　　　　）。

    A. 填隙碎石   B. 级配碎石

    C. 级配砾石   D. 天然砂砾

5. 高速公路基层用的碎石，其碎石的加工工艺应采用（　　　　）。

    A. 颚式破碎   B. 锤式破碎

    C. 反击式破碎   D. 冲击式破碎

6. 填隙碎石施工工艺流程顺序正确的是（　　　　）。

    A. 初压→撒布填隙料→振动压实→摊铺粗碎石

    B. 摊铺粗碎石→振动压实→撒布填隙料→初压

    C. 摊铺粗碎石→初压→撒布填隙料→振动压实

    D. 摊铺粗碎石→初压→振动压实→撒布填隙料

7. 乳化沥青碎石混合料适于各级公路（　　　　）。

    A. 面层   B. 上基层

    C. 下基层   D. 调平层

8. 乳化沥青碎石在拌合与摊铺过程中对已破乳的混合料，正确的处理方法是应予（　　　　）。

    A. 再加沥青重新拌合   B. 废弃

    C. 降级利用   D. 增加碾压遍数

9. 用于高速公路的无机结合料稳定基层可以选择（　　　　）。

    A. 水泥稳定细粒土   B. 二灰砂

    C. 水泥稳定未筛分碎石   D. 石灰稳定级配碎石

10. 平时习惯称为"二灰土"的基层是属于（　　　　）。

    A. 水泥灰稳定类   B. 石灰泥稳定类

    C. 水泥石灰综合稳定类   D. 石灰工业废渣稳定类

11. 二级公路的基层和二级以下公路高级路面的基层不得使用（　　　　）。

    A. 水泥稳定未筛分碎石   B. 石灰土

    C. 水泥稳定碎石土   D. 二灰砾石

12. 石灰稳定土基层分层施工时，下层石灰稳定土碾压完成后，在铺筑上一层石灰稳定土前（　　　　）。

    A. 需要 1d 养护期   B. 需要 7d 养护期

    C. 需要 15d 养护期   D. 不需要专门的养护期

1. 无机结合料稳定材料组成设计应包括（　　　）。
   A. 原材料检验
   B. 试验配合比设计
   C. 混合料的目标配合比设计
   D. 混合料的生产配合比设计
   E. 施工参数确定

2. 柔性基层包括（　　　）。
   A. 碾压混凝土基层
   B. 贯入式沥青碎石基层
   C. 二灰稳定碎石基层
   D. 乳化沥青碎石混合料基层
   E. 热拌沥青碎石基层

3. 热拌沥青混合料运料车用篷布覆盖主要起到（　　　）的作用。
   A. 防雨
   B. 防污染
   C. 防泄漏
   D. 保温
   E. 防扬尘

4. 无机结合料稳定基层原材料的技术要求中，对粉煤灰的要求指标有（　　　）。
   A. 含水率
   B. 烧失量
   C. 相对密度
   D. 比表面积
   E. SiO_2、Al_2O_3 和 Fe_2O_3 的总含量

5. 无机结合料基层的养护方式可采取洒水养护、草帘覆盖养护以及（　　　）。
   A. 薄膜覆盖养护
   B. 土工布覆盖养护
   C. 铺设湿砂养护
   D. 洒布水泥养护
   E. 洒铺乳化沥青养护

【1B412010　答案与解析】

一、单项选择题

1. C；　*2. C；　*3. C；　4. A；　*5. C；　6. C；　*7. D；　*8. B；
9. C；　10. D；　11. B；　12. D

【解析】

2. C：
级配碎石粒料的级配组成应符合相应的试验规程的要求，同时，级配曲线宜为圆滑曲线。

3. C：
水泥剂量应通过配合比设计试验确定，但设计水泥剂量宜按配合比试验确定的剂量增加 0.5%～1%，对集中厂拌法宜增加 0.5%，对路拌法宜增加 1%。当水泥稳定中、粗粒土做基层时，应控制水泥剂量不超过 6%。

5. C：

高速公路基层用的碎石，应采用反击破碎的加工工艺。颚式破碎主要用于粗碎和中碎加工。锤式破碎针片状含量大。冲击式破碎一般用于制砂。

7. D：

乳化沥青碎石混合料适于各级公路调平层。

8. B：

拌合与摊铺过程中已破乳的混合料，应予废弃。

二、多项选择题

*1. A、C、D、E； 2. B、D、E；   *3. A、B、D；   4. A、B、D、E；

 5. A、B、C、E

【解析】

1. A、C、D、E：

无机结合料稳定材料组成设计应包括原材料检验、混合料的目标配合比设计、混合料的生产配合比设计和施工参数确定四部分。

3. A、B、D：

运料车应用篷布覆盖，用以保温、防雨、防污染。

1B412020 沥青路面施工技术

复习要点

1. 沥青路面结构组成

沥青路面结构层可由面层、基层、底基层、垫层组成。

面层是直接承受车轮荷载反复作用和自然因素影响的结构层，可由1～3层组成。基层是设置在面层之下，并与面层一起将车轮荷载的反复作用传布到底基层、垫层、土基，起主要承重作用的层次。底基层是设置在基层之下，并与面层、基层一起承受车轮荷载反复作用，起次要承重作用的层次。垫层是设置在底基层与土基之间的结构层，起排水、隔水、防冻、防污等作用。

2. 沥青路面分类

按技术品质和使用情况分为：沥青混凝土路面、沥青碎石路面、沥青贯入式路面、沥青表面处治路面。

按组成结构分为：密实—悬浮结构、骨架—空隙结构、密实—骨架结构。

按矿料级配分为：密级配沥青混凝土混合料、半开级配沥青混合料、开级配沥青混合料、间断级配沥青混合料。

按矿料粒径分为：砂粒式沥青混合料、细粒式沥青混合料、中粒式沥青混合料、粗粒式沥青混合料、特粗式沥青混合料。

按施工温度分为：热拌热铺沥青混合料、常温沥青混合料。

3. 沥青路面用料要求。

4. 沥青路面面层施工

热拌沥青混凝土路面施工工艺、施工准备、沥青混合料的拌合、混合料的运输、混合料的摊铺、混合料的压实、接缝处理、检查试验。

5. 透层施工技术

透层的作用：为使沥青面层与基层结合良好，在基层上浇洒乳化沥青、煤沥青或液体沥青而形成的透入基层表面的薄层。

透层的适用条件：沥青路面各类基层都必须喷洒透层油，沥青层必须在透层油完全渗透入基层后方可铺筑。基层上设置下封层时，透层油不宜省略。

6. 粘层施工技术

粘层的作用：使上下层沥青结构层或沥青结构层与结构物（或水泥混凝土路面）完全粘结成一个整体。

符合下列情况，必须喷洒粘层沥青：双层式或三层式热拌热铺沥青混合料路面的沥青层之间。水泥混凝土路面、沥青稳定碎石基层或旧沥青路面层上加铺沥青层。路缘石、雨水进水口、检查井等构造物与新铺沥青混合料接触的侧面。

7. 封层的施工技术

封层的作用：一是封闭某一层起着保水防水作用；二是起基层与沥青表面层之间的过渡和有效连接作用；三是路的某一层表面破坏离析松散处的加固补强；四是基层在沥青面层铺筑前，要临时开放交通，防止基层因天气或车辆作用出现水毁。封层可分为上封层和下封层。就施工类型来分，可采用拌合法或层铺法的单层式表面处治，也可以采用乳化沥青稀浆封层。

封层的适用条件：各种封层适用于加铺薄层罩面、磨耗层、水泥混凝土路面上的应力缓冲层、各种防水和密水层、预防性养护罩面层。

8. 水泥路面改造加铺沥青面层

包括直接加铺法与碎石化法。

9. 旧沥青路面再生

包括现场冷再生法、现场热再生法、厂拌冷再生法、厂拌热再生法。

 单项选择题

1. 沥青混凝土路面组成中不应含（　　）。
    A. 细集料　　　　　　　　　　B. 乳化石油沥青
    C. 纤维稳定剂　　　　　　　　D. 矿粉
2. 适合于各个等级的公路，适用于任何场合和层次的沥青等级是（　　）。
    A. A 级沥青　　　　　　　　　B. 特级沥青

C. 一级沥青   D. PC级沥青

3. 工程中使用的沥青碎石混合料（AM）的组成结构属于（   ）。

    A. 密实悬浮结构   B. 骨架空隙结构

    C. 密实骨架结构   D. 连续级配结构

4. 液体沥青的贮存温度不得高于（   ）℃。

    A. 40   B. 50

    C. 80   D. 100

5. 属于半开级配沥青混合料的是（   ）。

    A. 沥青玛琋脂碎石   B. 改性沥青稳定碎石

    C. 沥青混凝土   D. 排水式沥青磨耗层混合料

6. 划分沥青混合料是否属于粗粒式沥青混合料的指标是（   ）。

    A. 组成结构   B. 矿料级配

    C. 矿料最大粒径   D. 矿料最小粒径

7. 粉煤灰作为填料使用时，用量不得超过填料总量的（   ）。

    A. 25%   B. 32.5%

    C. 46.5%   D. 50%

8. 某沥青混合料出厂温度为200℃，该沥青混合料应（   ）。

    A. 尽快使用   B. 废弃

    C. 加冷料重新拌合   D. 冷却后使用

9. 热拌沥青混凝土路面，其混合料运至施工现场的温度控制在不低于（   ）℃。

    A. 120～150   B. 140～165

    C. 150～170   D. 160～180

10. 水泥路面碎石化施工时，表面凹处在10cm×10cm以上的应利用（   ）找平，以保证加铺沥青面层的平整度。

    A. 沥青混合料   B. 密级配碎石

    C. 乳化沥青   D. 水泥混凝土

11. 有轻度车辙、龟裂，磨耗层损坏较小的旧沥青路面最适合采用（   ）修复。

    A. 现场冷再生法   B. 整形再生法

    C. 复拌再生法   D. 厂拌热再生法

12. 下列情况应洒布粘层的是（   ）。

    A. 沥青混凝土面层的下面层和二灰稳定碎石基层之间

    B. 沥青混凝土面层与检查井侧面之间

    C. 半刚性基层上铺筑沥青层

    D. 多雨地区空隙较大的沥青面层下部

1. 不宜使用天然砂的混合料是（　　　　）。
   - A．SMA 混合料
   - B．AN 混合料
   - C．OGFC 混合料
   - D．砂粒式沥青混合料
   - E．密级配沥青混凝土混合料

2. 沥青混合料按组成结构分类原则可分为（　　　　）。
   - A．密实—悬浮结构
   - B．骨架—空隙结构
   - C．密实—骨架结构
   - D．嵌挤级配结构
   - E．连续级配结构

3. 上封层的类型有（　　　）。
   - A．乳化沥青稀浆封层
   - B．微表处
   - C．改性沥青集料封层
   - D．薄层磨耗层
   - E．沥青贯入层

4. 热拌沥青混凝土路面施工前的准备工作包括（　　　）。
   - A．备料
   - B．恢复中线
   - C．洒布封层
   - D．铺筑试验段
   - E．原材料符合性检验

5. 热拌沥青混凝土路面施工工艺包括（　　　）。
   - A．配合比调试
   - B．沥青混合料抽提等试验
   - C．试验段施工
   - D．养护
   - E．沥青混凝土配合比设计

6. 根据路面破损情况的不同和对修复后路面质量等级的不同要求，就地热再生技术应用的施工工艺主要有（　　　）。
   - A．整形再生法
   - B．重铺再生法
   - C．复拌再生法
   - D．破碎再生法
   - E．间接再生法

7. 必须喷洒粘层沥青的情况有（　　　）。
   - A．双层式热拌热铺沥青混合料路面的沥青层之间
   - B．水泥混凝土路面上加铺沥青层
   - C．二灰稳定基层上铺沥青混合料路面
   - D．旧沥青路面层上加铺沥青层
   - E．路缘石与新铺沥青混合料接触的侧面

【1B412020 答案与解析】

一、单项选择题

*1. B;   2. A;   3. B;   4. B;   5. B;   *6. C;   7. D;   8. B;

9. A;   10. A;   11. B;   *12. B

【解析】

1. B:

沥青混凝土路面是由适当比例的各种不同大小颗粒的集料、矿粉和沥青，加热到一定温度后拌合，经摊铺压实而成的路面面层。纤维稳定剂可增加沥青混凝土路面的稳定性。沥青应采用道路石油沥青，乳化沥青适用于沥青表面处治、沥青贯入式路面、冷拌沥青混合料路面，修补裂缝，喷洒透层、粘层与封层等。

6. C:

粗粒式沥青混合料：矿料最大粒径为 26.5mm 或 31.5mm（圆孔筛 30～40mm）的沥青混合料。

12. B:

根据规范要求，符合下列情况，必须喷洒粘层沥青：① 双层式或三层式热拌热铺沥青混合料路面的沥青层之间；② 水泥混凝土路面、沥青稳定碎石基层或旧沥青路面层上加铺沥青层；③ 路缘石、雨水进水口、检查井等构造物与新铺沥青混合料接触的侧面。

二、多项选择题

1. A、C;   2. A、B、C;   3. A、B、C、D;   *4. A、B、D、E;

5. A、B、C、E;   6. A、B、C;   *7. A、B、D、E

【解析】

4. A、B、D、E:

热拌沥青混凝土路面施工准备包括：① 选购经调查试验合格的材料进行备料，矿料应分类堆放，矿粉必须是石灰岩磨细而成且不得受潮，必要时做好矿料堆放场地的硬化处理和场地四周排水及搭设矿粉库房或储存罐；② 做好配合比设计报送监理工程师审批，对各种原材料进行符合性检验；③ 在验收合格的基层上恢复中线（底面层施工时），在边线外侧 0.3～0.5m 处每隔 5～10m 钉边桩进行水平测量，拉好基准线，画好边线；④ 对下承层进行清扫，底面层施工前两天在基层上洒透层油，在中底面层上喷洒粘层油；⑤ 试验段开工前 28d 安装好试验仪器和设备，配备好的试验人员报请监理工程师审核。各层开工前 14d 在监理工程师批准的现场备齐全部机械设备进行试验段铺筑，以确定松铺系数、施工工艺、机械配备、人员组织、压实遍数，并检查压实度、沥青含量、矿料级配、沥青混合料马歇尔各项技术指标等。

7. A、B、D、E:

符合下列情况，必须喷洒粘层沥青：① 双层式或三层式热拌热铺沥青混合料路面的沥青层之间；② 水泥混凝土路面、沥青稳定碎石基层或旧沥青路面层上加铺沥青层；③ 路缘石、雨水进水口、检查井等构造物与新铺沥青混合料接触的侧面。

二灰稳定基层上铺沥青混合料路面应喷洒透层油。

1B412030 水泥混凝土路面施工技术

复习要点

1. 水泥混凝土路面用料要求。

2. 水泥混凝土路面的分类与特点

水泥混凝土路面，包括普通混凝土（素混凝土）、钢筋混凝土、连续配筋混凝土、预应力混凝土、装配式混凝土、钢纤维混凝土和混凝土小块铺砌等面层板和基（垫）层所组成的路面。目前采用最广泛的是就地浇筑的普通混凝土路面，简称混凝土路面。所谓普通混凝土路面，是指除接缝区和局部范围（边缘和角隅）外不配置钢筋的混凝土路面。

优点：使用寿命长；强度高；稳定性好；耐久性好；养护费用少、经济效益高；有利于夜间行车；有利带动当地建材业的发展。

缺点：对水泥和水的需要量大；有接缝；开放交通较迟；修复困难。

3. 水泥混凝土路面的施工方法

目前通常采用的水泥混凝土面层铺筑的技术方法有小型机具铺筑、滑模摊铺机施工、三辊轴机组铺筑和碾压混凝土等四种方法。

4. 水泥混凝土路面施工技术

施工步骤包括模板及其架设与拆除、混凝土拌合物搅拌、混凝土拌合物的运输、轨道式摊铺机进行混凝土面层铺筑、混凝土振捣（小型机具施工）、整平饰面、纵缝设置与施工、横缝设置与施工、胀缝设置与施工、抗滑构造施工、混凝土路面养护、灌缝。

一 单项选择题

1. 用做路面和桥面混凝土的粗集料不得使用不分级的集料，应按最大公称粒径的不同采用（　　）个粒级的集料进行掺配，并应符合合成级配的要求。

　　A. 1～3　　　　　　　　　　　　　　B. 2～4

　　C. 3～5　　　　　　　　　　　　　　D. 4～7

2. 高速公路、一级公路、二级公路及有抗（盐）冻要求的三、四级公路混凝土路面使用的砂应（　　）。

　　A. 不低于Ⅰ级　　　　　　　　　　　B. 不低于Ⅱ级

　　C. 不高于Ⅱ级　　　　　　　　　　　D. 不高于Ⅲ级

3. 有抗冰（盐）冻要求地区，各交通等级路面、桥面、路缘石、路肩及贫混凝土基层必须使用（　　）。

A. 引气剂   B. 早强剂

C. 缓凝剂   D. 阻锈剂

4. 水泥混凝土路面传力杆钢筋加工方式是（   ）。

    A. 挤压切断   B. 锯断

    C. 剪断   D. 烧断

5. 碾压混凝土施工可采用的施工机械为（   ）。

    A. 三辊轴机组   B. 沥青摊铺机

    C. 轨道摊铺机   D. 滑模机械

6. 水泥混凝土路面的养护时间应根据（   ）而定。

    A. 抗压强度   B. 温度与湿度

    C. 弯拉强度   D. 施工方法

7. 水泥混凝土路面纵向施工缝应设（   ）。

    A. 传力杆   B. 压力杆

    C. 导向杆   D. 拉杆

二 多项选择题

1. 不宜采用滑模摊铺机进行水泥混凝土路面摊铺的路段有（   ）。

    A. 上坡纵坡大于 5% 的路段   B. 下坡纵坡大于 6% 的路段

    C. 超高横坡超过 7% 的路段   D. 合成坡度超过 8% 的路段

    E. 平面半径小于 100m 的路段

2. 高速公路、一级公路水泥混凝土路面宜采用的填缝材料有（   ）。

    A. 塑胶   B. 沥青纤维板

    C. 沥青砂   D. 橡胶泡沫板

    E. 浸油木板

3. 关于混凝土拌合物搅拌的说法，正确的有（   ）。

    A. 应优先选配间歇式搅拌楼

    B. 应根据拌合物的黏聚性、均质性及强度稳定性试拌确定最佳拌合时间

    C. 外加剂应以稀释溶液加入

    D. 拌合引气混凝土时，搅拌楼一次拌合量不应大于其额定搅拌量的 95%

    E. 每台搅拌楼在投入生产前，必须进行标定和试拌

4. 必须采用硬刻槽方式制作抗滑构造的水泥混凝土路面有（   ）。

    A. 使用圆盘抹面机精平后的混凝土路面

    B. 钢纤维混凝土路面

    C. 使用叶片式抹面机精平后的混凝土路面

    D. 轻交通路面

E. 胀缝附近的路面

5. 水泥混凝土路面的横向缩缝的切缝方式有（　　　）。

A. 深切缝　　　　　　　　　　　　B. 浅切缝

C. 软硬结合切缝　　　　　　　　　D. 全部软切缝

E. 全部硬切缝

【1B412030　答案与解析】

一、单项选择题

1. B;　　　*2. B;　　　*3. A;　　　*4. B;　　　5. B;　　　6. C;　　　7. D

【解析】

2. B:

高速公路、一级公路、二级公路及有抗（盐）冻要求的三、四级公路混凝土路面使用的砂应不低于Ⅱ级，无抗（盐）冻要求的三、四级公路混凝土路面、碾压混凝土及贫混凝土基层可使用Ⅲ级砂。

3. A:

引气剂应选用表面张力降低值大、水泥稀浆中起泡容量多而细密、泡沫稳定时间长、不溶残渣少的产品。有抗冰（盐）冻要求地区，各交通等级路面、桥面、路缘石、路肩及贫混凝土基层必须使用引气剂；无抗冰（盐）冻要求地区，二级及二级以上公路路面混凝土中应使用引气剂。

4. B:

传力杆钢筋加工应锯断，不得挤压切断；断口应垂直、光圆，用砂轮打磨掉毛刺，并加工成 2～3mm 圆倒角。

二、多项选择题

*1. A、B、C;　　　2. A、B、D;　　　3. A、B、C、E;　　　4. A、B、C;

*5. C、D、E

【解析】

1. A、B、C:

上坡纵坡大于5%、下坡纵坡大于6%、平面半径小于50m或超高横坡超过7%的路段，不宜采用滑模摊铺机进行摊铺。

5. C、D、E:

横向缩缝的切缝方式有全部硬切缝、软硬结合切缝和全部软切缝三种，切缝方式的选用，应由施工期间该地区路面摊铺完毕到切缝时的昼夜温差确定。

1B412040　中央分隔带及路肩施工技术

复习要点

1. 中央分隔带的开挖

当路面基层施工完毕后，即可进行中央分隔带的开挖，先挖集水槽后挖纵向盲沟，一般采用人工开挖的方式。

2. 中央分隔带防水层施工

沟槽开挖完毕并经验收符合设计要求后，即进行防水层施工，可喷涂双层防渗沥青。防渗层沥青要求涂布均匀，厚薄一致，无漏涂现象，涂布范围应是中央分隔带范围内的路基及路面结构层。防水层也可铺设 PVC 防水板等，PVC 防水板铺设时两端应拉紧，不应有褶皱，PVC 板材纵横向应搭接，铺完后用铁钉固定。

3. 纵向碎石盲沟的铺设

碎石盲沟应做到填筑充实、表面平整。反滤层可用筛选过的中砂、粗砂、砾石等渗水性材料分层填筑，目前高等级公路多采用土工布作为反滤层。

碎石盲沟上铺设土工布，使与回填土隔离，较之砂石料作反滤层，施工方便，有利于排水并可保持盲沟长期利用。

4. 埋设横向塑料排水管

路基施工完毕后，即可进行埋设横向塑料排水管的施工。

埋设要求：一端应插入中央分隔带范围内的纵向排水盲沟位置，另一端应伸出路基边坡外。横向塑料排水管的进口须用土工布包裹，防止碎石堵塞。

接头处理：当塑料管不足一次埋设的长度时，需套接。套接时，管口要对齐，并靠紧，接头处用一短套管套紧相邻两根塑料排水管，套管两端需用不透水材料扎紧。

5. 中央分隔带缘石安装

路缘石的预制安装或现场浇筑应符合图纸所示的线型和坡度。路缘石应在路面铺设之前完成。

6. 土路肩施工

对填方路段来说，采用培路肩的方法施工既经济又简便，土路肩通常随着路面结构层的铺筑，相应地分层培筑，可以先培也可以后培，各有利弊。先培路肩的优点是，已培好的路肩在结构层碾压时起支撑作用，可以减轻或避免结构层侧移影响边缘的厚度和平整度；先培路肩的缺点是，横断面上易形成一个三角区。

施工流程：备料→推平→平整→静压→切边→平整→碾压。

7. 硬路肩施工。

1. 关于中央分隔带施工的说法，正确的是（ ）。

    A. 当路面施工完毕后，即可进行中央分隔带的开挖

    B. 开挖的土料不得堆置在已铺好的基层上

    C. 土工布的接长和拼幅需采用平搭接的连接方式，搭接长度不得小于 10cm

    D. 防水层施工，可喷涂双层防渗沥青，涂布范围应是中央分隔带范围内的路基

2. 培土路肩施工流程正确的是（ ）。

    A. 备料→推平→平整→静压→切边→平整→碾压

    B. 备料→推平→平整→静压→平整→碾压→切边

    C. 备料→平整→推平→切边→静压→平整→碾压

    D. 备料→切边→推平→静压→平整→碾压→平整

3. 中央分隔带施工中埋设横向塑料排水管的进口用土工布包裹的作用是（ ）。

    A. 增大强度　　　　　　　　　　B. 增大透水性

    C. 防止漏水　　　　　　　　　　D. 防止碎石堵塞

4. 路堑段当开挖到设计标高时，路肩部分宜停止开挖，路面部分继续开挖直至（ ）。

    A. 路床顶面　　　　　　　　　　B. 设计标高－20cm

    C. 路床顶面－20cm　　　　　　　D. 路面标高－20cm

1. 中央分隔带沟槽开挖完毕并经验收符合设计要求后，即进行防水层施工，防水层施工可采用（ ）。

    A. 喷涂双层防渗沥青　　　　　　B. 铺设 PVC 防水板

    C. 铺设胶泥　　　　　　　　　　D. 铺设止水带

    E. 铺设土工布

2. 中央分隔带纵向盲沟的反滤层材料可选择（ ）。

    A. 土工布

    B. 片石

    C. 筛选过的中砂、粗砂、砾石

    D. 胶泥

    E. 重黏土

【1B412040 答案与解析】

一、单项选择题

*1. B； 2. A； *3. D； *4. A

【解析】

1. B：

当路面基层施工完毕后，即可进行中央分隔带的开挖，选项 A 错误。开挖的土料不得堆置在已铺好的基层上，以防止污染并应及时运走，选项 B 正确。土工布的接长和拼幅需采用平搭接的连接方式，搭接长度不得小于 30cm，选项 C 错误。防水层施工，可喷涂双层防渗沥青，涂布范围应是中央分隔带范围内的路基及路面结构层，选项 D 错误。

3. D：

塑料排水管埋设要求：一端应插入中央分隔带范围内的纵向排水盲沟位置，另一端应伸出路基边坡外。横向塑料排水管的进口须用土工布包裹，防止碎石堵塞。

4. A：

路堑段的路肩是开挖出来的，当开挖到设计标高时，路肩部分宜停止开挖，路面部分继续开挖直至路床顶面。

二、多项选择题

1. A、B； *2. A、C

【解析】

2. A、C：

反滤层可用筛选过的中砂、粗砂、砾石等渗水性材料分层填筑，目前高等级公路多采用土工布作为反滤层。

1B412050 路面工程质量通病及防治措施

复习要点

1. 无机结合料基层裂缝的防治

原因分析、石灰稳定土基层裂缝的主要防治方法、水泥稳定土基层裂缝的主要防治方法。

2. 沥青混凝土路面不平整的防治

原因分析、主要防治方法。

3. 沥青混凝土路面接缝病害的防治

原因分析、横向接缝的主要防治方法、纵向接缝的主要防治方法。

4. 水泥混凝土路面裂缝的防治

原因分析、横向裂缝的主要防治方法、纵向裂缝的主要防治方法、龟裂的主要防治方法。

5. 水泥混凝土路面断板的防治

原因分析、断板的主要防治方法。

裂缝的修补：裂缝的修补方法有直接灌浆法、压注灌浆法、扩缝灌注法、条带罩面法、全深度补块法。

局部修补：对轻微断裂，裂缝有轻微剥落的，先画线放样，按画线范围凿开成深5~7cm的长方形凹槽，刷洗干净后，用快凝细石混凝土填补。对轻微断裂，裂缝较宽且有轻微剥落的断板，应按裂缝两侧至少各20cm的宽度放样，按画线范围开凿成深至板厚一半的凹槽，此凹槽底部裂缝应与中线垂直，刷洗干净凹槽，在凹槽底部裂缝的两侧用冲击钻离中线沿平行方向，间距为30~40cm，打眼贯通至板厚达基层表面，然后再清洗凹槽和孔眼，在孔眼安设Ⅱ型钢筋，冲击钻钻头采用30规格，Ⅱ型钢筋采用22螺纹钢筋制作，安设钢筋完成后，用高等级砂浆填塞孔眼至密实，最后用与原路面相同等级的快凝混凝土浇筑至路面齐平。较为彻底的办法是将凹槽凿至贯通板厚，在凹槽边缘两侧板厚中央打洞，深10cm，直径为4cm，水平间距为30~40cm。每个洞应先将其周围润湿，插入一根直径为18~20mm、长约20mm的钢筋，然后用快凝砂浆填塞捣实，待砂浆硬后浇筑快凝混凝土夯捣实齐平路面即可。

整块板更换：对于严重断裂，裂缝处有严重剥落，板被分割成3块以上，有错台或裂块并且已经开始活动的断板，应采用整块板更换的措施。

一 单项选择题

1. 关于无机结合料基层防止裂缝方法的说法，正确的是（　　　）
   A. 铺筑碎石过渡层　　　　　　　B. 加大粉煤灰比例
   C. 采用塑性指数较高的土　　　　D. 在石灰土层中，每隔5m设一道胀缝

2. 水泥混凝土路面的混凝土板的切缝深度不够，压缝距离过大，最有可能造成的病害是（　　　）。
   A. 横向开裂　　　　　　　　　　B. 纵向开裂
   C. 龟裂　　　　　　　　　　　　D. 断板

3. 对于水泥混凝土严重断裂，裂缝处有严重剥落，板被分割成3块以上，有错台或裂块并且已经开始活动的断板，宜采用的处理方法是（　　　）。
   A. 直接灌浆法　　　　　　　　　B. 条带罩面法
   C. 扩缝灌注法　　　　　　　　　D. 整块板更换

二 多项选择题

1. 为预防石灰稳定土基层裂缝，可在石灰土中适量掺入（　　　）。

A. 砂   B. 煤渣

C. 矿渣   D. 水泥

E. 碎砖

2. 沥青混凝土路面不平整的预防措施有（   ）。

A. 保证摊铺机的均匀连续作业   B. 严格工序间的交验制度

C. 根据实铺效果随时调整找平装置   D. 压路机用较大的振频、振幅进行碾压

E. 先做构造物伸缩缝，再摊铺沥青混凝土面层

3. 水泥混凝土路面产生龟裂的原因有（   ）。

A. 混凝土浇筑后，表面没有及时覆盖

B. 混凝土拌制时水胶比过大

C. 模板与垫层过于干燥

D. 混凝土路面切缝不及时

E. 混凝土表面过度振捣或抹平

4. 水泥混凝土路面纵向裂缝的修复方法有（   ）。

A. 镘刀压抹   B. 扩缝嵌填

C. 扩缝加筋   D. 浇筑专用修补剂

E. 抹面修补法

【1B412050 答案与解析】

一、单项选择题

1. A;   *2. D;   *3. D

【解析】

2. D:

混凝土板断板的原因分析：① 混凝土板的切缝深度不够、不及时，以及压缝距离过大；② 车辆过早通行；③ 原材料不合格；④ 由于基层材料的强度不足，水稳性不良，以致受力不均，出现应力集中而导致的开裂断板；⑤ 基层标高控制不严和不平整；⑥ 混凝土配合比不当；⑦ 施工工艺不当；⑧ 边界原因。

3. D:

对于严重断裂，裂缝处有严重剥落，板被分割成 3 块以上，有错台或裂块并且已经开始活动的断板，应采用整块板更换的措施。

二、多项选择题

1. A、B、C、E;   2. A、B、C;   3. A、B、C、E;   *4. B、C、D

【解析】

4. B、C、D:

水泥混凝土路面纵向裂缝的修复，如采用一般性的扩缝嵌填或浇筑专用修补剂有一定

效果，但耐久性不易保证；采用扩缝加筋的办法进行修补具有较好的增强效果。

1B413000　公路桥梁工程

1B413010　桥梁的构造

复习要点

1. 桥梁组成

桥梁由上部结构、下部结构、支座系统和附属设施四个基本部分组成。

上部结构通常又称为桥跨结构，是在线路中断时跨越障碍的主要承重结构；下部结构包括桥墩、桥台和基础；桥梁附属设施包括桥面系、伸缩缝、桥头搭板和锥形护坡等，桥面系包括桥面铺装（或称行车道铺装）、排水防水系统、栏杆（或防撞栏杆）、灯光照明等。

2. 桥梁相关尺寸术语

梁式桥净跨径、总跨径、计算跨径、桥梁全长、桥梁高度、桥下净空高度、建筑高度、净矢高、计算矢高、矢跨比、涵洞等概念。

3. 桥梁的分类

按结构体系划分，有梁式桥、拱桥、刚架桥、悬索桥等四种基本体系。其他还有几种由基本体系组合而成的组合体系等。

按用途划分，有公路桥、铁路桥、公路铁路两用桥、农桥、人行桥、运水桥（渡槽）及其他专用桥梁（如通过管路、电缆等）。

按桥梁全长和跨径的不同，分为特殊大桥、大桥、中桥和小桥。

按主要承重结构所用的材料划分，有圬工桥（包括砖、石、混凝土桥）、钢筋混凝土桥、预应力混凝土桥、钢桥和木桥等。

按跨越障碍的性质，可分为跨河桥、跨线桥（立体交叉）、高架桥和栈桥。

按上部结构的行车道位置，分为上承式桥、下承式桥和中承式桥。

4. 桥梁基础分类

桥梁基础按施工方法可分为扩大基础、桩基础、沉井、地下连续墙等。

5. 桥梁基础的构造特点与受力特点。

6. 桥梁下部结构分类

公路桥梁下部结构可分为重力式桥墩、重力式桥台、轻型桥墩、轻型桥台。

7. 桥梁下部结构的构造特点与受力特点。

8. 桥梁上部结构分类

斜交板桥、装配式钢筋混凝土简支 T 梁、预应力混凝土简支 T 梁、连续体系桥梁、斜拉桥、悬索桥、拱桥。

9. 桥梁上部结构受力特点。

10. 桥梁设计作用的分类

作用是公路桥涵设计专业术语，其定义为：施加在结构上的一组集中力或分布力，或引起结构外加变形或约束变形的原因，前者称为直接作用，亦称荷载，后者称间接作用。公路桥涵设计采用的作用分为永久作用、可变作用、偶然作用和地震作用四类。

11. 桥梁工程作用取值方法。

12. 作用组合效应。

一 单项选择题

1. 比其他形式的桥梁更能经济合理地修建大跨度桥梁结构体系的是（　　　）。

    A. 梁式体系   B. 悬索桥

    C. 拱式体系   D. 刚架桥

2. 梁式桥设计洪水位上相邻两个桥墩（或桥台）之间的净距称为（　　　）。

    A. 标准跨径   B. 理论跨径

    C. 计算跨径   D. 净跨径

3. 桩顶的极限荷载由桩侧阻力和桩端阻力共同承担，但主要由桩端阻力承受，该桩基是（　　　）。

    A. 端承桩   B. 摩擦端承桩

    C. 摩擦桩   D. 端承摩擦桩

4. 桥跨结构相邻两支座中心之间的距离称为（　　　）。

    A. 标准跨径   B. 理论跨径

    C. 计算跨径   D. 经济跨径

5. 桥面与低水位之间的高差称为（　　　）。

    A. 桥梁建筑高度   B. 桥梁高度

    C. 桥下净空高度   D. 桥梁通航高度

6. 桥下净空高度是指（　　　）。

    A. 设计洪水位或通航水位与桥跨结构最下缘之间的距离

    B. 设计洪水位或通航水位与桥跨结构最上缘之间的距离

    C. 设计洪水位或通航水位与最低水位之间的距离

    D. 设计洪水位或通航水位与测时水位之间的距离

7. 容许建筑高度是指（　　　）。

    A. 桥面（或轨顶）标高与设计洪水位之高差

    B. 桥面（或轨顶）标高与通航净空顶部之高差

    C. 桥跨结构最下缘与设计洪水位之高差

    D. 桥面（或轨顶）标高与桥跨结构最下缘之间的距离

8. 矢拱度是指拱桥中拱圈（或拱肋）的（　　　）。

    A. 净矢高与计算跨径之比　　　　　　B. 计算矢高与净跨径之比

    C. 净矢高与净跨径之比　　　　　　　D. 计算矢高与计算跨径之比

9. 桥梁扩大基础按其材料性能特点可分为配筋与不配筋的条形基础和（　　　）。

    A. 单独基础　　　　　　　　　　　　B. 井格基础

    C. 箱形基础　　　　　　　　　　　　D. 沉井基础

10. 对斜拉桥的受力特点描述正确的选项是（　　　）。

    A. 主梁多点弹性支承，高跨比小，自重轻，提高跨径

    B. 配筋要考虑正负两种弯矩的要求

    C. 斜拉索的变形非线性，一般采用挠度理论或变形理论

    D. 斜拉索的垂直分力相当于混凝土的预压力

11. 拱式桥与同跨径的梁式桥相比，其弯矩和变形要小很多，原因在于（　　　）的作用。

    A. 水平力　　　　　　　　　　　　　B. 竖向力

    C. 剪力　　　　　　　　　　　　　　D. 弯矩

12. 预应力混凝土斜拉桥属于（　　　）。

    A. 梁式桥　　　　　　　　　　　　　B. 组合体系桥

    C. 拱式桥　　　　　　　　　　　　　D. 吊桥

13. 梁式体系的承重结构是以梁的（　　　）来承受荷载的。

    A. 抗剪能力　　　　　　　　　　　　B. 抗弯能力

    C. 抗倾能力　　　　　　　　　　　　D. 抗扭能力

14. 当软土层很厚，桩端达不到坚硬土层或岩层上时，采用的桩基为（　　　）。

    A. 端承桩　　　　　　　　　　　　　B. 摩擦桩

    C. 摩擦端承桩　　　　　　　　　　　D. 端承摩擦桩

15. 在地基承载力好的土层上修建桥梁时，宜采用的基础是（　　　）。

    A. 刚性基础　　　　　　　　　　　　B. 桩基础

    C. 管柱基础　　　　　　　　　　　　D. 沉井基础

16. 梁桥和拱桥上常用的 U 形桥台的特点是（　　　）。

    A. 靠土压力重量来平衡外力而保持其稳定

    B. 圬工体积较小，因而其自重和阻水面积也较小

    C. 自重较大，增加了对地基的要求

    D. 侧墙之间填土容易排水

17. 适用于较大跨径的高桥和宽桥的拱桥轻型桥台是（　　　）。

    A. 八字形桥台　　　　　　　　　　　B. 背撑式桥台

    C. 空腹式桥台　　　　　　　　　　　D. 靠背式框架桥台

18. 计算桥梁作用时，不属于永久作用的选项是（　　　）。

    A. 混凝土收缩、徐变作用　　　　　　B. 人群荷载

C. 基础变位作用　　　　　　　　　D. 水的浮力

二 多项选择题

1. 桥梁的分类中，拱可分为（　　　）。
   A. 无铰拱　　　　　　　　　　　B. 单铰拱
   C. 双铰拱　　　　　　　　　　　D. 三铰拱
   E. 四铰拱

2. 按桥梁的结构体系划分，其基本体系有（　　　）。
   A. 梁式桥　　　　　　　　　　　B. 拱桥
   C. 刚架桥　　　　　　　　　　　D. 悬索桥
   E. 斜拉桥

3. 桥下净空高度是（　　）至桥跨结构最下缘间的距离。
   A. 设计洪水位　　　　　　　　　B. 低水位
   C. 计算通航水位　　　　　　　　D. 高水位
   E. 桥下线路路面

4. 钻孔灌注桩适用于（　　　）等土层。
   A. 软土　　　　　　　　　　　　B. 砂土
   C. 碎石　　　　　　　　　　　　D. 黏性土
   E. 岩石

5. 重力式桥台（U形桥台）的组成有（　　　）。
   A. 墩帽　　　　　　　　　　　　B. 台身
   C. 背墙　　　　　　　　　　　　D. 基础
   E. 锥坡

6. 钢管混凝土中承式拱桥是根据（　　　）划分的。
   A. 承重结构的材料　　　　　　　B. 跨越障碍的性质
   C. 行车道的位置　　　　　　　　D. 桥梁的用途
   E. 桥梁的全长

7. 对基桩的计算，说法正确的有（　　　）。
   A. 承台底面以上的竖直荷载假定90%由基桩承受
   B. 桥台土压力可按填土前的原地面起算。当基桩上部位于内摩擦角小于20°的软土中时，应验算桩因该层土施加于基桩的水平力所产生的挠曲
   C. 在一般情况下，桩基不需要进行抗倾覆和抗滑动的验算；但在特殊情况下，应验算桩基向前移动或被剪断的可能性
   D. 在软土层较厚，持力层较好的地基中，桩基计算应考虑路基填土荷载或地下水位下降所引起的负摩阻力的影响

E. 计算中略去桩周围的摩阻力和弹性抗力的作用

8. 下列结构中，不属于桥梁基础的是（ ）。

A. 刚性基础
B. 承台
C. 沉井
D. 盖梁
E. 地下连续墙

9. 桩基础按施工方法可分为（ ）。

A. 管柱
B. 沉桩
C. 钻孔灌注桩
D. 挖孔桩
E. 摩擦桩

10. 下列桥墩中，属于梁桥轻型桥墩的有（ ）。

A. 钢筋混凝土薄壁桥墩
B. 柱式桥墩
C. 柔性排架桥墩
D. 钻孔桩柱式桥墩
E. 悬臂式单向推力墩

11. 下列桥台中，属于拱桥轻型桥台的有（ ）。

A. 背撑式桥台
B. 八字形桥台
C. 加筋土桥台
D. 钢筋混凝土薄壁桥台
E. 埋置式桥台

12. 不与汽车制动力同时参与组合的作用有（ ）。

A. 流水压力
B. 冰压力
C. 支座摩阻力
D. 波浪力
E. 汽车离心力

13. 公路桥涵设计采用的偶然作用包括有（ ）。

A. 船舶的撞击作用
B. 漂流物的撞击作用
C. 汽车冲击力
D. 汽车撞击作用
E. 地震作用

【1B413010 答案与解析】

一、单项选择题

*1. B；　*2. D；　3. B；　*4. C；　*5. B；　*6. A；　7. B；　*8. D；

*9. A；　10. A；　11. A；　12. B；　*13. B；　14. B；　15. A；　16. C；

17. B；　18. B

【解析】

1. B：

悬索桥是大跨桥梁的主要形式，因其主要杆件受拉力，材料利用效率最高，更由于近代悬索桥的主缆采用高强度钢丝，悬索桥的自重较轻，在刚度满足使用要求的情况下，能充分显示出其优越性，使其比其他形式的桥梁更能经济合理地修建大跨度桥。

2. D：

梁式桥净跨径是设计洪水位上相邻两个桥墩（或桥台）之间的净距，用 l_0 表示。

4. C：

计算跨径对于具有支座的桥梁，是指桥跨结构相邻两个支座中心之间的距离，用 l 表示。

5. B：

桥梁高度简称桥高，是指桥面与低水位之间的高差，或为桥面与桥下线路路面之间的距离。

6. A：

桥下净空高度是设计洪水位或计算通航水位至桥跨结构最下缘之间的距离，以 H 表示，它应保证能安全排洪，并不得小于对该河流通航所规定的净空高度。

8. D：

矢跨比是拱桥中拱圈（或拱肋）的计算矢高 f 与计算跨径 l 之比 $\left(\dfrac{f}{l}\right)$，也称矢拱度，它是反映拱桥受力特性的一个重要指标。

9. A：

扩大基础按其材料性能特点可分为配筋与不配筋的条形基础和单独基础。井格基础存在于某些房建基础中，沉井基础是与扩大基础并列的另一类基础。

13. B：

梁式体系的承重结构是以梁的抗弯能力来承受荷载的。

二、多项选择题

*1. A、B、C、D；　　*2. A、B、C、D；　　*3. A、C；　　　　*4. B、C、D、E；

5. B、C、D、E；　　6. A、C；　　　　　7. B、C、D；　　　8. B、D；

9. B、C、D；　　　10. A、B、C、D；　　11. A、B；　　　　12. A、B、C、D；

*13. A、B、D

【解析】

1. A、B、C、D：

拱式体系的主要承重结构是拱肋（或拱箱），以承压为主，可采用抗压能力强的圬工材料（石、混凝土与钢筋混凝土）来修建。拱分单铰拱、双铰拱、三铰拱和无铰拱。

2. A、B、C、D：

按结构体系划分，有梁式桥、拱桥、刚架桥、悬索桥等四种基本体系。

3. A、C：

桥下净空高度是设计洪水位或计算通航水位至桥跨结构最下缘之间的距离，以 H 表示，它应保证能安全排洪，并不得小于对该河流通航所规定的净空高度。

4. B、C、D、E：

钻孔灌注桩适用于黏性土、砂土、砾卵石、碎石、岩石等各类土层。

13. A、B、D:

公路桥涵设计采用的偶然作用包括有船舶的撞击作用、漂流物的撞击作用、汽车撞击作用三类。汽车冲击力属于可变作用，地震作用是与偶然作用并列的另一大类作用。

1B413020 常用模板、支架和拱架的设计与施工

复习要点

1. 模板、支架和拱架的设计原则

宜优先使用胶合板和钢模板。在计算荷载作用下，对模板、支架及拱架结构按受力程序分别验算其强度、刚度及稳定性。模板板面之间应平整，接缝严密，不漏浆，保证结构物外露面美观，线条流畅，可设倒角。结构简单，制作、装拆方便。

2. 模板、支架和拱架的设计

设计的一般要求、设计荷载、稳定性要求、强度及刚度要求。

3. 模板的制作及安装

模板按制作材料不同可分为木模板、钢模板、竹木模板、钢丝网水泥模板、玻璃钢模板、胶囊内胎模等。按构造形式和安装方法不同，模板可分为固定式模板和活动式模板。

木模的接缝可做成平缝、搭接缝或企口缝。当采用平缝时，应采取措施防止漏浆。木模的转角处应加嵌条或做成斜角。

模板安装完毕后，应对其平面位置、顶部标高、节点联系及纵横向稳定性进行检查，签认后方可浇筑混凝土。浇筑时，发现模板有超过允许偏差变形值的可能时，应及时纠正。

模板在安装过程中，必须设置防倾覆设施。当结构自重和汽车荷载（不计冲击力）产生的向下挠度超过跨径的 1/1600 时，钢筋混凝土梁、板的底模板应设预拱度，预拱度值应等于结构自重和 1/2 汽车荷载（不计冲击力）所产生的挠度。纵向预拱度可做成抛物线或圆曲线。后张法预应力梁、板，应注意预应力、自重和汽车荷载等综合作用下所产生的上拱或下挠，应设置适当的预挠或预拱。

4. 支架、拱架的制作及安装

支架按其构造分为立柱式、梁式和梁—柱式支架；按材料可分为木支架、钢支架、钢木混合支架和万能杆件拼装的支架等。拱架按结构分有支柱式、撑架式、扇形、桁式拱架、组合式拱架等；按材料分有木拱架、钢拱架、竹拱架和土牛拱胎。工程施工中常用支架主要有钢管支架、六四式军用梁、万能杆件设备和贝雷梁等。

应根据设计图进行制作和安装，应尽可能采用标准化、系列化、通用化的构件拼装。无论使用何种材料的拱架和支架，均应进行施工图设计，支架整体、杆配件、节点、地基、基础和其他支撑物应进行强度和稳定验算。

常备式钢拱架纵、横向距离应根据实际情况进行合理组合，以保证结构的整体性。

钢管拱架排架的纵、横距离应按承受拱圈自重计算，各排架顶部的标高要符合拱圈底的轴线。为保证排架的稳定应设置足够的斜撑、剪力撑、扣件和缆风绳。

支架和拱架应预留施工拱度，在确定施工拱度值时，应考虑下列因素：支架和拱架拆除后上部构造本身及活载1/2所产生的挠度；支架和拱架在荷载作用下的弹性压缩；支架和拱架在荷载作用下的非弹性压缩；支架和拱架基底在荷载作用下的非弹性沉陷；由混凝土收缩及温度变化而引起的挠度。

5. 模板、支架和拱架的拆除

承包人应在拟定拆模时间的12h以前，向监理工程师报告拆模建议，并应取得监理工程师同意。如果由于拆模不当而引起混凝土损坏，其修补费用应由承包人承担。卸落拱架时应用仪器观测拱圈挠度和墩台变位情况，并作好记录，供监理工程师查阅和随时控制。

模板、支架和拱架的拆除期限应根据结构物特点、模板部位和混凝土所达到的强度来决定。

浆砌石拱桥，须待砂浆强度达到设计要求，或如设计无要求，则须达到砂浆强度的85%。跨径小于10m的小拱桥，宜在拱上建筑全部完成后卸架；中等跨径的实腹式拱，宜在护拱砌完后卸架；大跨径空腹式拱，宜在拱上小拱横墙砌好（未砌小拱圈）时卸架。当需要进行裸拱卸架时，应对裸拱进行截面强度及稳定性验算，并采取必要的稳定措施。

一　单项选择题

1. 拱桥应根据结构特点和施工荷载特性分析取用，拱圈的自重荷载宜乘以（　　　）倍系数。

    A. 1.1　　　　　　　　　　　　　　B. 1.2

    C. 1.4　　　　　　　　　　　　　　D. 1.5

2. 现浇混凝土拱圈的拱架，拆除期限应符合设计规定；设计未规定时，应在拱圈混凝土强度达到设计强度的（　　　）后，方可卸落拆除。

    A. 80%　　　　　　　　　　　　　　B. 85%

    C. 90%　　　　　　　　　　　　　　D. 95%

3. 支架高度大于（　　　）m时，其顶部和底部均应设置水平剪刀撑。

    A. 4.5　　　　　　　　　　　　　　B. 4.8

    C. 5.2　　　　　　　　　　　　　　D. 5.5

二　多项选择题

1. 在计算荷载作用下，对模板、支架及拱架结构按受力程序分别验算其（　　　）。

A. 挠度　　　　　　　　　　　　B. 刚度

C. 平整度　　　　　　　　　　　D. 强度

E. 稳定性

2. 计算设于水中的支架或拱架的强度和稳定时，应考虑的荷载有（　　）。

A. 风力　　　　　　　　　　　　B. 水流压力

C. 流冰压力　　　　　　　　　　D. 船只漂流物的冲击力

E. 土压力

3. 为便于支架和拱架的拆卸，应根据结构形式、承受的荷载大小及需要的卸落量，在支架和拱架适当部位设置相应的（　　）等落模设备。

A. 横梁　　　　　　　　　　　　B. 木楔

C. 砂筒　　　　　　　　　　　　D. 木马

E. 千斤顶

4. 计算模板、支架和拱架时，除了考虑模板、支架自重和拱架自重外，还应考虑的设计荷载有（　　）。

A. 新浇筑混凝土、钢筋、预应力筋或其他施工结构物的重力

B. 作用在模板、支架和拱架上的温度应力

C. 新浇筑混凝土对模板侧面的压力

D. 振捣混凝土时产生的振动荷载

E. 施工人员及施工设备、施工材料等荷载

5. 模板、拱架和支架施工方案的内容应包括（　　）。

A. 工艺图　　　　　　　　　　　B. 支架预算书

C. 强度计算书　　　　　　　　　D. 稳定性计算书

E. 刚度计算书

【1B413020　答案与解析】

一、单项选择题

*1. B；　*2. B；　3. B

【解析】

1. B：

拱桥应根据结构特点和施工荷载特性分析取用，拱圈的自重荷载宜乘以1.2倍系数。

2. B：

现浇混凝土拱圈的拱架，拆除期限应符合设计规定；设计未规定时，应在拱圈混凝土强度达到设计强度的85%后，方可卸落拆除。

二、多项选择题

1. B、D、E；　　　　　*2. A、B、C、D；　*3. B、C、D、E；　4. A、C、D、E；

42

5. A、C、D、E

【解析】

2. A、B、C、D：

计算模板、支架和拱架的强度和稳定性时，应考虑作用在模板、支架和拱架上的风力。设于水中的支架，尚应考虑水流压力、流冰压力和船只漂流物等冲击荷载。

3. B、C、D、E：

为便于支架和拱架的拆卸，应根据结构形式、承受的荷载大小及需要的卸落量，在支架和拱架适当部位设置相应的木楔、木马、砂筒或千斤顶等落模设备。

1B413030　钢筋与混凝土施工技术

复习要点

1. 钢筋施工

钢筋应具有出厂质量证明书和试验报告单，进场时除应检查其外观和标志外，尚应按不同的钢种、等级、牌号、规格及生产厂家分批抽取试样进行力学性能检验，检验试验方法应符合现行国家标准的规定。钢筋经进场检验合格后方可使用。钢筋在运输过程中应避免锈蚀、污染或被压弯；在工地存放时，应按不同品种、规格，分批分别堆置整齐，不得混杂，并应设立识别标志，存放的时间不宜超过6个月。

钢筋的级别、种类和直径应按设计规定采用，当需要代换时，应得到设计人员的书面认可。预制构件的吊环，必须采用未经冷拉的热轧光圆钢筋制作，且其使用时的计算拉应力应不大于50MPa。

普通钢筋的加工制作要点、预应力钢筋的加工制作要点。

2. 混凝土施工

在进行混凝土强度试配和质量评定时，混凝土的抗压强度应以边长为150mm的立方体尺寸标准试件测定。试件以同龄期者三块为一组，并以同等条件制作和养护，每组试件的抗压强度应以三个试件测值的算术平均值为测定值，如有一个测值与中间值的差值超过中间值的15%时，则取中间值为测定值；如有两个测值与中间值的差值均超过15%时，则该组试件无效。

混凝土抗压强度应为标准方式成型的试件，置于标准养护条件下（温度为20±2℃及相对湿度不低于95%）养护28d所测得的抗压强度值（MPa）进行评定。采用蒸汽养护的混凝土抗压强度，试件应先随构件同条件蒸汽养护，再转入标准条件下养护，累计养护时间应为28d。当混凝土中掺用粉煤灰等矿物掺合料时，确定混凝土抗压强度时的龄期应符合设计规定。

混凝土的配合比，应以质量比计，并应通过设计和试配选定。

配制混凝土时，应根据结构情况和施工条件确定混凝土拌合物的坍落度，当工程需要获得较大的坍落度时，可在不改变混凝土的水胶比，不影响混凝土的质量的情况下，适当掺加外加剂。

混凝土外加剂用的品种应根据设计和施工要求选择，应采用减水率高、坍落度损失小、能明显改善混凝土性能的质量稳定产品。

大体积混凝土、高强度混凝土、高性能混凝土施工要点。

混凝土运至浇筑地点后发生离析、严重泌水或坍落度不符合要求时，应进行第二次搅拌。二次搅拌时不得任意加水，确有必要时，可同时加水和水泥以保持其原水胶比不变。如二次搅拌仍不符合要求，则不得使用。

3. 预应力混凝土。

一 单项选择题

1. 预制构件的吊环，必须采用（　　）制作，且其使用时的计算拉应力应不大于 50MPa。

 A. 热轧螺纹钢筋   B. 未经冷拉的热轧光圆钢筋

 C. 冷轧扭钢筋   D. 带肋钢筋

2. 钢筋的焊接接头宜采用（　　）。

 A. 闪光对焊   B. 电弧焊

 C. 气压焊   D. 电渣压力焊

3. 高强度混凝土水泥不得使用（　　）。

 A. 硅酸盐水泥   B. 普通硅酸盐水泥

 C. 出厂超过 2 个月的水泥   D. 立窑水泥

4. 在对预应力筋进行拉伸试验中，应同时测定其（　　）。

 A. 硬度   B. 抗剪强度

 C. 密度   D. 弹性模量

二 多项选择题

1. 高性能混凝土水泥宜选用品质稳定、标准稠度低、强度等级不低于 42.5 的（　　）。

 A. 硅酸盐水泥   B. 普通硅酸盐水泥

 C. 粉煤灰硅酸盐水泥   D. 矿渣硅酸盐水泥

 E. 火山灰质硅酸盐水泥

2. 大体积混凝土宜掺用可降低混凝土早期水化热的外加剂和掺合料，一般可采用的材料有（　　）。

A．缓凝剂   B．减水剂

C．矿渣粉   D．中砂

E．粉煤灰

3．预应力筋的下料长度要通过计算确定，计算时应考虑的因素有（   ）。

A．孔道曲线长度   B．锚夹具长度

C．预应力筋的松弛长度   D．千斤顶长度

E．外露工作长度

4．对施加预应力所用的机具设备及仪表应重新进行标定的情况有（   ）。

A．使用时间超过 6 个月

B．张拉次数超过 300 次

C．温度低于 0℃

D．使用过程中千斤顶或压力表出现异常情况

E．千斤顶检修或更换配件后

【1B413030 答案与解析】

一、单项选择题

1．B；   2．A；   *3．D；   4．D

【解析】

3．D：

高强度混凝土水泥宜选用强度等级不低于 52.5 的硅酸盐水泥和普通硅酸盐水泥，不得使用立窑水泥。

二、多项选择题

*1．A、B；   2．A、B、C、E；   *3．A、B、D、E；   4．A、B、D、E

【解析】

1．A、B：

高性能混凝土水泥宜选用品质稳定、标准稠度低、强度等级不低于 42.5 的硅酸盐水泥或普通硅酸盐水泥，不宜采用矿渣硅酸盐水泥、火山灰质硅酸盐水泥及粉煤灰硅酸盐水泥。

3．A、B、D、E：

预应力筋的下料长度要通过计算确定，计算应考虑孔道曲线长度、锚夹具长度、千斤顶长度及外露工作长度等因素。

1B413040　桥梁基础工程施工技术

复习要点

1. 明挖扩大基础施工

明挖扩大基础施工的主要内容包括基础的定位放样、基坑开挖、基坑排水、基底处理以及砌筑（浇筑）基础结构物等。

2. 桩基础

沉入桩施工、钻孔灌注桩施工。

3. 沉井施工

沉井施工前的准备、沉井制作、沉井浮运与就位、沉井下沉与着床、基底检验与沉井封底。

4. 地下连续墙施工

地下连续墙是利用挖槽机械，借助于泥浆护壁，在地下挖出一条窄而深的沟槽，并在槽内施工钢筋混凝土等合适材料，形成一道具有防渗（水）、挡土和承重功能的、连续的地下墙体。地下连续墙施工一般包括挖槽、下放钢筋笼、浇筑混凝土和槽段间的连接四个主要工序。

一　单项选择题

1. 某桥梁基础，基坑土质较差且有严重流沙现象、地下水位较高、基坑不深但坑壁不易稳定，其基坑排水方法宜采用（　　）。

　　A. 集水坑排水法　　　　　　　　　B. 井点降水法

　　C. 板桩法　　　　　　　　　　　　D. 沉井法

2. 护筒高度宜高出地面（　　）m 或水面 1.0~2.0m。

　　A. 0.3　　　　　　　　　　　　　B. 0.5

　　C. 0.6　　　　　　　　　　　　　D. 0.8

3. 关于基底检验说法，错误的是（　　）。

　　A. 小桥涵的地基，一般采用直观或触探方法

　　B. 特殊设计的小桥涵对地基沉陷有严格要求且土质不良时，宜进行荷载试验

　　C. 对经加固处理后的特殊地基，一般采用荷载试验

　　D. 大、中桥地基，一般由检验人员用直观、触探、挖试坑或钻探试验等方法，确定土质容许承载力是否符合设计要求

4. 关于基坑开挖边坡失稳的预防及处理措施的说法，错误的是（　　）。

　　A. 基坑开挖之前，应先做好地面排水系统

B. 对地质情况发生变化的地层应在开挖结束后及时支护

C. 基坑应尽量安排在少雨季节施工

D. 坑顶边缘应有一定的距离作护道，动载距坑缘不小于1.0m

5. 关于钻孔灌注桩施工中护筒的作用说法，错误的是（　　）。

　　A. 起到钻头导向作用　　　　　　B. 隔离地表水

　　C. 支护桩壁　　　　　　　　　　D. 固定桩孔位置

6. 适用于各种钻孔方法的灌注桩，并且清孔较为彻底的钻孔方法是（　　）。

　　A. 抽浆法　　　　　　　　　　　B. 换浆法

　　C. 掏渣法　　　　　　　　　　　D. 喷射清孔法

7. 钻孔灌注桩施工的主要工序正确的是（　　）。

　　A. 钻孔→埋设护筒→制备泥浆→清底→钢筋笼制作与吊装→灌注水下混凝土

　　B. 埋设护筒→制备泥浆→钻孔→清底→钢筋笼制作与吊装→灌注水下混凝土

　　C. 钻孔→灌注水下混凝土→埋设护筒→制备泥浆→钻孔→清底→钢筋笼制作与吊装

　　D. 制备泥浆→埋设护筒→钻孔→钢筋笼制作与吊装→清底→灌注水下混凝土

8. 在浮运、就位的任何时间内，沉井露出水面的高度均不应小于（　　）m，并应考虑预留防浪高度或采取防浪措施。

　　A. 1　　　　　　　　　　　　　　B. 2

　　C. 3　　　　　　　　　　　　　　D. 4

二 多项选择题

1. 地下连续墙施工主要工序有（　　）。

　　A. 栏杆浇筑　　　　　　　　　　B. 下放钢筋笼

　　C. 浇筑混凝土　　　　　　　　　D. 挖槽

　　E. 槽段间的连接

2. 对于土质渗透性较大、挖掘较深的基坑，可采用的基坑排水方法有（　　）。

　　A. 集水坑排水法　　　　　　　　B. 井点排水法

　　C. 板桩法　　　　　　　　　　　D. 沉井法

　　E. 帷幕法

3. 可导致基坑开挖边坡失稳的主要因素有（　　）。

　　A. 基坑深度过大，而坑壁坡度较陡

　　B. 地下水以下部分开挖，土质易坍塌却没有增设加固措施

　　C. 基坑四周没有设置截水沟、排水沟拦截地表径流

　　D. 弃土位置距基坑太近甚至放在基坑四周

　　E. 施工延续时间比较短

4. 沉桩时遇到下列情况可以停止锤击的有（　　　）。

  A. 沉入度突然发生急剧变化

  B. 桩尖已沉入到设计标高，贯入度没有达到要求时可以停止锤击

  C. 桩身突然发生倾斜、移位

  D. 桩顶破碎或桩身开裂、变形，桩侧地面有严重隆起现象

  E. 桩不下沉，桩锤有严重的回弹现象

5. 关于钻孔灌注桩正循环回转法的说法，正确的有（　　　）。

  A. 它是利用钻具旋转切削土体钻进，泥浆泵将泥浆压进泥浆笼头，通过钻杆中心从钻头喷入钻孔内

  B. 泥浆输入钻孔内，然后从钻头的钻杆下口吸进，通过钻杆中心排出至沉淀池内

  C. 泥浆挟带钻渣沿钻孔上升，从护筒顶部排浆孔排出至沉淀池

  D. 泥浆是从上向下流动

  E. 需设置泥浆槽、沉淀池等

6. 导致钻孔灌注桩施工中断桩的原因有（　　　）。

  A. 混凝土坍落度太小，骨料太大，运输距离过长，混凝土和易性差

  B. 计算导管埋管深度时出错，或盲目提升导管，使导管脱离混凝土面

  C. 钢筋笼将导管卡住，强力拔管时，使泥浆混入混凝土中

  D. 桩底清孔不彻底

  E. 导管接头处渗漏，泥浆进入管内，混入混凝土中

7. 沉入桩的施工方法主要有（　　　）。

  A. 锤击沉桩   B. 振动沉桩

  C. 射水沉桩   D. 自动沉桩

  E. 静力压桩

【1B413040　答案与解析】

一、单项选择题

*1. B；　2. A；　3. C；　4. B；　5. C；　*6. A；　7. B；　8. A

【解析】

1. B：

集水坑排水法除严重流沙外，一般情况下均可适用。井点降水法适用土质较差且有严重流沙现象、细（粉）砂、地下水位较高、有承压水、挖基较深、坑壁不易稳定的土质基坑，在无砂的黏质土中不宜使用。对于土质渗透性较大、挖掘较深的基坑，可采用板桩法或沉井法。

6. A：

清孔的方法：抽浆法、换浆法、掏渣法、喷射清孔法以及用砂浆置换钻渣清孔法等，应根据设计要求、钻孔方法、机具设备和土质条件决定。其中抽浆法清孔较为彻底，适用于各种钻孔方法的灌注桩。对孔壁易坍塌的钻孔，清孔时操作要细心，防止塌孔。

二、多项选择题

1. B、C、D、E；　　2. C、D；　　　　3. A、B、C、D；　　*4. A、C、D、E；

5. A、C、E；　　　6. A、B、C、E；　　*7. A、B、C、E

【解析】

4. A、C、D、E：

沉桩时，如遇到沉入度突然发生急剧变化；桩身突然发生倾斜、移位；桩不下沉，桩锤有严重的回弹；桩顶破碎或桩身开裂、变形，桩侧地面有严重隆起等现象时，应立即停止锤击，查明原因，采取措施后方可继续施工。

7. A、B、C、E：

沉入桩的施工方法主要有：锤击沉桩、振动沉桩、射水沉桩以及静力压桩等。

1B413050　桥梁下部结构施工技术

复习要点

1. 承台施工

当承台处于干处时，一般直接采用明挖基坑，并根据基坑状况采取一定措施后，在其上安装模板，浇筑承台混凝土。当承台位于水中时，一般先设围堰（钢板桩围堰、套箱围堰、双壁钢围堰等）将群桩围在堰内，然后在堰内河底灌注水下混凝土封底，凝结后，将水抽干，使各桩处于干处，再安装承台模板，在干处灌筑承台混凝土。

2. 墩台施工

钢筋混凝土墩台施工、石砌墩台施工。

一　单项选择题

1. 当承台处于干处时，一般采用（　　）后施工承台。
   A. 明挖基坑　　　　　　　　　　B. 套箱围堰
   C. 双壁钢围堰　　　　　　　　　D. 钢板桩围堰
2. 双壁钢围堰拼焊后应进行焊接质量检验及（　　）。
   A. 水密试验　　　　　　　　　　B. 抗压试验

C. 针入度试验   D. 抗倾覆试验

3. 关于石砌墩台施工的说法，错误的是（　　　）。

A. 石砌墩台是用片石、块石及粗料石以水泥砂浆砌筑的

B. 浆砌片石一般适用于高度小于 10m 的墩台身、基础、镶面

C. 浆砌粗料石则用于磨耗及冲击严重的分水体及破冰体的镶面工程

D. 浆砌块石一般用于应力要求大于浆砌片石砌体强度的墩台

二 多项选择题

1. 用于围堰的钢板桩，其下沉方法有（　　　）。

A. 锤击   B. 振动

C. 射水   D. 钻进

E. 自沉

2. 套箱围堰的平面尺寸应根据（　　　）确定。

A. 承台尺寸   B. 封底混凝土厚度

C. 承台底标高   D. 安装及放样误差

E. 施工期间可能出现的最高水位及浪高

3. 套箱围堰的封底混凝土厚度应根据（　　　）等计算确定。

A. 桩周摩擦阻力   B. 浮力

C. 设计荷载   D. 套箱重力

E. 混凝土重力

4. 高墩施工宜采用的模板类型有（　　　）。

A. 永久式模板   B. 固定式模板

C. 翻转模板   D. 爬升模板

E. 滑升模板

【1B413050　答案与解析】

一、单项选择题

*1. A;　　2. A;　　3. B

【解析】

1. A:

当承台处于干处时，一般采用明挖基坑后施工承台，比较方便、经济。

二、多项选择题

1. A、B、C;　　　*2. A、D;　　　3. A、B、D、E;　　　*4. C、D、E

2. A、D:

套箱围堰的平面尺寸应根据承台尺寸、安装及放样误差确定，套箱顶标高应根据施工期间可能出现的最高水位及浪高等因素确定，套箱底板标高根据承台底标高及封底混凝土厚度确定。

4. C、D、E:

高墩施工宜采用翻转模板、爬升模板或滑升模板。

1B413060　桥梁上部结构施工技术

复习要点

1. 桥梁上部结构装配式施工

先张法预制梁板、预制梁（板）的吊装、后张法预制梁板。

2. 桥梁上部结构支架及逐孔施工

支架施工工序、逐孔施工。

3. 桥梁上部结构悬臂施工

悬臂拼装施工：悬臂拼装施工包括块件的预制、运输、拼装及合龙。它与悬浇施工具有相同的优点，不同之处在于悬拼以吊机将预制好的梁段逐段拼装。梁段预制方法分长线法及短线法。长线法施工工序：预制场、存梁区布置→梁段浇筑台座准备→梁段浇筑→梁段吊运存放、修整→梁段外运→梁段吊拼。

悬臂浇筑施工法：适用于大跨径的预应力混凝土悬臂梁桥、连续梁桥、T型刚构桥、连续刚构桥。其特点是无须建立落地支架，无须大型起重与运输机具，主要设备是一对能行走的挂篮。挂篮是悬浇箱梁的主要设备，它是沿着轨道行走的活动脚手架及模板支架。国内外现有的挂篮按结构形式可分为桁架式、三角斜拉带式、预应力束斜拉式、斜拉自锚式；按行走方式可分为滑移式和滚动式；按平衡方式可分为压重式和自锚式。对某一具体工程，应根据梁段分段情况，根据对挂篮的重量、要求承受荷载及施工经验对挂篮进行认真详细的设计。除必须满足强度、刚度、稳定性要求外，还要使其行走、锚固方便可靠，重量不大于设计规定。挂篮由主桁架、锚固、平衡系统及吊杆、纵横梁等部分组成，由工厂或现场根据挂篮设计图纸精心加工而成。挂篮试拼后，必须进行荷载试验。

4. 桥梁上部结构顶推施工

顶推法多应用于预应力钢筋混凝土等截面连续梁桥和斜拉桥梁的施工。顶推法是梁体在桥头逐段浇筑或拼装，用千斤顶纵向顶推，使梁体通过各墩顶的临时滑动支座面就位的施工方法。顶推施工是在桥台的后方设置预制施工场地，分节段浇筑梁体，并用纵向预应力筋将浇筑节段与已完成的梁体连成整体，在梁体前安装长度为顶推跨径0.7倍左右的钢导梁，然后通过水平千斤顶施力，将梁体向前方顶推出施工场地。这样分段预制，逐段顶推，待全部顶推就位后，落梁、结构体系转换、更换正式支座，完成桥梁施工。顶推施工的方法可分为单点顶推和多点顶推。

顶推法施工工序及顶推施工中的施工要点。

5. 桥梁上部结构转体施工

上部结构转体施工是跨越深谷、急流、铁路和公路等特殊条件下的有效施工方法，具有不干扰运输、不中断交通、不需要复杂的悬臂拼装设备和技术等优点，转体施工分为竖转法、平转法和平竖结合法。

转体装置主要有两种，第一种是以四氟乙烯作为滑板的环道平面承重转体；第二种是以球面转轴支承辅以滚轮（或移动千斤顶）的轴心承重转体。转体施工工艺包括脱架→转动→转盘封固→撤锚合龙。

对混凝土肋拱、刚架拱、钢管混凝土拱，当地形、施工条件适合时，可选择竖转法施工。其转动系统由转动铰、提升体系（动、定滑车组，牵引绳等）、锚固体系（锚索、锚碇等）等组成。

6. 桥梁上部结构缆索吊装施工

主要施工设备包括缆索吊机塔架、缆索吊机主索（承重索）、起重索、牵引索、扣索、工作索、风缆、横移索、跑车（天车、骑马滑车）、索鞍和锚碇等。

缆索吊装施工工序为：在预制场预制拱肋（箱）和拱上结构，将预制拱肋和拱上结构通过平车等运输设备移运至缆索吊装位置，将分段预制的拱肋吊运至安装位置，利用扣索对分段拱肋进行临时固定，吊装合龙段拱肋，对各段拱肋进行轴线调整，主拱圈合龙，拱上结构安装。

7. 桥梁改建施工。

8. 桥梁监测

监测系统对以下几个方面进行监控：桥梁结构在正常环境与交通条件下运营的物理与力学状态；桥梁重要非结构构件（如支座）和附属设施（如振动控制元件）的工作状态；结构构件耐久性；桥梁所处环境条件等。

监测范围包括敏感部位监测和总体监测。监测方式有人工监测和自动监测。

常规监测的工作参数有位移（绝对位移和相对位移，静位移和动位移）、变形（静动挠度、静动应变等）、力、动力参数（如速度、加速度，可转换成频率、振型，再转换成张力、位移）、外观和完整率（如气蚀、磨损、裂缝、剥落）、物理化学现象（如混凝土碱集料反应、混凝土中性化、钢材锈蚀）和环境（如风速、风向、空气或桥体温度、地震、交通量和荷载）。

9. 桥梁施工控制

桥梁施工控制方法可分为事后控制法、预测控制法、自适应控制法和最大宽容度控制法几种。

1. 装配式桥的构件在脱底模、移运、存放和吊装时，混凝土的强度应不低于设计规定的吊装强度；设计未规定时，应不低于设计强度的（　　）。

    A. 75%　　　　　　　　　　　B. 80%

    C. 85%　　　　　　　　　　　D. 90%

2. 在悬臂浇筑施工中，挂篮组拼后，应全面检查安装质量，并对挂篮进行试压，以消除结构的非弹性变形。挂篮试压的最大荷载可按（　　）考虑。

    A. 全跨浇筑梁段重量的 1.2 倍

    B. 各悬浇梁段平均重量的 1.2 倍

    C. 最大悬浇梁段重量的 1.3 倍

    D. 各悬浇梁段平均重量的 1.3 倍

3. 对于大跨径的预应力混凝土悬臂梁桥，其 0 号、1 号块的施工一般采用（　　）。

    A. 扇形托架浇筑　　　　　　　B. 满堂架浇筑

    C. 预制吊装　　　　　　　　　D. 挂篮浇筑

4. 先张法预制梁板施工工艺流程中，放松预应力筋的紧前工序是（　　）。

    A. 调整初应力　　　　　　　　B. 张拉预应力筋

    C. 混凝土养护　　　　　　　　D. 拆模

5. 后张法预制梁板的施工过程中，钢筋应按设计要求在两端同时对称张拉，张拉时千斤顶的作用线必须与（　　）重合，两端各项张拉操作必须一致。

    A. 钢筋形心线　　　　　　　　B. 预应力轴线

    C. 梁截面轴线　　　　　　　　D. 弯矩影响线

6. 缆索吊装施工时，应对预制的拱肋在吊装、搁置、安装等状况下进行（　　）验算。

    A. 稳定　　　　　　　　　　　B. 应力

    C. 挠度　　　　　　　　　　　D. 强度

7. 关于缆索吊装施工的说法，错误的是（　　）。

    A. 主索系统试吊分静载试吊和吊重运行两步

    B. 试吊重物可以为构件、钢筋混凝土预制件

    C. 风缆应成对称布置

    D. 地锚应预先试拉

8. 转体施工工艺是（　　）。

    A. 脱架→转动→转盘封固→撤锚合龙

    B. 转动→转盘封固→撤锚合龙→脱架

    C. 脱架→转动→撤锚合龙→转盘封固

    D. 撤锚合龙→转动→脱架→转盘封固

1. 张拉顺序按图纸要求进行，无明确规定时按（　　）的原则进行张拉。
   A. 分段　　　　　　　　　　　　B. 分批
   C. 对称　　　　　　　　　　　　D. 先上后下
   E. 先左后右

2. 现浇箱梁的模板组成有（　　）。
   A. 底模　　　　　　　　　　　　B. 面模
   C. 侧模　　　　　　　　　　　　D. 内模
   E. 滑模

3. 关于桥梁施工顶推方法适用条件说法，正确的有（　　）。
   A. 单点顶推适用于桥台刚度较大、梁体构件较重的施工条件
   B. 多点顶推适用于桥墩较高、截面尺寸较小的柔性墩的施工条件
   C. 单点顶推适用于桥墩较高、梁体较轻的施工条件
   D. 多点顶推适用于桥墩较高、截面尺寸较小的墩的施工条件
   E. 单点顶推适用于桥台刚度较大、梁体较轻的施工条件

4. 支架现浇箱梁施工中，预应力筋的下料长度要通过计算确定，计算时应考虑的因素有（　　）。
   A. 外露工作长度　　　　　　　　B. 孔道曲线长
   C. 千斤顶长度　　　　　　　　　D. 锚夹具长度
   E. 梁板长度

5. 桥梁上部结构采用现浇法施工的有（　　）。
   A. 逐段悬臂挂篮施工　　　　　　B. 满堂支架法
   C. 顶推法施工　　　　　　　　　D. 转体施工
   E. 缆索吊装施工

6. 桥梁上部结构的主要施工技术中只能用预制法的有（　　）。
   A. 逐段悬臂平衡施工　　　　　　B. 逐孔施工
   C. 顶推法施工　　　　　　　　　D. 转体施工
   E. 缆索吊装施工

7. 悬臂浇筑施工法适用于大跨径的（　　）。
   A. T型刚构桥　　　　　　　　　B. 连续刚构桥
   C. 预应力混凝土悬臂梁桥　　　　D. 连续梁桥
   E. 双曲拱桥

8. 桥梁上部结构的转体施工按转动方向分为（　　）。
   A. 斜向转体施工法　　　　　　　B. 竖向转体施工法
   C. 平面转体施工法　　　　　　　D. 空间转体施工法

E. 平竖结合转体法

9. 缆索吊装施工法中,缆索吊装设备按用途和作用可以分为(　　)等基本部分组成。

A. 主索
B. 工作索
C. 起重索
D. 塔架
E. 锚固装置

10. 连续梁桥可采用(　　)施工方法。

A. 逐段悬臂平衡
B. 逐孔
C. 顶推法
D. 转体
E. 缆索吊装

11. 适用于平转施工的桥梁有(　　)。

A. 刚构梁式桥
B. 斜拉桥
C. 钢管混凝土拱桥
D. 钢架拱桥
E. 连续梁桥

12. 采用缆索吊装的预制拱肋,必须对(　　)等状况下的拱肋强度进行验算。

A. 吊装
B. 搁置
C. 悬挂
D. 安装
E. 临时连接

13. 桥梁施工控制方法有(　　)。

A. 自动控制法
B. 事后控制法
C. 参数识别修正法
D. 预测控制法
E. 最大宽容度控制法

【1B413060　答案与解析】

一、单项选择题

*1. B;　　*2. C;　　3. A;　　4. D;　　5. B;　　*6. D;　　7. A;　　*8. A

【解析】

1. B:

装配式桥的构件在脱底模、移运、存放和吊装时,混凝土的强度应不低于设计规定的吊装强度;设计未规定时,应不低于设计强度的80%。

2. C:

挂篮组拼后,应全面检查安装质量,并对挂篮进行试压,以消除结构的非弹性变形。挂篮试压的最大荷载一般可按最大悬浇梁段重量的1.3倍考虑。挂篮试压通常采用水箱加压法、试验台加压法及砂袋法。

6. D:

预制的拱肋(箱),一般均有起吊、安装等过程,因此必须对吊装、搁置、悬挂、安装等状况下的拱肋进行强度验算，以保证拱肋（箱）的安全施工。拱肋如采用卧式预制，还需验算平卧运输或平卧起吊时截面的侧向应力。

8. A：

转体施工工艺包括：脱架→转动→转盘封固→撤锚合龙。

二、多项选择题

*1. A、B、C；　　　*2. A、C、D；　　*3. B、E；　　　　4. A、B、C、D；

5. A、B、C；　　　6. D、E；　　　　7. A、B、C、D；　　*8. B、C、E；

*9. A、B、D、E；　10. A、B、C；　　11. A、B、C；　　　*12. A、B、C、D；

13. B、C、D、E

【解析】

1. A、B、C：

张拉顺序按图纸要求进行，无明确规定时按分段、分批、对称的原则进行张拉。

2. A、C、D：

现浇箱梁模板由底模、侧模及内模三个部分组成，一般预先分别制作成组件，在使用时再进行拼装，模板以钢模板为主，在齿板、堵头或棱角处采用木模板。

3. B、E：

顶推的方法可分为单点顶推和多点顶推，单点顶推适用于桥台刚度较大、梁体较轻的施工条件，多点顶推适用于桥墩较高、截面尺寸较小的柔性墩的施工条件。

8. B、C、E：

转体施工按转动方向分为竖向转体施工法、平面转体施工法和平竖结合转体法。

9. A、B、D、E：

缆索吊装设备，按其用途和作用可以分为主索、工作索、塔架和锚固装置等四个基本组成部分。

12. A、B、C、D：

预制的拱肋（箱），一般均有起吊、安装等过程，因此必须对吊装、搁置、悬挂、安装等状况下的拱肋进行强度验算，以保证拱肋（箱）的安全施工。拱肋如采用卧式预制，还需验算平卧运输或平卧起吊时截面的侧向应力。

1B413070　大跨径桥梁施工

复习要点

1. 刚构桥的施工

平衡悬臂施工：平衡悬臂施工可分为悬臂浇筑法与悬臂拼装法施工，前者是当桥墩浇筑到顶以后，在墩顶安装脚手钢桁架，并向两侧伸出悬臂以供垂吊挂篮，实施悬臂浇筑（挂篮是主要施工设备）；后者是将梁逐段分成预制块件进行拼装，穿束张拉，自成悬臂。

悬臂梁起步段施工：挂篮由主桁架、悬吊系统、锚固系统与平衡重、行走系统以及工作平台底模架等所组成。挂篮设置除应保证强度安全可靠外，还应满足变形小、行走方便、锚固、装拆容易以及各项施工作业的操作要求，并注意安全防护设施。

箱梁混凝土的浇筑（悬臂浇筑）：可视箱梁截面高度情况采用一次或两次浇筑法。

浇筑肋板混凝土时，两侧肋板应同时分层进行。浇筑顶板及翼板混凝土时，应从外侧向内侧一次完成，以防产生裂缝。当箱梁截面较大（或靠近悬臂根部梁段），节段混凝土数量较多，每个节段可分两次浇筑，先浇底板到肋板的倒角以上，再浇筑肋板上段和顶板，其接缝按施工缝要求处理。

悬臂拼装的主要工序包括：块件预制、移运、整修、吊装定位、预应力张拉、施工接缝处理等，各道工序均有其不同的要求，并对整个拼装质量具有密切影响。

块件拼装接缝：块件拼装接缝一般分为湿接缝与胶接缝两种。湿接缝用高强细石混凝土，胶接缝则采用环氧树脂为接缝料。由于1号块的安装对控制该跨节段的拼装方向和标高非常关键，故1号块与0号块之间的接缝多采用湿接缝以利调整1号块位置。

2. 拱桥的施工

劲性骨架浇筑拱圈：劲性骨架混凝土拱桥实际上是内填外包式的钢管混凝土结构，其是适应跨度混凝土拱桥"自假设"应运而生的。劲性骨架混凝土拱桥施工程序包括劲性骨架安装、灌注管内混凝土、灌注钢管外包混凝土，从而形成钢筋混凝土结构。

装配式混凝土、钢筋混凝土拱圈适用于箱形拱、肋拱及箱肋组合拱（以下均称箱形拱）的少支架或无支架施工。

3. 钢桥的施工

按照力学体系分类，钢桥有梁、拱、索三大基本体系和组合体系桥；按照主梁结构形式，可分为钢板梁、钢箱梁、钢桁梁和结合梁；按照截面沿跨度方向有无变化，可分为等截面钢梁和变截面钢梁；按照连接方式，可分为铆接、焊接、栓接以及栓焊连接，若钢桥构件在工厂焊接后运到工地，再全部用焊接组装成钢桥，称为工地全焊连接，若在工地部分构件用高强度螺栓连接，另一部分用焊缝焊接组装成钢桥，则称为合用连接；而铆接现在已经基本上不再应用。

根据钢桥基本构件结构外形和构造的不同，钢桥制造可分为杆系、板系、管系结构。

钢桥安装方法及要点、钢桥质量检查与检验。

4. 斜拉桥的施工

斜拉桥由梁、塔、索三种基本构件组成桥梁结构体系。

斜拉桥的桥面如同多孔的弹性支承连续梁，斜拉的每根钢索如同桥墩，众多的桥墩斜向集中到一根塔柱上再集中传到地基上。斜拉桥的索承受巨大拉力，塔、梁承受巨大压力，但塔的左右水平力自我平衡。斜拉桥的施工主要包括主塔的施工、主梁的施工、拉索的施工等。

5. 悬索桥的施工

大跨径悬索桥的结构形式按吊索和加劲梁的形式可分为：竖直吊索，钢桁架作加劲梁；三角形布置的斜吊索，以扁平流线形钢箱梁作加劲梁；竖直吊索和斜吊索的混合形，流线形钢箱梁作加劲梁；除了具有一般悬索桥的缆索体系外，还设有若干加强用的斜拉索。

按照加劲梁的支承结构不同悬索桥可分为单跨两铰加劲梁、三跨两铰加劲梁和三跨连续加劲梁悬索桥。

悬索桥下部工程包括锚碇基础、锚体和塔柱基础等施工，上部工程包括主塔、主缆和加劲梁的施工。施工架设主要工序为：基础施工→塔柱和锚碇施工→先导索渡海工程→牵引系统和猫道系统→猫道面层和抗风缆架设→索股架设→索夹和吊索安装→加劲梁架设和桥面铺装施工。

悬索桥的施工主要分四部分：锚碇施工；主塔和索鞍施工；加劲梁施工；主缆施工。

一 单项选择题

1. 浇筑顶板及翼板混凝土时，应从（　　　）一次完成，以防发生裂缝。
   A. 外侧向内侧　　　　　　　　　　B. 内侧向外侧
   C. 左侧向右侧　　　　　　　　　　D. 右侧向左侧

2. 供主缆架设、紧缆、索夹安装、吊索安装以及主缆防护用的空中作业脚手架是（　　　）。
   A. 猫道　　　　　　　　　　　　　B. 加劲梁
   C. 索股　　　　　　　　　　　　　D. 主索鞍

3. 钢管混凝土压注工艺流程有：安设压注头和闸阀、从拱顶排浆孔振捣混凝土、关闭压注口处闸阀稳压、堵塞钢管法兰间隙、压注管内混凝土等，拆除闸阀的紧前工序是（　　　）。
   A. 从拱顶排浆孔振捣混凝土　　　　B. 关闭压注口处闸阀稳压
   C. 压注管内混凝土　　　　　　　　D. 堵塞钢管法兰间隙

4. 在浇筑箱梁顶板和翼板混凝土时，为防止混凝土开裂，浇筑顺序应为（　　　）。
   A. 从内侧向外侧分两次完成　　　　B. 从内侧向外侧一次完成
   C. 从外侧向内侧分两次完成　　　　D. 从外侧向内侧一次完成

5. 刚构桥的施工一般采用（　　　）施工。
   A. 整体现浇　　　　　　　　　　　B. 转体
   C. 平衡悬臂　　　　　　　　　　　D. 分次浇筑法

6. 钢管混凝土的质量检测应以（　　　）为主，人工敲击为辅。
   A. 激光检测　　　　　　　　　　　B. 超声波检测
   C. 高应变法检测　　　　　　　　　D. 静载试验法

7. 扣索布置应满足（　　　）。
   A. 与所扣挂的拱肋在同一水平面内
   B. 与所扣挂的拱肋在同一竖直面内
   C. 扣索应布置在拱肋的中部
   D. 扣索必须与主塔固结

8. 斜拉桥施工时，在主梁悬梁浇筑或悬臂拼装过程中，确保主梁线形和顺、正确是第一位的，施工中以（　　）控制为主。

    A. 拉索索力 　　　　　　　　　　B. 标高

    C. 预制块件接缝转角 　　　　　　D. 混凝土强度

9. 根据钢桥基本构件结构外形和构造的不同进行划分，钢管拱桥属于（　　）。

    A. 杆系结构 　　　　　　　　　　B. 板系结构

    C. 柱系结构 　　　　　　　　　　D. 管系结构

二 多项选择题

1. 大跨径劲性拱圈混凝土拱圈（拱肋）的浇筑，可采用的方法有（　　）。

    A. 一次或两次浇筑法 　　　　　　B. 分环多工作面均衡浇筑法

    C. 两次或多次浇筑法 　　　　　　D. 水箱压载分环浇筑法

    E. 斜拉扣挂分环连接浇筑法

2. 跨径较大的拱圈或拱肋，分段浇筑的分段的位置宜设置在（　　）。

    A. $L/4$ 部位 　　　　　　　　　　B. $L/3$ 部位

    C. 拱架节点 　　　　　　　　　　D. 拱脚

    E. 拱顶

3. 斜拉桥混凝土主梁的施工方法有（　　）。

    A. 顶推法 　　　　　　　　　　　B. 平转法

    C. 竖转法 　　　　　　　　　　　D. 悬臂法

    E. 支架法

4. 钢管混凝土拱桥拱肋安装可采用（　　）。

    A. 少支架法 　　　　　　　　　　B. 无支架缆索吊装法

    C. 转体施工法 　　　　　　　　　D. 斜拉扣索悬拼法

    E. 满堂式支架法

5. 关于钢管内混凝土浇筑施工的说法，正确的有（　　）。

    A. 管内混凝土浇筑可采用人工浇筑和泵送顶升压注两种方法

    B. 钢筋混凝土压注工艺为首先清洗管内污物、湿润内壁

    C. 管内混凝土的配料强度比设计强度高 10%～15%

    D. 一根钢管的混凝土必须连续灌注，一气呵成

    E. 钢管混凝土的质量检测办法应以人工敲击为主，超声波检测为辅

6. 斜拉桥按主梁的受力状态分为（　　）。

    A. 漂浮体系 　　　　　　　　　　B. 支承体系

    C. 塔梁固结体系 　　　　　　　　D. 刚构体系

    E. 桁架体系

一、单项选择题

*1. A； 2. A； 3. B； 4. D； 5. C； 6. B； 7. B； *8. B； 9. D

【解析】

1. A：

浇筑肋板混凝土时，两侧肋板应同时分层进行。浇筑顶板及翼板混凝土时，应从外侧向内侧一次完成，以防发生裂缝。

8. B：

斜拉桥施工时，在主梁悬臂浇筑或悬臂拼装过程中，确保主梁线形和顺、正确是第一位的，施工中以标高控制为主。

二、多项选择题

*1. B、D、E；   2. A、C、D、E； 3. A、B、D、E； 4. A、B、C、D；

5. A、C、D；   6. A、B、C、D

【解析】

1. B、D、E：

大跨径劲性拱圈混凝土拱圈（拱肋）的浇筑，可采用分环多工作面均衡浇筑法、水箱压载分环浇筑法和斜拉扣挂分环连接浇筑法。

1B413080 桥梁工程质量通病及防治措施

复习要点

1. 钻孔灌注桩断桩的防治

原因分析、钻孔灌注桩断桩的主要防治措施。

2. 钢筋混凝土梁桥预拱度偏差的防治

原因分析、钢筋混凝土梁桥预拱度偏差的主要防治措施。

3. 箱梁两侧腹板混凝土厚度不均的防治

原因分析、箱梁两侧腹板混凝土厚度不均的主要防治措施。

4. 钢筋混凝土结构构造裂缝的防治

原因分析、钢筋混凝土结构构造裂缝的主要防治措施。

5. 悬臂浇筑钢筋混凝土箱梁的施工（挠度）控制

原因分析、悬臂浇筑钢筋混凝土箱梁的施工（挠度）控制的主要防治措施。

6. 桥面铺装病害的防治

原因分析、桥面铺装病害的主要防治措施。

7. 桥梁伸缩缝病害的防治

原因分析、桥梁伸缩缝病害的主要防治措施。

8. 桥头跳车的防治

原因分析、桥头跳车的主要防治措施。

一　单项选择题

1. 钻孔灌注桩施工时，导管使用前，要对导管进行检漏和（　　），以防导管渗漏。
   A. 抗压试验　　　　　　　　　B. 抗拉力试验
   C. 抗弯试验　　　　　　　　　D. 抗折试验

2. 钢筋混凝土梁桥预拱度偏差防治措施不包括（　　）。
   A. 严格控制张拉时的混凝土强度
   B. 钢绞线伸长值的计算应采用同批钢绞线弹性模量的实测值
   C. 波纹管的安装定位应准确
   D. 控制张拉时的应力值，增加持荷时间

3. 防治桥头跳车的措施不包括（　　）。
   A. 选择砂石材料作为台后填料　　B. 提高地基承载能力
   C. 设置桥头搭板　　　　　　　　D. 采用重型振动压路机碾压

二　多项选择题

1. 桥梁伸缩缝损坏的施工因素有（　　）。
   A. 伸缩缝安装不合格
   B. 养护时间不够
   C. 锚件焊接内在质量差
   D. 伸缩装置两侧填充混凝土强度不达标
   E. 填充到伸缩缝内的外来物未能及时清除

2. 钻孔灌注桩断桩的原因有（　　）。
   A. 混凝土坍落度小，石料粒径过大，导管直径较小，在混凝土灌注过程中堵塞导管，且在混凝土初凝前未能疏通好
   B. 由于测量及计算错误，致使导管底口距孔底距离较大，使首批灌注的混凝土不能埋住导管
   C. 在导管提拔时，导管提拔过量，从而使导管拔出混凝土面
   D. 导管埋置深度过深，无法提起或将导管拔断
   E. 导管渗漏致使空气进入导管内，在混凝土内形成软弱层

【1B413080 答案与解析】

一、单项选择题

*1. B；　2. D；　3. D

【解析】

1. B：

导管的直径应根据桩径和石料的最大粒径确定，尽量采用大直径导管；对每节导管进行组装编号，导管安装完毕后要建立复核和检验制度。导管使用前，要对导管进行检漏和抗拉力试验，以防导管渗漏。

二、多项选择题

1. A、B、C、D；　*2. A、B、C、D

【解析】

2. A、B、C、D：

导管接口渗漏致使泥浆进入导管内，在混凝土内形成夹层，造成断桩。

1B414000　隧道工程

1B414010　隧道围岩分级与隧道构造

复习要点

1. 公路隧道围岩分级

隧道围岩分级是设计、施工的基础。施工方法的选择、衬砌结构类型及尺寸的确定、隧道施工劳动定额、材料消耗标准的制定都要以围岩分级作为主要依据。

2. 围岩分级的判定方法

围岩级别分为Ⅰ（硬）～Ⅵ（软）。隧道围岩分级的综合评判方法宜采用两步分级，第一步先根据岩石的坚硬程度和岩体完整程度两个基本因素的定性特征和定量的岩体基本质量指标BQ，综合进行初步分级；第二步对围岩进行详细定级，此时应在岩体基本质量分级的基础上考虑修正因素的影响（有地下水或者围岩稳定性受软弱结构面影响且由一组起控制作用或者存在高初始应力时），对岩体基本质量指标BQ进行修正降低指标值，按修正后的岩体基本质量指标BQ，结合岩体的定性特征综合评判、确定围岩的详细分级。

3. 隧道的构造

公路隧道结构构造，由主体构造物和附属构造物两大类组成。主体构造物通常指洞身衬砌和洞门构造物，附属构造物是主体构造物以外的其他建筑物，是为了运营管理、维修养护、给水排水、供蓄发电、通风、照明、通信、安全等而修建的构造物。

隧道洞门可以拦截、汇集地下水，并沿排水渠道排离洞门进入道路两侧的排水沟，防止地表水沿洞门漫流，洞门上方女儿墙应有一定高度。隧道洞门形式有端墙式洞门、翼墙式洞门、环框式洞门、柱式洞门、台阶式洞门、削竹式洞门、遮光式洞门等。洞门墙应根据实际需要设置伸缩缝、沉降缝和泄水孔，以防止洞门变形。洞口仰坡坡脚至洞门墙背的水平距离不应小于1.5m，以防仰坡土石掉落到路面上，危及安全。洞门端墙与仰坡之间的水沟的沟底至衬砌拱顶外围的高度不应小于1.0m，以免落石破坏拱圈。洞门墙顶应高出仰坡坡脚0.5m以上，以防水流溢出墙顶，也可防止掉落土石弹出。

洞身类型，按隧道断面形状分为曲墙式、直墙式和连拱式等。洞身构造分为一次衬砌和二次衬砌、防排水构造、内装饰、顶棚及路面等。

一 单项选择题

1. 隧道工程的主体结构物通常指（   ）。
   A. 洞内行车道路
   B. 洞身衬砌和洞门构造物
   C. 洞身预支护与衬砌
   D. 防排水构造物

2. 下列不以围岩分级为依据的是（   ）。
   A. 施工方法
   B. 开挖断面大小
   C. 隧道施工劳动定额
   D. 材料消耗标准的制定

3. 明洞主要分为（   ）和棚式。
   A. 拱式
   B. 端墙式
   C. 环框式
   D. 遮光式

4. 洞门墙应根据实际需要设置泄水孔和（   ）。
   A. 施工缝或伸缩缝
   B. 施工缝或沉降缝
   C. 施工缝或结构缝
   D. 沉降缝和伸缩缝

5. 隧道洞口受塌方、落石、泥石流等危害时，通常应设置（   ）。
   A. 仰坡
   B. 挡土墙
   C. 拦水带
   D. 明洞

6. 隧道围岩详细定级时，不是对围岩BQ指标进行修正的因素是（   ）。
   A. 有地下水
   B. 围岩稳定性受软弱结构影响且由一组起控制作用
   C. 存在高初始应力
   D. 有瓦斯涌出

7. 下列不是隧道围岩分级主要依据的是（   ）。
   A. 施工方法选择
   B. 衬砌类型及尺寸的确定
   C. 隧道通风形式确定
   D. 材料消耗标准的制定

8. 下列关于拱式明洞构造特点描述错误的是（　　　）。

    A. 拱式明洞能承受较大的垂直压力

    B. 拱式明洞能承受较大的侧压力

    C. 内外墙基础相对位移对内力影响较小

    D. 通常用作洞口接长衬砌的明洞

9. 某公路山岭隧道穿越的岩层主要是坚硬岩，岩体较完整，块状或厚层状结构，该围岩的初步分级应该是（　　　）级。

    A. Ⅱ
                B. Ⅲ

    C. Ⅳ
                D. Ⅴ

10. 隧道围岩分级一般采用两步分级的综合评判方法，其初步分级考虑的基本因素是（　　　）。

    A. 围岩的坚硬程度和地下水

    B. 岩石的坚硬程度和岩体的完整程度

    C. 围岩完整程度和初始应力

    D. 岩体的完整程度和地下水

11. 有关设置明洞的论述错误的是（　　　）。

    A. 隧道洞口受塌方、落石、泥石流、雪害等危害时，通常应设置明洞

    B. 明洞主要分为两大类，即拱式明洞和棚式明洞

    C. 拱式明洞整体性好，能承受较大的垂直压力和侧压力；墙体对地基的要求不太高

    D. 受地形、地质条件限制，难以修建拱式明洞时，边坡有小量坍落掉块，侧压力较小时，可以采用顶盖通常为梁式结构的明洞

二　多项选择题

1. 隧道围岩分级的综合评判方法根据（　　　）来确定隧道围岩分级。

    A. 岩石坚硬程度
          B. 完整程度

    C. 有无地下水
            D. 存在高初始应力与否

    E. 详细定级的修正因素

2. 隧道的洞门类型主要有（　　　）等。

    A. 端墙式
             B. 翼墙式

    C. 环框式
             D. 遮光式

    E. 明洞式

3. 隧道洞身按断面形状分为（　　　）。

    A. 曲墙式
             B. 直墙式

    C. 连拱式
             D. 前竹式

    E. 薄壁式

4. 隧道附属构造物是为了（ ）而修建的建筑物。
   A. 运营管理　　　　　　　　　　　B. 维修养护
   C. 结构排水　　　　　　　　　　　D. 通风
   E. 照明

【1B414010　答案与解析】

一、单项选择题

1. B；　2. B；　*3. A；　4. D；　*5. D；　6. D；　7. C；　8. C；
*9. A；　10. B；　11. C

【解析】

3. A：

明洞主要分为拱式明洞和棚式明洞两大类。

5. D：

隧道洞口或路堑地段受塌方、落石、泥石流、雪害等危害时，道路之间或道路与铁路之间形成立体交叉，但又不宜做立交桥时，通常应设置明洞。

9. A：

Ⅱ级围岩或土体主要定性特征是坚硬岩，岩体较完整，块状或厚层状结构。

二、多项选择题

*1. A、B、E；　　2. A、B、C、D；　　3. A、B、C；　　4. A、B、D、E

【解析】

1. A、B、E：

隧道围岩分级的综合评判方法宜采用两步分级：根据岩石的坚硬程度和岩体完整程度两个基本因素的定性特征；对围岩进行详细定级时，应在岩体基本质量分级的基础上考虑修正因素的影响，修正岩体基本质量指标值。

1B414020　隧道地质超前预报和监控量测技术

复习要点

1. 隧道地质超前预报方法

隧道地质超前预报方法主要有：地质调查法、物理勘探法、超前钻探法、超前导洞法、水力联观测、TSP（Tunnel Seismic Prediction）、TGP 法或 TRT 法。

地质调查法适用于各种地质条件隧道超前地质预报，调查内容应包括隧道地表补充地质调查和隧道内地质调查。物探法适用于长、特长隧道或地质复杂隧道的超前地质预报。

当隧道排水或突涌水对地下水资源或周围建筑物产生重大影响时，应进行水力联系观测。

富水构造破碎带、富水岩溶发育地段、煤系或油气地层、瓦斯发育区、采空区以及重大物探异常地段等地质复杂隧道和水下隧道必须采用超前钻探法预报、评价前方地质情况。

2．TSP（TGP）法

TSP法适用于各种地质条件，对断层、软硬接触面等面状结构反射信号较为明显，每次预报的距离宜为100~150m，连续预报时，前后两次应重叠10m以上。

3．隧道施工监控量测技术

监控量测的目的是掌握围岩和支护的动态信息并及时反馈，指导施工作业；通过对围岩和支护的变位、应力量测，修改支护系统设计；分析各项量测信息，确认或修正设计参数。

采用复合式衬砌和喷锚衬砌的隧道，必须将现场监控量测项目列入施工组织设计。量测计划应根据隧道的围岩条件、支护类型和参数、施工方法以及所确定的量测目的进行编制。同时应考虑量测费用的经济性，并注意与施工的进程相适应。

量测的内容，在复合式衬砌和喷锚衬砌隧道施工时必须进行4项必测项目的量测。应根据设计要求、隧道横断面形状和断面大小、埋深、围岩条件、周边环境条件、支护类型和参数、施工方法等综合选择项目。地表下沉是必测还是选测根据隧道埋深确定。

爆破开挖后应立即进行工程地质与水文地质状况的观察和记录，并进行地质描述。地质变化处和重要地段，应有照片记载。初期支护完成后应进行喷层表面的观察和记录，并进行裂缝描述。隧道开挖后应及时进行围岩、初期支护的周边位移量测、拱顶下沉量测。当围岩差、断面大或地表沉降控制严时宜进行围岩体内位移量测和其他量测。位于Ⅳ~Ⅵ级围岩中且覆盖层厚度小于40m的隧道，应进行地表沉降量测。量测部位和测点布置，应根据地质条件、量测项目和施工方法等确定。测点应距开挖面2m的范围内尽快安设，并应保证爆破后24h内或下一次爆破前测读初次读数。测点的测试频率应根据围岩和支护的位移速度及离开挖面的距离确定。

 单项选择题

1．TSP地质超前预报是（　　　）。

    A．超前钻孔法　　　　　　　　　B．隧道地震波勘探法

    C．地质雷达法　　　　　　　　　D．超前仪勘探法

2．适用于各种地质条件的超前地质预报是（　　　）。

    A．水力联观测法　　　　　　　　B．红外探测法

    C．瞬变电磁法　　　　　　　　　D．地质调查法

3．隧道周边位移的测量仪器一般采用（　　　）。

    A．收敛计　　　　　　　　　　　B．测缝计

C. 声波仪   D. 水平仪

4. 从安全和经济角度，浅埋段公路隧道开挖应选用的方法是（   ）。

    A. 全断面法   B. 核心土法

    C. 中导洞法   D. 双侧壁导坑法

5. 隧道监控量测时，当位移—时间曲线出现反弯点时，则表明围岩（   ）。

    A. 刚刚稳定   B. 已经稳定

    C. 不稳定   D. 已经垮塌

6. 不同地质灾害可采用的预报级别不同，4级预报可用于（   ）地质灾害。

    A. A 级   B. B 级

    C. C 级   D. D 级

7. 隧道地质灾害分为四级，属于 A 级地质灾害的是（   ）。

    A. 存在中、小型突水、突泥隐患地段，物探有较大异常地段，断裂带

    B. 非可溶岩地段，发生突水、突泥可能性极小地段

    C. 小型断层破碎带，发生突水、突泥可能性极小地段

    D. 存在重大地质灾害地段，特殊地质地段，重大物探异常地段，可能产生大型、特大型突水、突泥隐患地段

二 多项选择题

1. 隧道地质超前预报方法主要有（   ）。

    A. 超前钻探法   B. 地质调查法

    C. TSP 法   D. TGP 法

    E. TBM 法

2. 隧道监控量测时，量测计划应根据（   ）等编制。

    A. 围岩条件   B. 量测目的

    C. 施工方法   D. 监控人员素质

    E. 隧道长度

3. 复合式衬砌隧道的选测项目有（   ）。

    A. 围岩体内位移   B. 围岩压力

    C. 周边位移   D. 支护衬砌内应力

    E. 锚杆轴力

4. 隧道地质超前预报的内容有（   ）。

    A. 地层岩性   B. 地质构造

    C. 不良地质   D. 地下水

    E. 断层

5. 隧道施工中，施工人员必须撤离现场的危险信号有（   ）。

A. 监控量测数据出现突变　　B. 作业面围岩级别发生变化

C. 掌子面有渗水　　D. 喷层出现异常裂缝

E. 地表位移大于允许值

【1B414020　答案与解析】

一、单项选择题

*1. B;　2. D;　3. A;　4. B;　5. C;　*6. D;　7. D

【解析】

1. B:

TSP（Tunnel Seismic Prediction）中文含义就是隧道地震波预报法。

6. D:

4级预报可用于D级地质灾害。

二、多项选择题

1. A、B、C、D;　*2. A、B、C;　3. A、B、D、E;　4. A、B、C、D;

5. A、D、E

【解析】

2. A、B、C:

隧道监控量测计划应根据隧道的围岩条件、支护类型和参数、施工方法以及所确定的量测目的进行编制。

1B414030　公路隧道施工技术

复习要点

1. 公路隧道的开挖方式

公路隧道的开挖方式主要有全断面法、台阶法、环形开挖预留核心土法、中隔壁法、双侧壁导坑法及中导洞法等。应根据隧道长度、断面大小、结构形式、工期要求、机械设备、地质条件等，选择适宜的开挖方案，并应具有较大适应性。

（1）全断面法：按设计断面一次基本开挖成形的施工方法。（2）台阶法：先开挖上半断面，待开挖至一定距离后再同时开挖下半断面，上下半断面同时并进的施工方法。台阶法分为二台阶法、三台阶法。（3）环形开挖预留核心土法：先开挖上台阶成环形，并进行支护，再分部开挖中部核心土、两侧边墙的施工方法。（4）中隔壁法（CD法）：在软弱围岩大跨隧道中，先开挖隧道的一侧，并施作中隔壁墙，然后再分步开挖隧道的另一侧的施工方法。（5）交叉中隔壁法（CRD法）：是一种在中隔壁法的基础上增加临时仰拱，更快地封闭初支的施工方法。（6）双侧壁导坑法：先开挖隧道两侧的导坑，并进行初期支护，再分部开挖剩余部分的施工方法。（7）中导洞法：在连拱隧道或单线隧道的喇叭口地段，先开挖两洞之间立柱（或中墙）部分，并完成立柱（或中墙）混凝土浇筑后，再进行左右两洞开挖的施工方法。

2. 预裂爆破

预裂爆破实质上也是光面爆破的一种形式，其爆破原理与光面爆破原理相同。只是在爆破的顺序上，光面爆破是先引爆掏槽眼，接着引爆辅助眼，最后才引爆周边眼；而预裂爆破则是首先引爆周边眼，使沿周边眼的连心线炸出平顺的预裂面并保证连心线上的预裂面产生贯通裂缝，形成光滑的岩壁。预裂爆破适用于稳定性差而又要求控制开挖轮廓的软弱岩层。但预裂爆破的周边眼间距和最小抵抗限都要比光面爆破的小，要增加炮眼数量。

3. 隧道施工预支护技术

隧道施工中遇到软弱破碎围岩时，其自支护能力比较弱，经常采用的预支护措施有：超前锚杆、插板或小钢管，管棚，超前小导管注浆，开挖工作面及围岩预注浆等。

4. 辅助坑道的选择，应根据隧道长度、施工工期、地形、地质、水文等条件，结合施工和营运期间通风、排水、逃生救灾及弃渣等需要，通过技术经济比较确定。主要类型有竖井、斜井、平行导坑、横洞等。辅助坑道断面尺寸，应满足施工工期、施工方法、施工机械设备、施工通风、施工排水等的需要。

5. 盾构法是暗挖法施工中的一种全机械化施工方法。它是将盾构机械在地层中推进，通过盾构外壳和管片支承四周围岩防止发生往隧道内的坍塌。同时在开挖面前方用切削装置进行土体开挖，通过出土机械运出洞外，靠千斤顶在后部加压顶进，并拼装预制混凝土管片，形成隧道结构的一种机械化施工方法。

一 单项选择题

1. 隧道围岩为Ⅰ～Ⅲ级的中小跨度隧道，宜采用（　　　）。
　　A. 全断面　　　　　　　　　　　B. 预留核心土法
　　C. 中导洞法　　　　　　　　　　D. 双侧壁导坑法

2. 对于围岩压力来得快、来得大，对围岩变形及地表下沉有严格限制要求的较弱破碎围岩隧道工程施工应采用（　　　）预支护形式。
　　A. 超前锚杆　　　　　　　　　　B. 超前小导管注浆
　　C. 管棚　　　　　　　　　　　　D. 插板

3. 隧道洞内为一字坡，进出口同时掘进时，有一个进口端应当采用（　　　）。
　　A. 机械抽水　　　　　　　　　　B. 井点降水
　　C. 深井降水　　　　　　　　　　D. 平坡排水

4. 不是浅埋段开挖方法的是（　　　）。

A. 中隔壁法   B. 中导洞法

C. 交叉中隔壁法   D. 双侧壁导坑法

5. 影响光面爆破参数选择的最大因素是（   ）。

     A. 岩石的爆破性能   B. 炸药品种

     C. 一次爆破的断面形状   D. 地质条件

6. 关于采用工字钢钢拱架进行隧道支护的说法，错误的是（   ）。

     A. 混凝土能充满钢拱架和围岩间空隙，钢拱架与喷射混凝土粘结好

     B. 可用于混凝土内作为永久衬砌的一部分

     C. 架设后能立即承载

     D. 在 V～VI 级较软弱破碎围岩中或塌方时使用较多

7. 目前解决长隧道施工通风比较有效的通风方式是（   ）。

     A. 巷道式通风   B. 压入式通风

     C. 抽出式通风   D. 混合式通风

二 多项选择题

1. 洞内结构防排水，符合要求的有（   ）。

     A. 防水板宜采用专用台架

     B. 防水板宜选用高分子材料

     C. 止水带采用钉子固定

     D. 防水板的搭接缝焊接质量应按充气法检查

     E. 中心排水管（沟）设在仰拱下时，应在仰拱、底板完成后施工

2. 隧道施工通风按照风道的类型和通风安装位置，通风方式有（   ）。

     A. 风管式通风   B. 射流机通风

     C. 巷道式通风   D. 无风道通风

     E. 风墙式通风

3. 适用于双车道公路隧道 V 级围岩地段的施工方法有（   ）。

     A. 全断面法   B. 台阶法

     C. 环形开挖预留核心土法   D. 双侧壁导坑法

     E. 中导洞法

4. 公路隧道辅助坑道施工类型有（   ）。

     A. 竖井   B. 斜井

     C. 横井   D. 平行导坑

     E. 横洞

一、单项选择题

*1. A； 2. C； *3. A； 4. B； 5. D； *6. A； 7. A

【解析】

1. A：

全断面法适用于Ⅰ～Ⅲ级围岩的中小跨度隧道，Ⅳ级围岩中跨度隧道和Ⅲ级围岩大跨度隧道在采用了有效的预加固措施后，也可采用全断面法开挖。

3. A：

洞内反坡排水时，必须采取机械抽水，因为一字坡时有一个进口端是反坡。

6. A：

钢拱架与围岩间的空隙难以用喷射混凝土紧密充填，与喷射混凝土粘结也不好，导致钢拱架附近喷射混凝土易出现裂缝。

二、多项选择题

1. A、B、D；   *2. A、C、E；   3. B、C、D；   4. A、B、D、E

【解析】

2. A、C、E：

实施机械通风，必须具有通风机和风道，按照风道的类型和通风安装位置，有如下几种通风方式：风管式通风、巷道式通风、风墙式通风。

1B414040　特殊地段施工

复习要点

隧道特殊地段主要是指涌水地段、塌方地段、岩溶地段、瓦斯地段、流沙地段、岩爆地段。

1. 涌水地段施工特点

处理涌水的辅助施工办法有超前钻孔或辅助坑道排水，超前小导管预注浆，超前围岩预注浆堵水，井点降水及深井降水。

2. 塌方地段施工特点

隧道开挖时导致塌方的原因有多种：一是自然因素，即地质状态、受力状态、地下水变化等；二是人为因素，即不适当的设计，或不适当的施工作业方法等。预防塌方的施工方法是"先治水、短开挖、弱爆破、强支护、早衬砌、勤量测"；隧道塌方应根据发生的部位、规模及地质条件，采取"治塌先治水、治塌先加强"的原则，采取喷锚支护、注浆、管棚、加强二次衬砌、设置护拱等技术措施，不失时机、不留隐患地进行处理；同时加强防排水工作，视塌方规模大小和地质情况加强塌方地段的衬砌。

3. 岩溶地段施工特点

岩溶地段隧道分别以"疏导、堵填、注浆加固、跨越、宣泄"等措施进行处理。

4. 瓦斯地段施工特点

瓦斯放出的类型分为渗出、喷出和突出三种类型。瓦斯的渗出，是缓慢、均匀、不停地从煤层或岩层的暴露面的空隙中渗出，延续时间很久，有时带有一种嘶音并且放出的瓦斯量最大。瓦斯的喷出，比上述渗出更强烈，从煤层或岩层裂缝或孔洞中放出，喷出的时间有长有短，通常有较大的响声和压力。瓦斯的突出，在短时间内，从煤层或岩层中，突然猛烈地喷出大量瓦斯，喷出的时间，可能从几分钟到几小时，喷出时常有巨大轰响，并夹有煤块或岩石。瓦斯浓度为 9.5% 时爆炸最强烈，瓦斯浓度大于 14%～16% 时一般不爆炸，但遇火能平静地燃烧。

5. 流沙地段施工特点

隧道通过流沙地段，处理地下水的问题，是解决隧道流沙、流泥施工难题中的首要关键技术。施工时，因地制宜，采用"防、截、排、堵"的治理方法。

6. 岩爆地段施工特点

隧道施工中可能发生岩爆时，应遵循以防为主，防治结合的原则，对开挖面前方的围岩特性、水文地质情况等进行预测预报，当发现有较强烈岩爆存在的可能性时，应及时研究施工对策，作好施工前的准备。岩爆隧道施工应根据设计资料及超前地质预报制定针对不同强度岩爆的专项施工方案。

一 单项选择题

1. 流沙地段施工应首先关注的重点是（　　）。

   A. 开挖面加固　　　　　　　　　B. 治水

   C. 尽快衬砌　　　　　　　　　　D. 封闭成环

2. 下列不属于岩溶岩层的是（　　）。

   A. 石灰岩　　　　　　　　　　　B. 白云岩

   C. 石膏　　　　　　　　　　　　D. 花岗岩

3. 在瓦斯放出类型中，放出瓦斯量最大的是（　　）。

   A. 瓦斯渗出　　　　　　　　　　B. 瓦斯喷出

   C. 瓦斯突出　　　　　　　　　　D. 瓦斯冒出

4. 治理流沙措施错误的是（　　）。

   A. 加强调查制定方案　　　　　　B. 因地制宜综合治理

   C. 先护后挖加强支护　　　　　　D. 尽早衬砌封闭成环

5. 岩溶段爆破开挖时，宜采用（　　）的措施。

   A. 少打眼，打浅眼，分多段　　　B. 多打眼，打深眼，分多段

   C. 多打眼，打浅眼，少分段　　　D. 多打眼，打浅眼，分多段

二 多项选择题

1. 涌水段施工采用辅助坑道排水时应符合的要求有（   ）。

   A. 坑道应和正洞平行或接近平行

   B. 坑道应和正洞斜交

   C. 坑道底标高应低于正洞底标高

   D. 坑道应超前正洞 10～20m

   E. 坑道应超前正洞 5m 左右

2. 涌水段施工采用超前钻孔排水时应符合的要求有（   ）。

   A. 应使用轻型探水钻机或凿岩机钻孔

   B. 钻孔孔位（孔底）应在水流上方

   C. 超前钻孔的孔底应超前开挖面 1m 左右

   D. 超前钻孔的孔底应超前开挖面 1～2 个循环进尺

   E. 钻孔孔位（孔底）应在水流下方

3. 正确的预防隧道施工塌方的措施包括（   ）。

   A. 先治水   B. 长开挖

   C. 弱爆破   D. 强支护

   E. 早衬砌

【1B414040 答案与解析】

一、单项选择题

1. B；   2. D；   *3. A；   4. B；   5. D

【解析】

3. A：

三种瓦斯放出形式，以第一种（渗出）放出的瓦斯量为大。

二、多项选择题

1. A、C、D；   2. A、B、D；   *3. A、C、D、E

【解析】

3. A、C、D、E：

预防塌方的施工方法是"先治水、短开挖、弱爆破、强支护、早衬砌、勤量测"。

1B414050 隧道工程质量通病及防治措施

1. 隧道水害的防治

隧道水害原因有：隧道穿过含水的地层和隧道衬砌防水及排水设施不完善。隧道水害的防治措施有：因势利导，给地下水以可排走的通道，将水迅速地排到洞外；将流向隧道的水源截断，或尽可能使其水量减少；堵塞衬砌背后的渗流水，集中引导排出；合理选择防水材料；严格施工工艺。

2. 隧道衬砌病害的防治

隧道衬砌病害主要有衬砌腐蚀病害和衬砌裂缝病害。衬砌裂缝病害的原因主要有：施工时，受技术条件限制，方法不当，管理不善，造成工程质量不良。预防措施有：设计时正确选取衬砌形式及衬砌厚度，使之具有足够的承载能力；施工过程中发现围岩地质情况有变化应及时变更设计，使衬砌符合实际需求；欠挖必须控制在容许范围内；钢筋保护层必须保证不小于3cm；混凝土强度必须符合设计要求，宜采用较大的骨灰比，降低水胶比，合理选用外加剂；确定分段灌筑长度及浇筑速度；混凝土拆模时，内外温差不得大于20℃；加强养护，混凝土温度的变化速度不宜大于5℃/h；衬砌背后如有可能形成水囊，应对围岩进行止水处理，根据设计施作防水隔离层；衬砌施工时应严格按要求正确设置沉降缝、伸缩缝。

3. 隧道超欠挖的防治

隧道超欠挖的原因有：测量放样错误或误差较大；钻孔操作台架就位不准确；司钻工操作不熟练；装药量及装药结构不合理；爆破网路连接不规范。预防措施有：提高对超欠挖问题的认识；加强施工单位的工程管理；重视钻爆设计（合理选择周边眼的眼距及周边眼的最小抵抗距、应严格控制周边眼的药量并采用合理的装药结构、适当增加开挖断面底部两隅处辅助眼的药量、注重爆破次序与爆破网路设计）；注意钻爆作业工序。

一 单项选择题

1. 隧道工程水害的防治措施不包括（　　　）。
   A. 种植树木、草皮，减少流沙
   B. 堵塞衬砌背后的渗流水，集中引导排出
   C. 截断水源
   D. 因势利导，给地下水以排走的出路

2. 为防止隧道衬砌施工中裂缝的产生，衬砌厚度应根据（　　　）确定。
   A. 衬砌混凝土的强度要求　　　　　　B. 衬砌混凝土的坍落度要求

C. 围岩类别、形状、结构   D. 超挖和欠挖情况

3. 隧道衬砌时为了防止裂缝产生，钢筋保护层必须保证不小于（　　）cm。

  A. 1.5   B. 2

  C. 2.5   D. 3

4. 隧道衬砌裂缝形成的原因不包括（　　）。

  A. 围岩压力不均   B. 衬砌背后有空洞

  C. 钢筋保护层大于 3cm   D. 衬砌厚度严重不足

二 多项选择题

1. 隧道水害的防治措施包括（　　）。

  A. 因势利导，给地下水以排走的出路，将水迅速地排到洞外

  B. 将流向隧道的水源截断，或尽可能使其水量减少

  C. 用各种耐腐蚀材料敷设在混凝土衬砌的表面

  D. 分析病害成因，对症整治

  E. 堵塞衬砌背后的渗流水，集中引导排出

2. 隧道超欠挖原因有（　　）。

  A. 测量放样错误或误差较大   B. 掏槽眼的角度控制不好

  C. 爆破员操作不熟练   D. 装药量及装药结构不合理

  E. 爆破网路连接不规范

【1B414050　答案与解析】

一、单项选择题

1. A；　*2. C；　*3. D；　4. C

【解析】

2. C：

设计时应根据围岩级别、性状、结构等地质情况，正确选取衬砌形式及衬砌厚度，确保衬砌具有足够的承载能力。

3. D：

钢筋保护层必须保证不小于 3cm，钢筋使用前应作除锈、清污处理。

二、多项选择题

1. A、B、E；　　2. A、D、E

1B415000　交通工程

1B415010　交通安全设施

复习要点

1. 交通安全设施主要包括交通标志、交通标线、防撞设施、隔离栅、轮廓标、防眩设施、桥梁护网、里程标、百米标、公路界碑等。
2. 关注各种交通安全设施的功能与构成。
3. 关注各种交通安全设施的施工安装要求。

一　单项选择题

1. 属于视线诱导设施的是（　　　）。
   - A. 分合流标志
   - B. 旅游区标志
   - C. 道路施工安全标志
   - D. 指路标志

2. 主要起到提示、诱导、指示作用的交通安全设施是（　　　）。
   - A. 交通标志
   - B. 交通标线
   - C. A 类突起路标
   - D. B 类突起路标

3. 交通标线是由标划于路面上的各种线条、箭头、文字、立面标记和（　　　）等构成的。
   - A. 分合流标志
   - B. 线形诱导标
   - C. 突起路标
   - D. 轮廓标

4. 下列关于标志的施工做法，错误的是（　　　）。
   - A. 在加工标志的支撑结构时，应保证钻孔焊接等加工在钢材镀锌之后完成
   - B. 在架设标志时，标志面板与车流方向所成角度满足有关规范和设计要求
   - C. 在划线时，应通过行驶速度控制标线厚度
   - D. 突起路标的突起高度不超过 25mm

5. 在进行突起路标施工时，环氧树脂均匀涂覆于突起路标底部的涂覆厚度为（　　　）mm。
   - A. 3
   - B. 5
   - C. 8
   - D. 10

6. 标线的喷涂施工应在白天进行，雨天、风天、温度低于（　　　）℃应暂停施工。
   - A. 5
   - B. 10

C. 15   D. 20

7. 预制混凝土护栏块使用的模板应采用（   ）。

    A. 木模板   B. 钢模板

    C. 胶合板模板   D. 塑料模板

二、多项选择题

1. 下列关于波形梁护栏施工技术要求的说法，正确的有（   ）。

    A. 在进行波形梁护栏施工之前，应以桥梁、涵洞、通道、立体交叉、分隔带开口及人孔处等为控制点，进行波形梁定位放样

    B. 波形梁护栏的起、终点应根据设计要求进行端头处理

    C. 波形梁通过拼接螺栓相互拼接，并最终通过焊接固定于立柱或横梁上

    D. 波形梁顶面应与道路竖曲线相协调

    E. 护栏板的搭接方向应与行车方向垂直

2. 人造防眩设施主要包括（   ）等。

    A. 防眩叶   B. 防眩板

    C. 防眩网   D. 防眩球

    E. 防眩筒

3. 下列关于标线、突起路标、轮廓标的施工安装要求的说法，错误的有（   ）。

    A. 在标线工程正式开工前应进行实地试划试验

    B. 如果是热熔标线，则应先喷涂下涂剂

    C. 烃树脂类材料，保持在熔融状态的时间不大于 8h

    D. 喷涂施工在白天、雨天、风天均可进行

    E. 同一类型的轮廓标安装高度应一致

4. 交通安全设施中的防撞设施的主要作用是（   ）。

    A. 在传递有关道路交通规则

    B. 警示作用

    C. 缓冲作用

    D. 诱导视线

    E. 将影响交通安全的人和畜等与公路分离

【1B415010　答案与解析】

一、单项选择题

1. A;   *2. A;   3. C;   4. A;   5. C;   6. B;   7. B

【解析】

2. A：

突起路标根据其是否具备逆反射性能分为 A、B 两类：具备逆反射性能的为 A 类突起路标；不具备逆反射性能的为 B 类突起路标。

二、多项选择题

1．B、D；　　　2．B、C；　　　3．C、D；　　　4．B、C、D

1B415020　监控系统

复习要点

1．省级高速公路的监控系统管理体制一般采用二级或三级管理的方式。

2．监控系统按其功能可分为9个子系统：交通（信号）监控子系统、视频监控子系统、调度（指令）电话子系统、火灾自动报警子系统、隧道通风控制子系统、隧道照明控制子系统、电力监控子系统、隧道紧急电话子系统、隧道广播子系统。

3．监控各子系统的功能与构成。

4．监控系统主要设施的施工技术要求。

一　单项选择题

1．下列不属于"隧道照明控制系统的功能"的选项是（　　　）。

A．合理地设置隧道照明系统能避免隧道黑洞效应

B．养护工作需照明

C．根据洞外的照度变化、交通量的变化对洞内照明强度进行调节

D．节约用电，降低运营费用

2．下列关于隧道火灾报警系统的说法，错误的是（　　　）。

A．火灾报警系统由人工和自动报警两个系统合成，是保障隧道安全运行系统中的一个重要子系统

B．自动报警系统由洞内火灾自动检测设备、监控分中心（监控所）的火灾报警控制器以及传输通道等组成

C．火灾报警系统用于隧道内、变电所等发生火灾时，人工发出紧急信号，迅速通告监控室或监控分中心

D．人工手动报警系统与自动报警系统的构成相似，通常是在隧道内每 50m 间距的消防洞处设一个手动报警按钮

3．一条路的交通信号监控系统是由监控分中心和控制节点的计算机系统、外场设备

以及（　　　）等组成。

    A．局域网   B．交换机

    C．可变信息标志   D．传输通道

4. 监控信息发布的被控场外对象包括可变信息标志、交通信号灯、可变限速标志、（　　　）以及其他可能控制交通流的设施。

    A．道路施工安全标志   B．车道指示标志

    C．旅游区标志   D．指路标志

5. 隧道照明控制系统能根据交通量的变化及（　　　）对洞内照明强度进行调节。

    A．电源电压变化   B．风速的变化

    C．洞外照度的变化   D．温、湿度的变化

6. 特种车辆监视系统是由车载 GPS 和 GSM/GPRS/CDMA（简写为 GSM）通信装置、（　　　）及覆盖本路网的 GPS 及 GSM 移动通信网构成。

    A．移动通信基站

    B．分中心大屏幕投影机

    C．分中心 GPS 和 GSM 通信及控制装置

    D．分中心紧急电话控制台

7. 长隧道通风控制系统通过检测到的环境数据、交通量信息等，可以起到控制风机运行以保持良好的卫生环境，提高能见度，（　　　），保证行车安全等作用。

    A．控制风机的振动   B．火灾排烟处理

    C．控制隧道内的环境温度   D．保持洞内的湿度

8. 不属于隧道火警报警中的自动报警系统组成的为（　　　）。

    A．洞内火灾自动检测设备   B．光强检测器

    C．传输通道   D．监控分中心的火灾控制器

9. 监控主要外场设备基础一般采用（　　　）混凝土浇筑。

    A．C15   B．C20

    C．C25   D．C40

二　多项选择题

1. 监控系统按其功能可分为九个子系统：交通（信号）监控子系统、隧道通风控制子系统、隧道照明控制子系统、电力监控子系统、隧道紧急电话子系统、隧道广播子系统以及（　　　）。

    A．视频监控子系统   B．调度（指令）电话子系统

    C．供配电监控系统   D．火灾自动报警子系统

    E．专用车辆监控系统

2. 路段视频监视系统一般由摄像机、（　　　）等组成。

A．视频与数据传输设备   B．会议电视终端装置

C．分中心的视频监视装置   D．便携式投影机

E．分中心的存储及控制装置

3．设备开箱检查必须由（   ）共同参加。

A．业主   B．承包方

C．监理单位   D．勘察单位

E．设计单位

4．监控主要外场设备基础接地电阻符合要求的有（   ）。

A．2Ω B．3Ω

C．4Ω D．5Ω

E．6Ω

5．交通信号监控系统的外场设备包括（   ）。

A．一氧化碳／透过率检测器   B．车辆检测器

C．气象检测器   D．能见度检测器

E．风速风向检测器

【1B415020   参考答案】

一、单项选择题

1．B；ㅤ 2．C；ㅤ 3．D；ㅤ 4．B；ㅤ 5．C；ㅤ 6．C；ㅤ 7．B；ㅤ 8．B；ㅤ 9．C

二、多项选择题

1．A、B、D；ㅤㅤ 2．A、C、E；ㅤㅤ 3．A、B、C；ㅤㅤ 4．A、B、C；

5．B、C、D

1B415030   收费系统

复习要点

1．省内联网收费总体框架一般由省级管理中心、路段收费分中心（或者区域收费分中心）、收费站三级组成。

2．一条高速公路收费系统，按其基本功能可分为计算机系统、收费视频监视系统、内部对讲系统、安全报警系统、电源系统、计重系统、车牌自动识别系统、ETC车道系统等。计算机系统根据级别可分为车道计算机系统、收费站计算机系统、路段收费分中心计算机系统、省级收费管理中心计算机系统。

3．收费系统主要设施的施工安装要求。

1. 省内联网收费总体框架一般由三级组成，其中不包括（　　）。

   A. 省级管理中心
   B. 区域管理中心
   C. 路段收费分中心
   D. 收费站

2. 就一条高速公路收费系统来说，下列不属于实现基本功能的系统的是（　　）。

   A. 车牌自动识别系统
   B. 紧急电话系统
   C. 计算机系统
   D. 计重系统

3. ETC 车道预告类标志设置在收费站前（　　）m 适当位置，主要用于告知驾驶员前方收费站设有 ETC 车道。

   A. 400
   B. 450
   C. 500
   D. 550

4. 下列组成设备中不属于车牌自动识别装置的是（　　）。

   A. 车辆检测器
   B. 轮胎识别器
   C. 摄像机及辅助光源
   D. 图像采集卡

5. 下列关于车道计算机系统设备施工技术要求的说法，正确的是（　　）。

   A. 计重收费系统中所有的连接电缆弱电需要穿管
   B. 车道埋设抓拍和计数线圈的位置可以有板块的接缝
   C. 计重收费系统中计重称台安装后其平整度应符合车道平整度要求
   D. 车道埋设抓拍和计数线圈的位置应为钢筋混凝土板块

6. 下列属于收费车道计算机系统的设备是（　　）。

   A. 服务器
   B. 雨篷信号灯
   C. 彩色喷墨打印机
   D. 路由器

7. 对省内联网收费实施区域联网收费的，其区域框架由（　　）级组成。

   A. 2
   B. 3
   C. 4
   D. 5

1. 就一条高速公路收费系统来说，其计算机系统应包括（　　）。

   A. 车道计算机系统
   B. 收费站计算机系统
   C. 路段分中心计算机系统
   D. 省收费结算中心计算机系统
   E. ETC 计算机收费系统

2. 在封闭式收费系统中，下列选项中属于出口车道计算机系统设备的是（　　）。

   A. 车道控制机
   B. 通行券发券装置

C. 车辆检测器　　　　　　　　　　D. 收据打印机

E. 声光报警器

3. 下列有关收费系统网络的描述，正确的是（　　　）。

A. 收费站一般采用快速以太网技术

B. 收费站与路段收费分中心组成收费网络的逻辑拓扑结构采用星形结构或环形结构

C. 路段收费分中心与省收费结算中心组成收费网络的逻辑拓扑结构一般可采用不完全的网状结构

D. 路段收费分中心与省收费结算中心组成收费网络的逻辑拓扑结构也可采用有备用通道的星形结构

E. 收费系统网络一般采用有储备的环形网状结构

4. 下列属于收费系统功能的是（　　　）。

A. 采集收费交易数据

B. 交通事件的排除

C. 处理数据、统计、查询、打印功能

D. 通行券的管理

E. 数据通信管理

5. 计重收费系统的组成包括（　　　）。

A. 称重仪　　　　　　　　　　　　B. 轮胎识别器

C. 车道控制器　　　　　　　　　　D. 图像采集卡

E. 红外车辆分离器

【1B415030　参考答案】

一、单项选择题

1. B;　　2. B;　　3. C;　　4. B;　　5. C;　　6. B;　　7. C

二、多项选择题

1. A、B、C;　　　2. A、C、D、E;　　3. A、B、C、D;　　4. A、C、D、E;

5. A、B、E

1B415040　通信系统

复习要点

1. 高速公路通信系统主要由光纤数字传输系统、语音交换系统、会议电视系统、呼叫服务中心、紧急电话系统、有线广播系统、通信电源系统、光电缆工程及通信管道工程等组成。

省高速公路通信中心的通信系统主要由光纤数字传输系统、语音交换系统、支撑网系统、会议电视系统、呼叫服务中心和通信电源系统等组成。

2. 通信系统的主要功能包括：为高速公路日常运营管理、事故处理、救护、养护、收费等部门提供可靠的通信手段；为收费、监控、会议电视和管理信息（办公自动化）等系统的数据、图像和语音提供传输通道；通过呼叫服务中心、紧急电话、广播等为道路使用者提供紧急呼救求援和帮助等服务。

3. 通信系统主要设施的施工安装要求。

一 单项选择题

1. 一条高速公路的通信系统由（　　）子系统构成。
   A. 光纤数字传输系统、语音交换系统、支撑网系统、会议电视系统、呼叫服务中心和通信电源系统
   B. 光纤数字传输系统、语音交换系统、会议电视系统、呼叫服务中心、紧急电话系统、有线广播系统、通信电源系统、光电缆工程及通信管道工程
   C. 光纤数字传输系统、语音交换系统、会议电视系统、有线广播系统、通信电源系统、光电缆工程及通信管道工程
   D. 光纤数字传输系统、语音交换系统、紧急电话系统、有线广播系统、通信电源系统、光电缆工程及通信管道工程

2. 光纤数字传输系统由（　　）两部分组成。
   A. 干线传输系统和数字同步时钟系统
   B. 干线传输系统和综合业务接入网系统
   C. 干线传输系统和网管系统
   D. 干线传输系统和计费系统

3. 紧急电话系统根据传输介质可分为（　　）。
   A. 电缆型紧急电话系统和光缆型紧急电话系统
   B. 有线型紧急电话系统和无线型紧急电话系统
   C. 交通专网型紧急电话系统和电信公网型紧急电话系统
   D. 电缆型紧急电话系统和无线型紧急电话系统

4. 语音交换系统主要功能是（　　）。
   A. 为高速公路运营管理机构办理业务提供语音服务，包括业务电话和调度指令电话等
   B. 为高速公路运营管理机构办理业务提供数据和图像传输通道
   C. 为高速公路运营管理机构办理业务提供数字同步时钟和会议电视

D. 为高速公路运营管理机构办理业务提供网络管理和维护

5. 电线槽内电缆捆绑要牢固，松紧适度、紧密、顺直、端正。电缆转弯应均匀圆滑，电缆半径应大于（　　　）mm。

A. 40 B. 50

C. 55 D. 60

6. 敷设光缆时的牵引力应符合设计要求，在一般情况下不宜超过（　　　）。

A. 1000kN B. 2000kN

C. 3000kN D. 4000kN

7. 敷设电缆时牵引力应小于电缆允许拉力的（　　　）。

A. 70% B. 80%

C. 90% D. 95%

8. 敷设管道光电缆时严禁使用（　　　）。

A. 液体石蜡 B. 滑石粉

C. 无机油脂 D. 有机油脂

9. 以人工方法牵引光缆时一次牵引长度不大于（　　　）m。

A. 1000 B. 1200

C. 1500 D. 2000

二 多项选择题

1. 敷设管道光、电缆时，可以用作润滑剂的有（　　　）。

A. 水 B. 石蜡油

C. 有机油脂 D. 柴油

E. 滑石粉

2. 通信设备的安装要求主要应考虑的有（　　　）。

A. 机架安装 B. 布放电缆

C. 敷设电源线 D. 接地装置

E. 机房布线

3. 下列关于光缆接头的做法，正确的是（　　　）。

A. 光缆接头套管盒内装防潮剂和接头责任卡

B. 若采用热可缩管，加热应均匀，热缩完毕原地冷却后才能搬动

C. 封装完毕，测试检测接头损耗并记录

D. 管道光缆接头安装在人孔正上方的光缆接头盒托架上，接头余缆紧贴人孔壁或人孔搁架，盘成 O 形圈，并用扎线固定。O 形圈的曲率半径不小于光缆直径的 10 倍

E. 接头的封装按工艺要求进行

4. 下列关于敷设电缆线的说法，正确的有（　　　）。

    A. 交、直流电源的馈电电缆必须分开布设，电源电缆、信号电缆、用户电缆应分离布放，避免在同一个线束内

    B. 电源线的规格、熔丝的容量均应符合设计要求，电源线外皮完整，中间可以有接头

    C. 采用胶皮绝缘线作直流电线时，每对馈线缆应保持平行，正负线两端应有统一的红蓝标识

    D. 电源线与设备端正连接时，不应使端正受到机械压力

    E. 截面在 $10mm^2$ 以上的单芯或者多芯电源线可与设备直接连接

【1B415040　参考答案】

一、单项选择题

1. B;　　2. B;　　3. B;　　4. A;　　5. D;　　6. B;　　7. B;　　8. D;

9. A

二、多项选择题

1. B、E;　　　2. A、B、C、D;　　　3. A、B、C、E;　　　4. A、C、D

1B415050　供配电及照明系统

复习要点

1. 通常公路供配电系统主要由 10kV 电源线路、变配电所、供配电线路、低压配电箱和接地系统等构成。

2. 供配电及照明系统主要设施的施工安装要求。

一　单项选择题

1. 为保证监控、收费、通信、消防、应急照明等一级负荷用电，公路变配电所宜采用独立的两路（　　　）kV 电源同时供电，或一路电源主用一路电源备用、单母线分段运行的供电方式。

    A. 10　　　　　　　　　　　　　B. 20

    C. 30　　　　　　　　　　　　　D. 50

2. 低压配电系统接地系统形式有 TN–S、TN–C、TT、IT 及（　　　）等。

A. 联合接地   B. Y-Y

C. TN-C-S   D. 人工接地

3. 公路供配电线路构成中，下列选项中错误的是（   ）。

    A. 10kV 高压线路可采用架空电线路或电缆线路

    B. 10kV 高压线路只能采用电缆线路

    C. 低压配电线路一般采用电缆线路

    D. 按电压等级可分为 10kV 高压线路、380/220V 低压配电线路

4. 公路电力供电应根据用电容量、工程特点和（   ）来选用地方可靠电源。

    A. 隧道长度   B. 桥梁长度

    C. 地质特征   D. 负荷性质

5. 不同用途和不同电压的电力设备，除有另外规定，应使用一个总的接地体。交流工作接地、直流工作接地、信号接地、安全保护接地、防雷保护接地宜共用一组接地装置，其接地电阻应符合（   ）的要求。

    A. 最大值的 50%   B. 平均值

    C. 最大值   D. 最小值

6. 对于变压器、柜式变电所安装中除厂家有规定外，（   ）kVA 以上变压器应做器身检查。

    A. 500   B. 1000

    C. 2000   D. 3000

7. 直埋电缆的埋深不小于（   ）cm。

    A. 30   B. 50

    C. 70   D. 100

8. 电缆在沟内敷设时应遵循（   ）。

    A. 低压在上   B. 低压在下

    C. 高压在下   D. 不分高压低压

二 多项选择题

1. 下列关于直埋地缆敷设要求的说法，正确的是（   ）。

    A. 直埋电缆的埋设不应小于 0.5m

    B. 直埋电缆的上、下部应铺以不小于 100mm 厚的软土或砂层

    C. 管道敷设时，电缆管内径与电缆外径之比不得小于 1.5

    D. 三相或单相的交流单芯电缆，可以同时穿于钢管之中

    E. 电缆在沟内敷设时，应遵循低压在下、高压在上的原则

2. 照明系统的功能有（   ）。

    A. 保证行车安全、减少交通事故

B. 对不同路段、不同设施的照明，分回路地进行分合控制

C. 具有短路、过载等保护

D. 有随照度的变化对照明进行调节控制，以节约能源和降低运营费用

E. 自动发现线路故障点

3. 下列关于接地系统的说法，正确的有（　　　）。

A. 接地系统应满足人身、设备安全和设备特别是信息系统设备正常运行的要求

B. 低压配电系统接地的形式一般分为：TN-S 系统、TN-C 系统、TM-TC 系统、TT 系统和 IT 系统

C. 在中性点直接接地的低压配电系统中，宜采用 TN 系统

D. 不同用途和不同电压的电力设备，除另有规定外，应使用一个总的接地体

E. 交流工作接地、直流工作接地、信号接地、安全保护接地、防雷保护接地宜共用一组接地装置

4. 公路电力供电应根据（　　　）来选用地方可靠电源。

A. 工程特点　　　　　　　　　　　B. 桥梁长度

C. 地质特征　　　　　　　　　　　D. 负荷性质

E. 用电容量

5. 照明种类可分为（　　　）。

A. 一般照明　　　　　　　　　　　B. 局部照明

C. 混合照明　　　　　　　　　　　D. 应急照明

E. 正常照明

【1B415050　参考答案】

一、单项选择题

1. A；　2. C；　3. B；　4. D；　5. D；　6. B；　7. C；　8. B

二、多项选择题

1. B、C、E；　　　2. A、B、C、D；　　　3. A、C、D、E；　　　4. A、D、E；

5. D、E

1B420000　公路工程项目施工管理

1B420010　公路工程项目施工组织与部署

【复习要点】

1. 公路工程施工组织设计的编制

公路工程实施性施工组织设计的主要内容：编制说明，编制依据，工程概况，施工总体部署，主要工程项目的施工方案，施工进度计划，各项资源需求计划，施工总平面图设计，大型临时工程，主要分项工程施工工艺，季节性施工技术措施，质量管理与质量控制的保证措施，安全管理与安全保证措施，项目职业健康安全管理措施，环境保护和节能减排的措施及文明施工，本工程需研究的关键技术课题及需进行总结的技术专题。

路基工程施工组织设计的编制特点是应重点考虑：确定施工方法和土方调配，编制施工进度计划，确定工地施工组织，规定各工程队施工所需的机械数量。

路面工程施工组织设计的编制特点是路面各结构层的质量检验和材料准备以及试验路段，按均衡流水法组织施工，注意流水的搭接类型（前后工序的速度）和搭接时距（工作面的长度除以两者间的快的速度），路上与基地统筹兼顾，布置好堆料点、运料线、行车路线，主要施工机械的数量和规格，路面施工的特殊技术要求，劳动力、其他设备、材料供应计划。

桥涵工程施工组织设计的编制特点是桥梁工程的分部分项工程较多应注意技术与组织管理的结合。桥梁下部施工组织时如果资源受限也应当组织流水施工，如果简化表示应注意原本衔接的关系将变成了搭接关系。

隧道工程施工组织设计的编制特点是以洞口为中心的施工场地总布置应注意结合工程规模、工期、地形特点、弃渣场和水源等情况，本着因地制宜，充分利用地形、合理布置、统筹安排的原则进行。按照不同岩层段确定开挖和出渣方案及方法。

公路工程施工组织设计的编制程序：（1）对工程项目设计图纸、合同、技术规范等进行分析研究，必要时进行相关资料的收集和调研；（2）计算施工工程数量；（3）选择施工方案，确定施工方法；（4）编制工程进度计划；（5）计算人工、材料、机具需要量，编制相关计划；（6）确定临时工程，编制水、电、气、热供应计划；（7）设计和布置施工平面图；（8）确定技术措施计划与计算技术经济指标；（9）确定施工组织管理机构；（10）编制质量、安全、环保和文明施工措施计划；（11）编写说明书。

2. 公路工程施工组织设计的评价与优化。

公路工程施工组织设计的评价可以通过劳动力需要量图分析，工程进度曲线（"S"曲线）分析，以及施工周期、全员劳动生产率、各种资源的（包括劳动力资源）不均衡系数、综合机械化程度、"四新"项次及成果等主要技术经济指标分析进行评价。

公路工程施工组织设计的优化主要是施工方案的优化。施工方案优化主要包括：施工方法的优化、施工顺序的优化、施工作业组织形式的优化、施工劳动组织优化、施工机械组织优化等。

3. 施工总体部署主要内容包括：（1）项目组织机构设置；（2）施工任务划分；（3）施工顺序；（4）拟定主要项目的施工方案；（5）主要施工阶段工期分析（或节点工期分析）。

一 单项选择题

1. 下列工程中，不可视为线性分部工程的是（　　）。
   A. 路面工程　　　　　　　　　　B. 交通工程
   C. 大型互通式立交　　　　　　　D. 环境绿化

2. 路面工程各结构层之间的施工是（　　）。
   A. 平行作业法　　　　　　　　　B. 依次作业法
   C. 流水作业法　　　　　　　　　D. 均衡流水法

3. 在选择路面各结构层之间搭接类型时，后道工序快于前道工序时，应选择（　　）。
   A. STS　　　　　　　　　　　　B. STF
   C. FTS　　　　　　　　　　　　D. FTF

4. 在平原地区的路基施工中，（　　）为主要工序。
   A. 移挖作填　　　　　　　　　　B. 半填半挖
   C. 路基填方　　　　　　　　　　D. 排水设施

5. 下列计划中，不属于资源计划的是（　　）。
   A. 劳动力计划　　　　　　　　　B. 施工进度计划
   C. 材料计划　　　　　　　　　　D. 施工机械设备计划

6. 桥墩施工时，如果设备或者模板数量有限时宜采用（　　）。
   A. 平行施工　　　　　　　　　　B. 流水施工
   C. 顺序施工　　　　　　　　　　D. 平行顺序施工

7. 桥墩流水施工的桥墩数量太多时，将多个桥墩的相同工序合并为一个工序，简化为相同桥墩不同工序之间的逻辑关系，此时的逻辑关系是（　　）。
   A. 开始到完成　　　　　　　　　B. 完成到开始

C. 搭接关系   D. 衔接关系

8. 隧道施工中，以（ ）为中心布置施工场地。

    A. 钻爆   B. 支护

    C. 洞口   D. 项目部

9. 确定隧道掘进循环进尺应注意的问题是（ ）。

    A. 危险品库房按有关安全规定办理   B. 钻爆作业设计

    C. 合理布置大堆材料堆放位置   D. 运输通道应统一规划、布局合理

10. 下列计划中，不属于资源计划的是（ ）。

    A. 劳动力计划   B. 材料计划

    C. 机械设备计划   D. 施工进度计划

11. 施工方案的优化中，主要通过（ ）的优化使得在取得好的经济效益的同时还要有技术上的先进性。

    A. 施工顺序   B. 施工劳动组织

    C. 施工方法   D. 施工作业组织形式

12. 公路工程施工项目经理部的组织结构模式一般有四种，即直线式、职能式、矩阵式和（ ）。

    A. 代建制度   B. 顶层设计式

    C. 联合组建式   D. 直线职能式

13. 下列施工段落划分中，不符合通常划分原则的是（ ）。

    A. 各段落之间工程量基本平衡

    B. 土方段落中的小型构造物另划分一个工段

    C. 避免造成段落之间施工干扰

    D. 保护构造物的完整性

二 多项选择题

1. 施工方案优化主要包括（ ）。

    A. 施工方法的优化   B. 施工顺序的优化

    C. 施工作业组织形式的优化   D. 施工劳动组织优化

    E. 资源利用的优化

2. 有关工程进度曲线论述正确的有（ ）。

    A. 工程接近完工时曲线为凸形

    B. 曲线呈凹形说明进度加快

    C. 当斜率为零表明停工

    D. 可反映资源需要量及其供应

    E. 分析"S"曲线的形状可定性分析施工内容安排的合理性

3. 路基工程施工组织设计应重点考虑的内容有（　　　）。

 A．确定施工方法和土方调配   B．布置好堆料点

 C．布置好运料线   D．按均衡流水法组织施工

 E．确定工地施工组织

4. 要求间歇是指（　　　）。

 A．技术间歇   B．总时差

 C．组织间歇   D．空间间歇

 E．强制时限

5. 对于桥墩采用流水施工时应注意流水施工的相关时间参数有（　　　）。

 A．施工过程数   B．施工段数

 C．流水节拍   D．流水步距

 E．技术间歇

6. 对"S"曲线描述正确的是（　　　）。

 A．是工程进度的表达

 B．是对质量的统计分析

 C．又称为现金流动曲线

 D．以工期为横轴

 E．以累计完成的工程费用的百分比为纵轴

7. 资源利用的优化主要包括（　　　）。

 A．施工顺序的优化   B．施工作业组织形式的优化

 C．施工机械组织优化   D．物资采购与供应计划的优化

 E．机械需要计划的优化

8. 施工组织设计完成后，通过对"S"曲线的形状分析，可以（　　　）。

 A．定性分析施工组织设计中工作内容安排的合理性

 B．可利用"香蕉"曲线对进度进行合理安排

 C．结合"香蕉"曲线进行施工中的进度控制

 D．结合"香蕉"曲线进行施工中的费用控制

 E．结合"香蕉"曲线进行施工中的合同控制

9. 工程概况中施工条件包括（　　　）。

 A．地形地貌   B．资源供应情况

 C．交通运输情况   D．水文地质情况

 E．施工特点和难点

10. 施工平面图的内容有（　　　）。

 A．主要结构物平面位置   B．施工防排水临时设施

 C．安全消防设施   D．便道和其他临时设施

 E．原有地形地貌

11. 施工部署的内容有（　　　）。

A. 项目组织机构设置　　　　　B. 施工任务划分
C. 施工顺序　　　　　　　　　D. 拟定主要项目的施工方案
E. 主要施工阶段工期优化

【1B420010　答案与解析】

一、单项选择题

1. C;　　*2. D;　　*3. D;　　4. C;　　5. B;　　6. B;　　*7. C;　　*8. C;
9. B;　　10. D;　　11. C;　　12. D;　　13. B

【解析】

2. D:

不能选 C 的原因是流水作业法包括均衡（有节拍）流水和非均衡（无节拍）流水施工。而路面工程各结构层之间的施工是均衡流水施工。

3. D:

路面均衡流水施工时，前道工序快于后道工序是开始到开始（STS），否则是完成到完成（FTF）。

7. C:

当很多个墩流水施工时，表示其流水关系显得工作（工序）太多和过于繁杂，如果采用以下两种简化表示，应注意原本各工作（工序）之间衔接的逻辑关系，经过简化成为墩与墩的关系时，墩与墩的逻辑关系就变成搭接关系；或者多个墩相同工序合并为一个工作，就简化成为相同墩的不同工作之间的逻辑关系，此时的逻辑关系也变成搭接关系。

8. C:

隧道工程施工组织设计的编制特点是以洞口为中心的施工场地总布置。

二、多项选择题

*1. A、B、C、D;　　2. A、B、C、E;　　3. A、E;　　　4. A、C;
5. C、D、E;　　6. A、C、D、E;　　*7. D、E;　　　8. A、B、C、D;
9. A、B、C、D;　　*10. A、B、C、D;　　11. A、B、C、D

【解析】

1. A、B、C、D:

施工方案优化主要包括：施工方法的优化、施工顺序的优化、施工作业组织形式的优化、施工劳动组织优化、施工机械组织优化等。

7. D、E:

资源利用的优化主要包括：物资采购与供应计划的优化、机械需要计划的优化。

10. A、B、C、D:

施工平面图中可以不需要反映原有地貌。施工平面图如果采用相对坐标形式表示，地貌的表示就无任何意义了。

1B420020　公路工程进度控制

复习要点

1. 公路工程进度计划的编制特点

公路工程进度计划的主要形式有横道图、"S"曲线、垂直图、斜率图、网络图（时间常数的含义与计算方法）。垂直图很适合表示公路、隧道等线形工程的总体施工进度。垂直图的斜率越陡进度越慢，斜率越平坦进度越快。

公路施工过程基本组织方法有顺序作业法、平行作业法、流水作业法。顺序作业法与平行作业法相比较的主要特点是前者工期长资源少，后者工期短资源多。流水作业法的主要特点是必须按工艺专业化进行分工协作，连续性、协调性、均衡性、经济性，适用于路面和桥涵施工。

常用的流水参数有工艺参数包括施工过程数 n（工序个数），流水强度 V；空间参数包括工作面 A、施工段 m、施工层；时间参数包括流水节拍 t、流水步距 K、技术间歇 Z、组织间歇、搭接时间。

流水施工按流水节拍可分为有节拍流水（等节拍流水、异节拍成倍流水）和无节拍流水。无节拍流水施工一般按照不窝工进行组织，通过用累加数列错位相减取大差的方法求流水步距来实现。累加时应注意将同工序各流水节拍值进行累加。

无节拍流水工期＝流水步距和＋最后一道工序流水节拍的和＋要求间歇的和

施工单位编制完进度计划后根据要求进行提交和审批，审批时对进度计划审查的重点内容是：工期和时间安排的合理性，施工准备的可靠性，计划目标与施工能力的适应性。

2. 公路工程进度控制管理

公路工程项目进度检查应包括的内容有：工作量的完成情况，工作时间的执行情况，资源使用及进度的互配情况，上次检查提出问题的处理情况。进度计划检查的方法有：横道图比较法、"S"形曲线比较法、"香蕉"形曲线比较法、网络图的前锋线比较法（或完工时点计算法，或时差计算法，常在案例分析中应用）。

进度计划的调整通常有两种方法，一是改变某些关键工作间的逻辑关系，二是缩短某些关键工作的持续时间。

一　单项选择题

1. 下列公路工程进度计划的主要形式中，论述正确的是（　　　）。

A. 横道图是以时间为纵坐标，以各工作内容为横坐标的进度图

B. "S"曲线是以时间为横轴，以累计完成的工程费用为纵轴的图表化曲线

C. 垂直图的斜率越陡进度越慢，斜率越平坦进度越快

D. 垂直图是以时间为横轴，以公路里程为纵轴的进度图

2. 属于公路工程常用的工艺空间参数是（   ）。

    A. 流水步距   B. 流水强度

    C. 流水节拍   D. 技术间歇

3. 根据流水施工组织原理，异步距异节拍流水实质上是按无节拍流水组织，引入流水步距概念的目的是为了（   ）。

    A. 消除流水施工中存在的窝工现象   B. 计算流水工期

    C. 统计资源需要量   D. 分析流水强度

4. 路面相邻结构层之间最小工作面长度是由（   ）完成施工。

    A. 前道工序   B. 后道工序

    C. 两者中速度慢的工序   D. 两者中速度快的工序

5. 单代号网络图中，箭线一般用来表示（   ）。

    A. 工作之间的逻辑关系   B. 一项工作

    C. 一项工作的持续时间   D. 工作之间的搭接时距

6. 空心板梁预制时，有 25 个预制台座，而模板只有 5 套，最好的施工组织方法是（   ）。

    A. 顺序作业   B. 平行作业

    C. 流水作业   D. 平行流水作业

7. 在对进度计划进行工期和时间安排的合理性审查时，应重点审查（   ）。

    A. 施工总工期的安排应符合合同工期

    B. 主要骨干人员及施工队伍的进场日期已经落实

    C. 各项施工方案和施工方法应与施工经验和技术水平相适应

    D. 所需主要材料和设备的运送日期已有保证

8. 在对进度计划进行计划目标与施工能力的适应性审查时，应重点审查（   ）。

    A. 施工总工期的安排应符合合同工期

    B. 主要骨干人员及施工队伍的进场日期已经落实

    C. 各项施工方案和施工方法应与施工经验和技术水平相适应

    D. 所需主要材料和设备的运送日期已有保证

9. 考虑沥青路面结构层持续时间时，不属于影响因素的是（   ）。

    A. 沥青拌合机的能力   B. 摊铺速度

    C. 混合料的出厂温度   D. 开放交通的温度

10. 在中标通知书发出后合同规定的时间内，承包人应向（   ）书面提交一份详细和格式符合要求的工程总体进度计划。

    A. 监理工程师   B. 业主

C. 质量监督站   D. 上级公司

11. 某公路桥梁工程结构物的流水施工的进度计划双代号网络图和节点时间参数如下图，

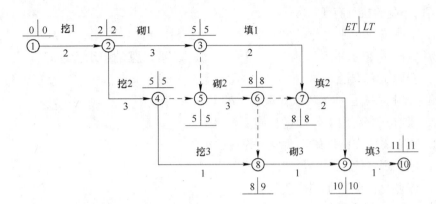

该网络计划的关键线路是（　　　）条。

    A. 1   B. 2

    C. 3   D. 4

12. 第 11 题图中挖 3 工序的总时差是（　　　）。

    A. 0   B. 1

    C. 2   D. 3

13. 第 11 题图中挖 3 工序的自由时差是（　　　）。

    A. 0   B. 1

    C. 2   D. 3

14. 第 11 题图中关于挖 3 工序的最早开始时间和最早完成时间的论述，正确的是（　　　）。

    A. 挖 3 工序最早在第 5 天后开始并且最早在第 6 天晚上结束

    B. 挖 3 工序最早在第 5 天早晨开始并且最早在第 6 天晚上结束

    C. 挖 3 工序最早在第 5 天后开始并且最早在第 8 天晚上结束

    D. 挖 3 工序最早在第 5 天早晨开始并且最早在第 9 天晚上结束

15. 第 11 题图中关于挖 3 工序的最迟开始时间和最迟完成时间的论述，正确的是（　　　）。

    A. 挖 3 工序最迟在第 5 天后开始并且最迟在第 6 天晚上结束

    B. 挖 3 工序最迟在第 5 天早晨开始并且最迟在第 8 天晚上结束

    C. 挖 3 工序最迟在第 8 天早晨开始并且最迟在第 9 天晚上结束

    D. 挖 3 工序最迟在第 8 天后开始并且最迟在第 9 天晚上结束

二 多项选择题

1. 流水作业的特点有（　　　）。
   A. 必须进行专业化分工　　　　B. 科学地利用工作面
   C. 资源量较为均衡　　　　　　D. 需要较强的组织管理能力
   E. 资源量需求量大

2. 顺序作业法（也称为依次作业法）的主要特点有（　　　）。
   A. 没有充分利用工作面进行施工
   B. 用于需要突击性施工时施工作业的组织
   C. 施工现场的组织、管理比较简单
   D. 专业化作业队能够连续作业
   E. 有利于资源供应的组织工作

3. 路面各结构层线性流水施工时，影响路面流水工期的因素有（　　　）。
   A. 各结构层的持续时间　　　　B. 搭接类型
   C. 搭接时距　　　　　　　　　D. 采用的计算方法
   E. 施工组织方法

4. 流水施工可以分为（　　　）。
   A. 等节拍等步距流水　　　　　B. 无节拍流水
   C. 等步距异节拍流水　　　　　D. 等节拍异步距流水
   E. 异步距异节拍流水

5. 在对进度计划进行计划目标与施工能力的适应性审查时，应重点审查（　　　）。
   A. 施工总工期的安排应符合合同工期
   B. 主要骨干人员及施工队伍的进场日期已经落实
   C. 各项施工方案和施工方法应与施工经验和技术水平相适应
   D. 所需主要材料和设备的运送日期已有保证
   E. 关键线路上的施工力量安排应与非关键线路上的施工力量安排相适应

6. 路面各结构层的持续时间的考虑因素有（　　　）。
   A. 水泥稳定碎石的延迟时间　　B. 沥青材料的拌合能力
   C. 沥青混合料的温度要求　　　D. 无机稳定类材料的养护时间
   E. 最大工作面的要求

7. 某一非关键工作（工序）的持续时间为8天，它的总时差为5天，自由时差为2天，在进度检查时发现拖延了7天，以下论述正确的是（　　　）。
   A. 该工程的工期将拖延2天
   B. 该工程的工期将拖延3天
   C. 该工序已经转变为关键工序，而且关键线路至少增加一条
   D. 如果该工序拖延2天对后续工序无影响，对总工期也无影响

E. 由于上述拖延是发生在非关键工作中，即使是业主原因，也不批准工期延长的申请

8. 下列关于工程进度曲线（"S"曲线）特点的说法，正确的有（   ）。

A. 一般情况下，项目施工初期的曲线斜率是逐渐增大的

B. 一般情况下，项目施工后期的曲线为凹型

C. 工程进度曲线呈现为水平横线时，说明工程停工

D. 通过对"S"曲线的形状分析，可以定性分析施工组织设计中工作内容安排的合理性

E. 在项目实施过程中，"S"曲线可结合工程进度管理曲线（"香蕉"曲线）进行施工进度、费用控制

【1B420020　答案与解析】

一、单项选择题

1. C；　2. B；　3. A；　4. D；　5. A；　6. D；　7. A；　8. C；
9. D；　10. A；　*11. B；　*12. D；　*13. C；　*14. A；　*15. D

【解析】

11. B：

关键线路两条分别是①②③⑤⑥⑦⑨⑩，①②④⑤⑥⑦⑨⑩。而③⑦填1不是关键工序，所以不是3条。

12. D：

挖3工序的总时差＝箭头点最迟－箭尾点最早－本工序持续＝9－5－1＝3。

13. C：

挖3工序的自由时差＝箭头点最早－箭尾点最早－本工序持续＝8－5－1＝2。

14. A：

工序的最早开始时间在箭尾点的最早时间＝5，是表示第5天后即第6天早晨，因为第一道工序的开始时间0表示为第0天后即第1天早晨开始；工序最早完成不能用箭头点的参数，只能通过工序开始时间加持续时间计算求得，5＋1＝6，所以A正确。

15. D：

工序的最迟完成时间在箭头点的最迟时间＝9，是表示第9天晚上结束；工序最迟开始不能用箭尾点的参数，只能通过工序完成时间减持续时间计算求得，9－1＝8，表示第8天后即第9天早晨，所以D正确。

二、多项选择题

1. A、B、C、D；　　2. A、C、E；　　3. A、B、C、E；　　4. A、B、C、E；
5. C、E；　　　　6. A、B、D；　　*7. A、D；　　　　8. A、C、D、E

【解析】

7. A、D:

工期拖延＝工序拖延－工序总时差＝7－5＝2。C项中该工序已经转变为关键工序的表述是正确的，但是关键线路至少增加一条是错的，因为有可能原来的关键线路变成了不关键。D项正确是因为拖延量没有超过该工序的自由时差2，对紧后工序无影响，自然对后续的工序也无影响。E项错误是因为此时该工序已经变成关键工序了，关键线路和关键工作是相对的，此时工期已经超了2天，理论上应批准延长工期2天。

1B420030 公路工程项目技术管理

复习要点

1. 公路工程施工技术准备

施工技术准备的内容：结合工程规模及特点，施工单位应遵照主合同调配满足施工需要的各类技术管理人员、设备，按要求进场。熟悉图纸资料和有关文件。编制实施性施工组织设计。

2. 公路工程施工图纸会审

工程项目的图纸会审先由承包人项目总工组织技术及相关人员结合现场踏勘情况对施工图纸进行初审，并向驻地监理书面提出需设计澄清的问题。

3. 公路工程施工技术交底

施工技术交底必须在相应工程内容施工前分级进行。可以采用一级到三级交底形式。关注技术交底的主要内容和技术交底的方法以及要求。

4. 公路工程施工技术档案管理

施工技术档案目录有：竣工图表；工程管理文件；施工质量控制文件；施工安全及文明施工文件；进度控制文件；合同管理及计量支付文件；施工原始记录；技术总结。

5. 公路工程施工测量管理

施工测量布局应遵循"由整体到局部"的原则；测量精度应遵循"由高级到低级"的原则；测量次序应遵循"先控制后碎部"的原则；测量过程应遵循"随时检查，杜绝错误""前一步工作未作复核不进行下一步工作"的原则。施工测量工作分为开工准备阶段测量、施工阶段测量和竣工阶段测量。

6. 公路工程项目试验管理

公路工程项目试验管理分为：工地试验室人员管理；工地试验室设备管理；工地试验室环境管理；工地试验室档案管理；工地试验样品管理；工地试验外围管理。

1. 设计交底由（　　　　）组织。
   A. 设计单位
   B. 建设单位
   C. 监理单位
   D. 施工单位

2. 图纸会审先由（　　　　）组织技术和相关人员结合踏勘情况对施工图纸进行初审。
   A. 设计单位
   B. 建设单位
   C. 监理单位
   D. 项目总工

3. 对于重大施工方案，应由（　　　　）。
   A. 项目经理组织编制，施工单位技术管理部门组织审核
   B. 项目技术负责人组织编制，项目经理组织审核
   C. 项目技术负责人组织编制，施工单位技术管理部门组织审核
   D. 施工单位技术管理部门组织编制，总监理工程师组织审核

4. 下列关于公路工程施工技术交底工作的记述，正确的是（　　　　）。
   A. 第三级项目总工向项目各部门负责人及全体技术人员进行交底
   B. 第二级项目技术部门负责人或各分部分项工程主管工程师向现场技术人员和班组长进行交底
   C. 第一级现场技术员负责向班组全体作业人员进行技术交底
   D. 第一级交底主要内容为分部分项工程的施工工序等

5. 不是施工资料的是（　　　　）。
   A. 开工文件
   B. 测量资料
   C. 物资资料
   D. 验收资料

6. 不是开工准备阶段测量工作的是（　　　　）。
   A. 交接桩
   B. 施工控制网建立
   C. 地形地貌复核测量
   D. 施工放样测量

7. 仪器设备使用状态标识为"准用"的用（　　　　）标签进行标识。
   A. 绿色
   B. 黄色
   C. 蓝色
   D. 红色

8. 既是决定工程全局的关键，又是工程施工组织设计核心内容的是（　　　　）。
   A. 工程设备
   B. 工程主要材料
   C. 工程工期要求
   D. 施工方案

9. 下列关于施工测量的说法，正确的是（　　　　）。
   A. 施工测量只要能胜任工作，无须培训即可上岗
   B. 测量仪器、试验设备未经标定可以短期使用
   C. 测量、试验记录可以根据需要进行适当优化
   D. 现场测量数据处理计算资料必须换人复核

10. 不是施工原始记录的是（　　　）。

    A. 会议记录   B. 会议纪要

    C. 施工照片   D. 施工日记

二 多项选择题

1. 设计交底和图纸会审中需着重解决的问题有（　　　）。

    A. 施工单位应遵照主合同调配满足施工需要的各类技术管理人员和设备

    B. 施工单位应组织有关人员对施工图纸和资料进行学习和自审做到心中有数

    C. 设计依据与施工现场的实际情况是否一致

    D. 设计能否满足工程质量及安全要求

    E. 设计是否符合国家和有关规范、标准要求

2. 图纸会审的主要内容有（　　　）。

    A. 结合现场调查情况核算主要工程数量

    B. 核算工程主要结构的受力条件及主要设计数据

    C. 核算设计对施工条件、施工方法的考虑及要求

    D. 核对图纸数量是否齐全

    E. 施工说明是否清楚准确并符合现有地方标准

3. 施工方案编制的内容有（　　　）。

    A. 编制依据   B. 工程概况

    C. 施工技术方案设计图   D. 设计任务书

    E. 预案措施

4. 施工技术交底通常应分三级进行，属于第三级交底的内容有（　　　）。

    A. 总工期   B. 作业标准

    C. 施工规范及验收标准   D. 工程质量要求

    E. 监理办法

5. 施工放样测量主要包括有（　　　）。

    A. 路线中线测量   B. 路基施工放样测量

    C. 路面施工测量   D. 桥梁施工测量

    E. 隧道施工测量

6. 公路工程项目试验管理有（　　　）。

    A. 工地试验室等级管理   B. 工地试验室设备管理

    C. 工地试验室环境管理   D. 工地试验室档案管理

    E. 工地试验样品管理

7. 施工方案应具有的特点和要求有（　　　）。

    A. 技术超前   B. 切实可行

C. 安全可靠　　　　　　　　　D. 成本最低

E. 技术先进

【1B420030　答案与解析】

一、单项选择题

1. B；　2. D；　3. C；　4. B；　5. A；　6. D；　*7. B；　8. D；

9. D；　*10. D

【解析】

7. B：

仪器设备应实施标识管理，使用状态标识分为"合格""准用""停用"三种，分别用"绿""黄""红"三色标签进行标识。

10. D：

选项D应是施工日志而不是施工日记。

二、多项选择题

1. C、D、E；　　2. A、B、C、D；　　3. A、B、C、E；　　4. B、C、D；

5. B、C、D、E；　*6. B、C、D、E；　　7. A、B、C、E

【解析】

6. B、C、D、E：

公路工程项目试验管理分为：工地试验室人员管理；工地试验室设备管理；工地试验室环境管理；工地试验室档案管理；工地试验样品管理；工地试验外围管理。

1B420040　公路工程施工质量管理

复习要点

1. 现场工程质量检查分开工前检查、施工过程中检查和分项工程完成后的检查。现场质量检查控制的方法主要有：测量、试验、观察、分析、记录、监督、总结改进。

2. 应根据不同管理层次和职能，针对施工过程中的重要项目、薄弱环节和关键部位；影响工期、质量、成本、安全、材料消耗等重要因素的环节；新材料、新技术、新工艺的施工环节以及质量信息反馈中缺陷频数较多的项目来设置质量控制关键点。关键点应随着施工进度和影响因素的变化而调整。

3. 质量缺陷性质的确定，是通过观察现场情况和查阅记录资料、检验与试验以及专题调研来确定。

4. 质量缺陷处理方法包括整修与返工以及综合处理办法。

5. 分项工程质量检验内容包括基本要求、实测项目、外观鉴定和质量保证资料四个部分。只有在其使用的原材料、半成品、成品及施工工艺符合基本要求的规定，且无严重外观缺陷和质量保证资料真实并基本齐全时，才能对分项工程质量进行检验评定。

6. 涉及结构安全和使用功能的重要实测项目为关键项目（分项工程中对安全、卫生、环境保护和公众利益起决定性作用的实测项目，在以下叙述以"△"标识），其合格率不得低于90%（属于工厂加工制造的交通工程安全设施及桥梁金属构件不低于95%，机电工程为100%），且检测值不得超过规定极值，否则必须进行返工处理。分项工程中除关键项目以外的实测项目为一般项目。

一 单项选择题

1. 压实度是现场干密度和室内最大干密度的比值。其现场密度的测定方法有（　　）。
   - A. 击实试验
   - B. 环刀法
   - C. 振动台法
   - D. 表面振动击实仪法

2. 在钻孔桩施工质量控制中，对于嵌岩桩与摩擦桩指标要求不同的是（　　）。
   - A. 护筒埋深
   - B. 泥浆指标控制
   - C. 清孔质量
   - D. 钢筋笼接头质量

3. 用于沥青混合料的配比设计及沥青路面施工质量检验的试验是（　　）。
   - A. 密度试验
   - B. 马歇尔稳定度试验
   - C. 强度试验
   - D. 铺砂法试验

4. 钢筋笼接头质量如果存在问题将会对（　　）施工质量产生影响。
   - A. 扩大基础
   - B. 钻孔桩
   - C. 挖孔桩
   - D. 沉井

5. 施工中需要控制预拱度的桥梁是（　　）。
   - A. 简支梁桥
   - B. 连续梁桥
   - C. 拱桥
   - D. 悬索桥

6. 在连续梁桥支架施工过程中，主要应注意控制（　　）。
   - A. 支架基础
   - B. 拱架加载
   - C. 卸架工艺
   - D. 支架沉降

7. 路基的压实度是（　　）。
   - A. 现场干密度和现场湿密度的比值
   - B. 现场干密度和室内最大干密度的比值
   - C. 现场湿密度和室内最大湿密度的比值
   - D. 现场湿密度和室内最大干密度的比值

8. 不属于路面基层（底基层）施工中常见的质量控制关键点的是（　　）。
   - A. 基层施工所采用设备组合
   - B. 切缝时间和养护技术的采用

C. 拌合设备计量装置校验　　　　　　D. 配合比的设计

9. 调查某桥钢筋焊接点 100 个，其中不合格的有 14 个，不合格率为 14%，为查清甲、乙、丙三个焊工操作哪个存在主要问题，宜采用的质量分析方法是（　　　）。
    A. 分层法　　　　　　　　　　　　B. 调查表法
    C. 排列图法　　　　　　　　　　　D. 因果分析图法

10. 分项工程质量检验内容包括基本要求、实测项目、外观鉴定和（　　　）四个部分。
    A. 原材料产地　　　　　　　　　　B. 施工方法
    C. 质量保证资料　　　　　　　　　D. 新技术工艺

11. 不属于路基质量检验中土方路基实测项目的是（　　　）。
    A. 压实度　　　　　　　　　　　　B. 弯沉值
    C. 宽度　　　　　　　　　　　　　D. 土的强度

12. 不属于路基质量检验中石方路基实测项目的是（　　　）。
    A. 压实　　　　　　　　　　　　　B. 弯沉值
    C. 宽度　　　　　　　　　　　　　D. 平整度

13. 水泥稳定粒料基层实测项目中不包含（　　　）。
    A. 平整度　　　　　　　　　　　　B. 强度
    C. 压实度　　　　　　　　　　　　D. 透水度

14. 属于浆砌挡土墙实测项目的是（　　　）。
    A. 砂浆强度、中线位置、顶面高程、边坡坡度和平顺度
    B. 顶面坡度、断面尺寸、底面高程、表面平整度
    C. 顶面高程、断面尺寸、基底强度、表面平整度
    D. 砂浆强度、平面位置、墙面坡度、断面尺寸

15. 下列关于石方路基工程质量检验基本要求的说法，错误的是（　　　）。
    A. 石方路堑的开挖宜采用裸爆法
    B. 修筑填石路堤时应进行地表清理，逐层水平填筑石块，摆放平稳，码砌边部
    C. 采用振动压路机分层碾压，应压至填筑层顶面石块稳定
    D. 路基表面应整修平整

16. 下列情况不需要返工处理的是（　　　）。
    A. 水泥混凝土结构局部蜂窝麻面
    B. 道路结构层局部压实度不足
    C. 承包人赶工期曾在雨中铺筑沥青混凝土
    D. 温度过低的沥青混合料

17. 下列关于预应力筋的加工和张拉质量检验基本要求的说法，错误的是（　　　）。
    A. 预应力束表面不应有损伤
    B. 单根钢绞线不允许断丝
    C. 单根钢筋不允许断筋或滑移
    D. 同一截面预应力筋接头面积不超过预应力筋总面积的 50%

18. 梁（板）安装的实测项目通常不包括（　　　）。

    A. 预埋件位置　　　　　　　　　　B. 支座中心偏位

    C. 倾斜度　　　　　　　　　　　　D. 相邻梁（板）顶面高差

19. 水泥混凝土抗弯拉强度试验标准试件的尺寸为（　　　）。

    A. 150mm×150mm×400mm　　　　B. 150mm×150mm×450mm

    C. 150mm×150mm×550mm　　　　D. 150mm×150mm×300mm

20. 隧道总体质量检验实测项目中属于关键项目的是（　　　）。

    A. 隧道净高　　　　　　　　　　　B. 隧道偏位

    C. 路线中心线与隧道中心线的衔接　D. 边坡

21. 就地浇筑梁（板）的实测项目中属于关键项目的是（　　　）。

    A. 长度　　　　　　　　　　　　　B. 混凝土强度

    C. 横坡　　　　　　　　　　　　　D. 平整度

22. 按《公路工程质量检验评定标准》的要求，项目在竣工验收时综合评价为优良的必要条件是（　　　）。

    A. 质量评定大于等于 90 分

    B. 项目法人工作评价大于等于 90 分

    C. 施工单位工作评价大于等于 90 分

    D. 监理工作评价大于等于 90 分

23. 在建设项目中，根据签订的合同，具有独立施工条件的工程是（　　　）。

    A. 单位工程　　　　　　　　　　　B. 分部工程

    C. 分项工程　　　　　　　　　　　D. 工序

24. 涉及结构安全和使用功能的重要实测项目为关键项目，其合格率不得低于（　　　）。

    A. 100%　　　　　　　　　　　　　B. 95%

    C. 90%　　　　　　　　　　　　　 D. 85%

25. 一般项目的合格率不低于（　　　）。

    A. 100%　　　　　　　　　　　　　B. 90%

    C. 80%　　　　　　　　　　　　　 D. 75%

26. 工程质量评定按（　　　）顺序逐级进行。

    A. 单位工程、分项工程、分部工程

    B. 分项工程、单位工程、分部工程

    C. 分部工程、单位工程、分项工程

    D. 单位工程、分部工程、分项工程

27. 稳定粒土、粒料基层和底基层与级配碎石基层和底基层均有的实测关键项目为（　　　）。

    A. 平整度　　　　　　　　　　　　B. 厚度

    C. 强度　　　　　　　　　　　　　D. 弯沉值

1. 现场质量检查控制的方法主要有（　　　）。
   A. 测量
   B. 试验
   C. 观察
   D. 分析
   E. 监理

2. 在桥梁基础工程施工中，扩大基础施工的主要质量控制点有（　　　）。
   A. 基底地基承载力的检测确认，满足设计要求
   B. 基底表面松散层的清理
   C. 初始平面位置的控制
   D. 及时浇筑垫层混凝土，减少基底暴露时间
   E. 大体积混凝土施工裂缝控制

3. 桥梁下部实心墩的常见质量控制关键点包括（　　　）。
   A. 墩身与承台联结处混凝土裂缝控制
   B. 墩顶实心段混凝土裂缝控制
   C. 墩身平面位置控制
   D. 墩身垂直度控制
   E. 模板接缝错台控制

4. 下列选项不属于拱桥支架施工控制要点的是（　　　）。
   A. 预制拼装
   B. 混凝土压注质量控制
   C. 墩顶实心段混凝土裂缝控制
   D. 支架沉降控制
   E. 拱架加载控制

5. 先简支后连续梁桥的施工质量控制要点有（　　　）。
   A. 预制拼装
   B. 后浇段工艺控制
   C. 体系转换工艺控制
   D. 后浇段收缩控制
   E. 临时支座安装与拆除控制

6. 某高速公路工程针对影响道路质量的弯沉值、平整度、摩阻系数、横坡、纵坡、路面宽度和路基宽度 7 个指标检测了 1380m 长的路段，得到这 7 项指标不合格频数分别为 27、22、17、39、21、27、2，按照排列图法分析影响质量的主要因素有（　　　）。
   A. 横坡超过规定误差
   B. 弯沉值大于允许值
   C. 摩阻系数太小
   D. 路面宽度不足
   E. 平整度差

7. 属于路基质量检验中土方路基实测项目的有（　　　）。
   A. 压实度
   B. 弯沉值
   C. 宽度
   D. 土的强度
   E. 平整度

8. 属于路基质量检验中石方路基实测项目的有（　　　）。

    A. 压实   B. 弯沉值

    C. 宽度   D. 平整度

    E. 土石比例

9. 水泥混凝土面层实测项目中包含（　　　）。

    A. 中线平面偏位   B. 弯拉强度

    C. 弯沉值   D. 抗滑构造深度

    E. 抗剪强度

10. 沥青路面检测中除平整度、纵断高程、厚度外，还应检测（　　　）。

    A. 宽度   B. 横坡度

    C. 弯沉值   D. 含水量

    E. 压实度

11. 下列关于沉井施工质量检验基本要求的说法，正确的有（　　　）。

    A. 沉井下沉应在井壁混凝土达到规定强度后进行

    B. 浮式沉井在下水、浮运前，应进行水密性试验

    C. 所有沉井阶段接高完成后，再整体纠正沉井的倾斜

    D. 沉井下沉到设计高程时，应检查基底，确认符合设计要求后方可封底

    E. 下沉应有完整、准确的施工记录

12. 桥梁总体检验项目有（　　　）。

    A. 桥梁跨径   B. 桥面宽度

    C. 桥长   D. 桥面中心偏位

    E. 桥头高程衔接要求用水准仪测量

13. 钻孔灌注桩的实测关键项目有（　　　）。

    A. 混凝土强度   B. 桩位

    C. 孔深   D. 孔径

    E. 平面尺寸

14. 下列情况需要返工处理的有（　　　）。

    A. 水泥混凝土结构局部蜂窝麻面

    B. 道路结构层局部压实度不足

    C. 承包人赶工期曾在雨中铺筑沥青混凝土

    D. 无法补救的低质量涵洞

    E. 温度过低的沥青混合料

15. 悬臂浇筑梁的实测项目中属于关键项目的有（　　　）。

    A. 混凝土强度   B. 轴线偏位

    C. 顶面高程   D. 断面尺寸

    E. 平整度

16. 混凝土护栏的实测项目中属于关键项目的有（　　　）。

A．护栏混凝土强度　　　　　　　　B．轴向横向偏位

C．地基压实度　　　　　　　　　　D．基础厚度

E．基础平整度

17. 不可采用修补法进行处理的质量缺陷是（　　　）。

A．桥墩构造裂缝　　　　　　　　　B．路基沉陷

C．沥青路面车辙　　　　　　　　　D．水泥路面局部麻面

E．道路局部压实的不足

18. 热拌沥青混凝土配合比设计应通过（　　　）三个阶段。

A．目标配合比　　　　　　　　　　B．基准配合比

C．试验室配合比　　　　　　　　　D．生产配合比验证

E．生产配合比

19. 水泥混凝土面层实测项目中，属于关键项目的是（　　　）。

A．平整度　　　　　　　　　　　　B．水泥混凝土面板的弯拉强度

C．水泥混凝土路面的抗滑构造深度　D．相邻板间的高差

E．板厚度

20. 路基压实度的常用检测方法有（　　　）。

A．贝克曼梁法　　　　　　　　　　B．灌砂法

C．环刀法　　　　　　　　　　　　D．核子密度湿度仪法

E．超声波检测法

21. 质量控制关键点的实际效果表现在（　　　）。

A．施工质量管理水平　　　　　　　B．各项指标的实现情况

C．工程项目总体质量情况　　　　　D．施工项目方针目标管理水平

E．工程项目中各阶段质量情况

【1B420040　答案与解析】

一、单项选择题

1. B；　2. C；　3. B；　4. B；　5. A；　6. D；　7. B；　8. B；

9. A；　*10. C；　*11. D；　*12. B；　*13. D；　14. D；　15. A；　16. A；

17. D；　18. A；　19. C；　20. A；　*21. B；　22. A；　23. A；　24. C；

25. C；　26. D；　27. B

【解析】

10. C：

分项工程质量检验内容包括基本要求、实测项目、外观鉴定和质量保证资料四个部分。

11. D：

土方路基实测项目有：压实度（△）、弯沉值（△）、纵断高程、中线偏位、宽度、平

整度、横坡、边坡。

12．B：

石方路基实测项目有：压实、纵断高程、中线偏位、宽度、平整度、横坡、边坡坡度和平顺度。

13．D：

水泥稳定粒料基层主要检验内容包括：压实度（△）、平整度、纵断高程、宽度、厚度（△）、横坡、强度（△）。

21．B：

就地浇筑梁（板）的实测项目有：混凝土强度（△）、轴线偏位（△）、梁（板）顶面高程、断面尺寸（△）、长度、横坡、平整度。

二、多项选择题

1．A、B、C、D； 2．A、B、D、E； 3．C、D、E； 4．A、B、C；

5．B、C、D、E； 6．A、B、E； *7．A、B、C、E； *8．A、C、D；

*9．A、B、D； *10．A、B、C、E； 11．A、B、D、E； *12．B、C、D、E；

13．A、C； 14．C、D、E； *15．A、B、D； *16．A、B；

17．D、E； 18．A、D、E； 19．B、E； 20．B、C、D；

21．A、B

【解析】

7．A、B、C、E：

土方路基实测项目有：压实度（△）、弯沉值（△）、纵断高程、中线偏位、宽度、平整度、横坡、边坡。

8．A、C、D：

石方路基实测项目有：压实、纵断高程、中线偏位、宽度、平整度、横坡、边坡坡度和平顺度。

9．A、B、D：

水泥混凝土面层实测项目有：水泥混凝土面板的弯拉强度（△）、平整度、板厚度（△）、水泥混凝土路面的抗滑构造深度、相邻板间的高差、纵横缝顺直度、水泥混凝土路面中线平面偏位、路面宽度、纵断高程和路面横坡。

10．A、B、C、E：

沥青混凝土面层和沥青碎（砾）石面层的实测项目有：厚度（△）、平整度、压实度（△）、弯沉值、渗水系数、抗滑（含摩擦系数和构造深度）、中线平面偏位、纵断高程、路面宽度及路面横坡。

12．B、C、D、E：

桥面中线偏位、桥宽（含车行道和人行道）、桥长、引道中心线与桥梁中心线的衔接以及桥头高程衔接。

15．A、B、D：

悬臂浇筑梁的实测项目有：混凝土强度（△）、轴线偏位（△）、顶面高程、断面尺寸

（△）、合龙后同跨对称点高程差、横坡、平整度。

16. A、B：

混凝土护栏的实测项目有：护栏混凝土强度（△）、护栏断面尺寸、基础平整度、轴向横向偏位（△）、地基压实度、基础厚度。

1B420050 公路工程项目安全管理

复习要点

1. 公路工程项目职业健康安全管理体系

公路工程施工中，通过建立职业健康安全管理体系并保持有效运行，为全体员工和外来人员提供健康安全的保障。公路水运工程建设项目必须确保重大职业健康安全风险得到有效控制，确保职业健康安全管理的目标、指标得以实现。

施工单位应当建立健全安全生产技术分级交底制度，明确安全技术分级交底的原则、内容、方法及确认手续。分项工程实施前，施工单位负责项目管理的技术人员应当按规定对有关安全施工的技术要求向施工作业班组、作业人员详细说明，并由双方签字确认。

专项施工方案应包括的主要内容有：工程概况；编制依据；施工计划；施工工艺技术；施工安全保证措施；劳动力计划；计算书及图纸。

2. 公路工程安全隐患排查与治理

排查的事故隐患分为一般事故隐患和重大事故隐患。排查的目的是实现"两项（人员和现场防护）达标""四项（泥石流区、挖孔桩、长隧道无预报、立体交叉）严禁""五项（告知、安监、专项审、进场验收、费用保障）制度"的总目标。重大事故隐患按照《公路工程重大事故隐患清单》进行治理。

3. 公路工程项目应急管理体系

应急管理体系首先构建应急救援组织、建立制度、确定职责，编制应急预案并评审公布备案和组织演练等。应急救援预案有综合应急预案、专项应急预案、现场处置方案三种主要类型。

4. 公路工程项目安全管理措施

公路工程项目安全管理措施主要有：路基工程施工安全管理措施；路面工程施工安全管理措施；桥梁工程施工安全管理措施；隧道工程施工安全管理措施；高处作业安全管理措施；水上作业安全管理措施；特种设备安全管理措施；其他安全管理措施。

一 单项选择题

1. 在确定控制措施或考虑改变现行控制措施时考虑按（   ）顺序选择风险控制

方法。

    A. 替代→消除→工程控制措施→标志、警告或管理控制→个人防护设备

    B. 消除→替代→工程控制措施→标志、警告或管理控制→个人防护设备

    C. 消除→替代→标志、警告或管理控制→工程控制措施→个人防护设备

    D. 标志、警告或管理控制→替代→工程控制措施→消除→个人防护设备

2. 生产经营单位新上岗的从业人员，岗前安全培训不少于（   ）学时。

    A. 24   B. 20

    C. 12   D. 10

3. 一定条件下易导致较大安全事故的风险是（   ）。

    A. 重大风险   B. 较大风险

    C. 一般风险   D. 较小风险

4. 超过一定规模的危险性较大的分部分项工程专项方案应当由（   ）组织召开专家论证会。

    A. 业主   B. 设计单位

    C. 监理单位   D. 施工单位

5. 隐患内容中，未按审批的专项施工方案施工属于（   ）类别重大隐患。

    A. 工程管理   B. 方案管理

    C. 组织管理   D. 危险源管理

6. 参加应急预案评审的人员可以是（   ）。

    A. 施工单位的作为专家的总工   B. 施工单位的作为专家的退休高工

    C. 施工方上级主管作为专家的高工   D. 项目主管部门作为专家的人员

7. 应急预案演练要求，现场处置方案每（   ）一次。

    A. 一年   B. 半年

    C. 一个季度   D. 一个月

8. 对滑坡地段进行开挖时应（   ）。

    A. 滑坡体两侧向中部自上而下进行   B. 滑坡体中部向两侧自上而下进行

    C. 滑坡体两侧向中部自下而上进行   D. 全面拉槽开挖

9. 基坑外堆土时，堆土应距基坑边缘（   ）m 以外，堆土高度不得超过 1.5m。

    A. 0.5   B. 1

    C. 2   D. 3

10. 下列关于支架现浇法施工风险控制措施的论述，错误的是（   ）。

    A. 支架的立柱应设水平撑和双向斜撑

    B. 支架立柱应置于平整、坚实的地基上

    C. 立柱高于 6m 时水平撑间距不得大于 2m

    D. 支架高度较高时，应设一组缆风绳

11. 下列关于翻模法施工风险防控措施的论述，错误的是（   ）。

    A. 高墩翻模施工应编制专项施工方案并组织专家论证

B．翻模强度刚度及稳定性应满足要求

C．翻模施工时使用起重设备应经检测合格安全装置齐全有效

D．高墩施工人员上下须使用一字形爬梯

12．下列关于悬臂浇筑施工风险控制措施的论述，错误的是（　　　）。

A．挂篮加工完成后应先进行试拼

B．挂篮拼装时应两边对称进行

C．浇筑墩顶段（0号段）混凝土前应对托架模板进行检验和预压

D．预压的目的是消除杆件弹性变形和地基沉降

13．下列关于架桥机施工风险控制措施的论述，错误的是（　　　）。

A．架梁时其电源必须设专人进行控制并设合格的专职电工

B．向全体作业人员（含机械操作工）进行安全技术交底

C．架桥机纵向移动在充分准备情况下可以经过二次到位

D．架桥机应设置避雷装置

14．隧道工程洞口失稳控制措施中错误的开挖控制措施是（　　　）。

A．控制开挖量等减少围岩扰动

B．采用台阶开挖时第一步开挖的台阶高度不宜超过1/4的开挖高度

C．临时支护拆除后，及时施做二次衬砌

D．超前支护应及时到位，中间围岩开挖后及时封闭初期支护

15．安全带使用论述错误的是（　　　）。

A．安全带应高挂低用　　　　　　　B．安全带使用前应检查

C．安全带有效长度应大于2m　　　　D．安全带的各部件不得随意更换或拆除

二　多项选择题

1．应急救援预案按类别分有（　　　）。

A．综合应急预案　　　　　　　　　B．企业级应急预案

C．专项应急预案　　　　　　　　　D．项目级应急预案

E．现场处置方案

2．根据《公路水运工程安全生产监督管理办法》（交通运输部令2017年第25号），
（　　　）在投入使用前，应当组织有关单位进行验收，或者委托具有相应资质的检验检测
机构进行验收，验收合格后方可使用。

A．翻模　　　　　　　　　　　　　B．施工测量仪器

C．挂篮　　　　　　　　　　　　　D．滑模

E．爬模

3．下列关于安全带使用的论述，正确的有（　　　）。

A．严禁安全绳用作悬吊绳

B. 安全带应低挂高用并应扣牢在牢固的物体上

C. 安全带的安全绳不得打结使用，安全绳上不得挂钩

D. 缺少或不易设置安全带吊点的工作场所宜设置安全带母索

E. 安全带的各部件不得随意更换或拆除

4. 特种设备使用的相关记录有（　　）。

A. 特种设备日常使用状态记录　　　　B. 特种设备维护保养记录

C. 特种设备检查记录　　　　　　　　D. 特种设备运行故障和事故记录

E. 不定期检验整改记录

5. 公路施工现场触电事故预防管理措施有（　　）。

A. 必须采用 TN-S 接零保护系统

B. 必须采用三级配电系统

C. 必须采用二级保护系统

D. 必须采用优化配电线路的原则

E. 用电设备使用坚持"一机、一闸、一漏、一箱"

6. 根据《公路工程施工安全技术规范》JTG F90—2015，需编制专项施工方案的大型临时工程有（　　）。

A. 围堰工程　　　　　　　　　　　　B. 挂篮

C. 便桥　　　　　　　　　　　　　　D. 施工便涵

E. 水上作业平台

【1B420050　答案与解析】

一、单项选择题

1. B；　　2. A；　　*3. C；　　4. D；　　5. A；　　*6. D；　　7. B；　　8. A；

*9. B；　　10. C；　　11. D；　　12. D；　　13. C；　　14. B；　　15. C

【解析】

3. C：

一般风险是指一定条件下易导致较大安全事故的风险。

6. D：

参加应急预案评审的人员应当包括有关安全生产及应急管理方面的专家，且评审人员与施工单位有利害关系的，应当回避。

9. B：

基坑外堆土时，堆土应距基坑边缘 1m 以外，堆土高度不得超过 1.5m。

二、多项选择题

1. A、C、E；　　　*2. A、C、D、E；　　3. A、C、D、E；　　4. A、B、C、D；

5. A、B、C、E；　　6. A、B、C、E

【解析】

2．A、C、D、E：

设备进场验收登记制度。翻模、滑（爬）模等自升式架设设施，以及自行设计、组装或者改装的施工挂（吊）篮、移动模架等设施在投入使用前，施工单位应当组织有关单位进行验收，或者委托具有相应资质的检验检测机构进行验收。验收合格后方可使用。

1B420060 公路工程施工合同管理

复习要点

1．公路项目的合同体系结构

业主和承包人依法签订的施工合同是"核心合同"，业主处于合同体系中的"核心位置"。承包商把从业主那里承接到的工程中的某些分项工程或工作分包给另一承包商来完成，则要与其他承包商（即分包人）签订分包合同。在投标书中，承包商必须附上拟定的分包内容，供业主审查。

2．公路项目施工合同的履行与管理方法

组成合同的各项文件应互相解释，互为说明。解释合同文件的优先顺序如下：合同协议书及各种合同附件（含评标期间和合同谈判过程中的澄清文件和补充资料），中标通知书，投标函及投标函附录，项目专用合同条款，公路工程专用合同条款，通用合同条款，技术规范，图纸，已标价工程量清单，承包人有关人员、设备投入的承诺及投标文件中的施工组织设计，其他合同文件。

合同履行时，应严格按照施工合同的规定履行各自的义务。业主履行合同是承包商履行合同的基础。

3．公路工程分包合同管理

分包工程的管理包括严格履行开工申请手续，将分包工程列入工地会议议程，检查核实分包人实施分包工程的主要人员与施工设备，对分包工程实施现场监督检查。

4．施工阶段工程变更的管理

工程变更是合同变更的一种特殊形式，包括设计变更、进度计划变更、施工条件变更以及原招标文件和工程量清单中未包括的"新增工程"。变更工程的单价原则，其一是约定优先原则，其二是公平合理原则。变更引起价格调整的约定主要有：直接套用有单价支付项，间接套用原单价，重新定价。

5．公路项目施工索赔管理

施工合同索赔是指在施工合同履行过程中，合同一方因对方不履行或不适当履行合同义务而遭受损失时向对方提出的价款与工期补偿的要求。索赔是双向的，它既包括承包商向业主提出的索赔，也包括业主向承包商提出的索赔。承包商的索赔一般是关于工期、质量和价款的争议，业主向承包商的索赔一般是承包商承建项目未达到规定质量标准、工程拖期等原因引起。

一 单项选择题

1. 公路工程合同体系中处于核心位置的是（　　）。
   A. 业主　　　　　　　　　　　　B. 承包人
   C. 监理人　　　　　　　　　　　D. 政府

2. 公路工程合同体系中的核心合同是（　　）。
   A. 勘察合同　　　　　　　　　　B. 设计合同
   C. 施工合同　　　　　　　　　　D. 供货合同

3. 承包商履行合同的基础是（　　）。
   A. 与供货商签订合同　　　　　　B. 业主履行合同
   C. 协调现场周边环境　　　　　　D. 如期进入现场

4. 分包工程中的关系是（　　）。
   A. 发包人与分包人有合同关系　　B. 承包人与分包人有合同关系
   C. 监理人与分包人有合同关系　　D. 监理人与分包人有监理关系

5. 根据《公路工程标准施工招标文件》，① 中标通知书；② 合同协议书；③ 技术规范；④ 项目专用合同条款，这四项合同文件解释的优先顺序是（　　）。
   A. ①③②④　　　　　　　　　　B. ④②③①
   C. ②①④③　　　　　　　　　　D. ③②①④

6. 下列有关专业分包的规定，错误的是（　　）。
   A. 所有专业分包计划和专业分包合同须报监理人审批，并报发包人核备
   B. 专业分包工程不得再次分包
   C. 专业分包人应具备相应的专业承包资质
   D. 专业分包人应将其专业分包工程的施工组织设计和施工安全方案报承包人批准

7. 具有劳务用工主体资格的是（　　）。
   A. 项目经理　　　　　　　　　　B. 项目经理部
   C. 施工班组　　　　　　　　　　D. 承包人

8. 工程变更通常实行分级审批管理制度，一般工程变更由（　　）签署工程变更令。
   A. 驻地监理工程师　　　　　　　B. 总监理工程师
   C. 业主　　　　　　　　　　　　D. 国家计划主管部门

9. 变更工程的单价原则，其一是（　　），其二是公平合理原则。
   A. 发包人最终确定原则　　　　　B. 约定优先原则
   C. 监理工程师审批原则　　　　　D. 协商一致原则

10. 因建设单位提交图纸不及时造成施工单位工期和费用的损失，施工单位能索赔

（　　）。

    A．工期   B．费用

    C．工期和费用   D．工期和费用以及利润

11．施工合同索赔是指在施工合同履行过程中，合同一方因对方不履行或不适当履行合同义务而遭受损失时向对方提出的价款补偿与（或）（　　）补偿的要求。

    A．工期   B．计日工

    C．人员工资   D．机械台班

12．由于铁路运输部门原因，承包方机械未按期运入现场，导致工期延误，该种工期延误属于（　　）延误。

    A．可原谅，可补偿   B．可原谅，不可补偿

    C．不可原谅，可补偿   D．不可原谅，不可补偿

二　多项选择题

1．工期延误按索赔结果分为（　　）延误。

    A．可原谅，可补偿   B．可原谅，不可补偿

    C．不可原谅   D．关键性

    E．非关键性

2．建立完整的合同管理制度包括（　　）。

    A．合同审查批准制度   B．合同档案管理制度

    C．合同管理绩效考核制度   D．合同管理的公证制度

    E．印鉴及证书管理使用制度

3．根据交通运输部《公路工程施工分包管理办法》规定，下列专业分包的说法中，错误的有（　　）。

    A．分包单位由业主（发包人）或监理人选择

    B．分包合同须事先征得监理人的审批

    C．承包人可以在中标后的合同履行期间提出专业分包的申请

    D．若因非分包人原因造成分包人的损失，分包人有权向监理人提出索赔要求

    E．分包人的违约行为承包人可以不需向分包人承担责任

4．下列有关劳务分包的规定，正确的有（　　）。

    A．劳务分包人应具有劳务分包资质，劳务分包属于雇佣民工

    B．劳务分包人应与承包人的项目部签订劳务分包合同

    C．承包人应向发包人和监理人提交劳务分包合同副本

    D．承包人应就劳务分包报项目所在地劳动保障部门备案

    E．承包人雇佣的劳务作业人员应加入到承包人的施工班组统一管理

5．公路工程变更包括（　　）。

A．设计变更

B．进度计划变更

C．施工条件变更

D．人员资质变更

E．原招标文件和工程量清单中未包括的"新增工程"

6. 原定正常的施工条件具体包括（　　）。

A．原定工作地点的组织　　　　　　B．原定施工人员编制

C．原定工作组成　　　　　　　　　D．原定定额的编制方案

E．原定时间定额

7. 除专用合同条款另有约定外，因变更引起的价格调整约定有（　　）。

A．如果取消某项工作，则该项工作的总额价不予支付

B．已标价工程量清单中有适用于变更工作的子目的，采用该子目的单价

C．已标价工程量清单中无适用于变更工作的子目、但有类似子目的，可在合理范围内参照类似子目的单价，由监理工程师按合同约定商定或确定变更工作的单价

D．已标价工程量清单中无适用或类似子目的单价，可在综合考虑承包人在投标时所提供的单价分析表的基础上，由监理人按合同约定商定或确定变更工作的单价

E．如果本工程的变更指示是因双方过错或双方责任造成的，则发包人只承担 50% 这种引起的任何额外费用

【1B420060　答案与解析】

一、单项选择题

*1. A；　*2. C；　3. B；　4. B；　5. C；　6. D；　7. D；　8. B；

*9. B；　10. D；　*11. A；　12. B

【解析】

1. A：

业主处于合同体系中的"核心位置"。

2. C：

业主和承包人签订的施工合同是"核心合同"。

9. B：

变更工程的单价原则，其一是约定优先原则，其二是公平合理原则。

11. A：

施工索赔是指在施工合同履行过程中，合同一方因对方不履行或不适当履行合同义务而遭受损失时向对方提出的价款与工期补偿的要求。

二、多项选择题

1. A、B、C;　　　2. A、B、C、E;　　　3. A、C、D、E;　　　4. C、D、E;
*5. A、B、C、E;　6. A、B、C;　　　*7. A、B、C、D

【解析】

5. A、B、C、E:

工程变更包括设计变更、进度计划变更、施工条件变更以及原招标文件和工程量清单中未包括的"新增工程"。

7. A、B、C、D:

E项错,应该是:"如果本工程的变更指示是因承包人过错、承包人违反合同或承包人责任造成的,则这种违约引起的任何额外费用应由承包人承担。"

1B420070　公路项目施工成本管理

复习要点

公路工程项目施工成本管理是以公路施工项目为对象,以价值规律为指导,以成本预测、计划、控制、核算、分析和考核为内容,运用一系列的专门手段和方法,对公路工程施工项目的生产经营活动进行指导、协调、监督和控制的一种经济管理活动。

1. 公路项目施工成本管理的内容

施工项目成本管理的内容有:成本预测、成本计划编制、成本控制、成本核算、成本分析、成本考核。

编制施工成本计划的关键是确定责任目标成本,这是成本计划的核心。工程项目施工成本计划应在项目经理的组织和主持下,根据合同文件、企业下达的责任目标成本、企业施工定额、经优化选择的施工方案以及生产要素成本预测信息等进行编制。

2. 公路项目标后预算编制

标后预算是在施工企业中标后、施工前编制的施工预算。它是在中标的合同工程量清单(以下称主合同工程量清单)基础上,将企业费用和项目施工费用重新分解后计算的项目施工总费用,包括直接工程费和其他工程费以及现场管理费。标后预算按照不同的管理阶段,可以分为项目预算(直接)成本、计划预算(直接)成本、实际预算(直接)成本等。

3. 公路项目施工成本控制方法

公路项目施工成本控制的方法很多,主要有四种:以目标成本控制成本支出,以施工方案控制资源消耗,用净值法进行工期成本的同步控制,运用目标管理控制工程成本。

4. 公路项目施工成本核算

施工成本核算的内容有:人工费的核算,材料费的核算,机械使用费的核算,其他直接费的核算,间接费用的核算。

1. 成本计划的核心是（　　）。
   A．全面成本管理　　　　　　　　B．确定责任目标成本
   C．科学管理成本　　　　　　　　D．有效管理成本

2. 根据年度生产计划中计划的工程量和标后预算清单单价计算的预算成本是（　　）。
   A．项目预测成本　　　　　　　　B．项目预算成本
   C．计划预算成本　　　　　　　　D．实际预算成本

3. 工程项目成本计划应在（　　）的组织和主持下编制。
   A．公司总经济师　　　　　　　　B．公司造价师
   C．项目经理　　　　　　　　　　D．项目造价师

4. 不属于独立大（中）桥工程成本对象的是（　　）。
   A．桥头引道　　　　　　　　　　B．桥基础工程
   C．通道与立交　　　　　　　　　D．调治及其他工程

5. 施工企业编制公路项目施工成本计划的关键是（　　）。
   A．优化施工方案，确定计划工程量
   B．计算计划成本总降低额和降低率，确定责任目标成本
   C．依据市场生产要素价格信息，确定施工预算成本
   D．施工预算成本与责任目标成本比较，确定计划成本偏差

6. （　　）作为现场施工成本控制的目标。
   A．现场施工成本偏差　　　　　　B．现场施工成本降低额
   C．现场施工计划成本　　　　　　D．现场施工成本降低率

7. 对材料进行数量控制的主要方法是（　　）。
   A．减少材料购买量　　　　　　　B．控制场外运输损耗
   C．控制保管损耗　　　　　　　　D．实行"限额领料"

8. 进行工期和成本的同步控制的方法是（　　）。
   A．偏差分析法　　　　　　　　　B．净值法
   C．控制消耗法　　　　　　　　　D．限额领料法

9. 施工成本管理的正确流程是（　　）。
   A．成本控制—成本分析—成本核算　　B．成本控制—成本核算—成本分析
   C．成本核算—成本分析—成本控制　　D．成本分析—成本控制—成本核算

10. 下列关于降低公路工程项目施工成本的方法和途径的说法，错误的有（　　）。
    A．进行合同交底是降低成本的关键之一
    B．制定先进的、经济合理的施工方案是降低成本的关键之一
    C．提高机械利用率是降低成本的关键之一
    D．组织顺序施工以便减少资源投入以及放慢施工进度是降低成本的关键之一

1. 公路工程项目施工成本管理的内容有（　　）。
   A. 成本预测
   B. 成本计划编制
   C. 成本控制
   D. 成本核算
   E. 成本总结

2. 标后预算按照不同的管理阶段分为（　　）。
   A. 项目估算（直接）成本
   B. 项目预算（直接）成本
   C. 计划预算（直接）成本
   D. 实际预算（直接）成本
   E. 实际决算（直接）成本

3. 自有机械可变费用包括（　　）。
   A. 燃、油料费
   B. 机驾人员工资
   C. 电费
   D. 养路费及车船使用税
   E. 折旧费

4. 在公路项目施工中，控制材料成本的方法有（　　）。
   A. 以预算价格来控制材料的采购成本
   B. 编制材料需要量计划和建立材料消耗台账
   C. 控制工序施工质量，争取一次合格
   D. 提高水泥、钢筋等主要材料的回收再利用率
   E. 实行限额领料，控制材料领用数量

5. 成本目标通常以（　　）来定量地表示。
   A. 控制项目总成本额
   B. 控制项目的人工消耗率
   C. 项目成本总降低额
   D. 控制项目的材料节约率
   E. 项目成本总降低率

6. 施工成本核算的内容有（　　）。
   A. 人工费核算
   B. 材料费核算
   C. 机械使用费核算
   D. 其他直接费核算
   E. 规费核算

【1B420070　答案与解析】

一、单项选择题

*1. B;　　2. C;　　3. C;　　4. C;　　5. B;　　*6. C;　　7. D;　　8. B;
9. B;　　10. D

【解析】

1. B：

编制施工成本计划的关键前提是确定责任目标成本，这是成本计划的核心。

6. C：

通过施工预算成本的计算与平衡之后，形成的现场施工计划成本，作为现场施工成本控制的目标。

二、多项选择题

1. A、B、C、D；　2. B、C、D；　　3. A、B、C、D；　*4. A、B、C、E；

*5. C、E；　　　　6. A、B、C、D

【解析】

4. A、B、C、E：

对材料成本控制，一是要以预算价格来控制材料的采购成本；二是对材料的数量控制。在工程项目的施工过程中，每月应根据施工进度计划，编制材料需用量计划，建立材料消耗台账，同时通过实行"限额领料"来控制材料领用数量，并控制工序施工质量，争取一次合格，避免因返工而增加材料损耗。

5. C、E：

成本目标通常以项目成本总降低额和降低率来定量地表示。

1B420080　公路工程造价管理

复习要点

1. 公路工程工程量清单计价的应用

工程量清单，又叫工程数量清单，它是工程招标及实施工程时计量与支付的重要依据，在工程实施期间，对工程费用起控制作用。工程量清单中的每一个子目，不论工程数量是否标出，都须填入单价或总额价。投标时没有填入单价或总额价的子目，其费用应视为已分配在工程量清单的其他单价或总额价之中。符合合同条件规定的项目若没列子目，其费用应视为已分摊在本合同工程的有关子目的单价或总额价之中。

2. 投标阶段合同价的确定

投标报价的组成主要有直接成本费、间接成本费、利润、规费、税金和风险费等。投标报价计算有工料单价计算法和综合单价计算法两种。标价分析评估可以从标价的宏观审核、标价的动态分析、标价的盈亏分析这三个方面进行。报价中的清单复核有清单项目完整性复核，清单项目一致性复核，清单工程量准确性复核。

3. 公路工程计量管理

计量是按照技术规范所规定的方法对承包人符合要求的已完工程的实际数量所进行的测量、计算、核查和确认的过程。无论当地的习惯如何（除非合同中另有规定），计量必须以净值为准。计量管理的内容有落实计量职责，做好计量记录，计量分析，还包括计量争端的协调与处理。

4. 公路工程施工进度价款的结算

工程价款的主要结算方式有：按月结算，竣工后一次结算，分段结算，目标结算方式，双方约定的其他结算方式。工程进度款付款周期同计量周期，即单价子目按月支付，总价子目按批准的支付分解报告确定的周期支付。进度付款证书和支付时间是监理人在收到承包人进度付款申请单以及相应的支持性证明文件后的14d内完成核查，发包人应在监理人收到进度付款申请单后的28d内，将进度应付款支付给承包人。原工程量清单工程数量为合同数量，根据监理工程师确认计量的数量，即实际完成数量对合同价款进行调整。

工程价款价差调整的主要方法有造价指数调整法，实际价格调整法，调价文件计算法，调值公式法。在送交投标文件截止期前28d之后，国家或省颁布的法律、法规出现变更造成承包人在履行合同中的费用发生人工费材料费以外的增加或减少，监理人在与承包人协商并报经业主批准后确定，从合同总价中增加或扣除。承包人原因造成工期拖延期间的当期价格调整指数采用原合同交工日期年份的价格指数，非承包人原因延长工期时采用延长的交工日期所在年份的价格指数。

5. 公路工程合同价款支付

按时间分类支付分为预先支付（即预付）、期中支付、交工结算、最终结清四种。按支付内容可分为工程量清单内付款和工程量清单外付款，即基本支付和附加支付。交工支付和最终支付时间规定与进度款相似，差别是发包人应在收到监理人核查完成后14d内审核完毕由监理人出具付款证书，发包人应在监理人出具付款证书的14d内，将应支付款支付给承包人。逾期付款违约金是对业主的一种约束，表现为支付利息。预付款的形式有开工预付款和材料预付款，应注意预付与扣回的时间点和数量，尤其价格调整时的调价部分的进度款金额不能与预付款相联系。

6. 公路工程竣工结算文件的编制

工程施工结算的主要依据有国家和地方有关主管部门颁发的有关工程造价编制、管理方面的文件，工程承包合同，合同条款，技术规范，工程量清单，设计图纸，计量的工程量，日常施工记录等。工程量清单内结算的费用项目包括月进度付款、计日工、暂列金额、暂估价。工程量清单外，合同内结算的费用项目包括预付款、质量保证金、工程变更费用、价格调整费用、逾期交工违约金、提前竣工奖金、迟付款付息、索赔费用等。

一 单项选择题

1. 下列关于工程量清单的说法，错误的是（　　　）。

A. 工程量清单是一份以一定计量单位说明工程实物数量的明细文件

B. 工程量清单是招投标文件和合同文件的重要组成部分

C. 工程量清单各章编号应和技术规范相应章节编号一致

D. 工程量清单中所列工程数量是承包人应予完成的实际工程量

2. 公路工程工程量清单的数量是（　　）。

    A. 实际数量   B. 支付数量

    C. 计量数量   D. 估计数量

3. 下列不属于工程量清单汇总表内容的是（　　）。

    A. 暂列金额   B. 计日工合计

    C. 投标报价   D. 单价和单价分析

4. 下列关于工程量清单的编写说法，错误的是（　　）。

    A. 清单说明主要说明在编制工程量清单时应遵守的规定及注意事项

    B. 不同种类的工作应分别列出项目

    C. 同一性质但施工部位或条件不同的工作应分别列出项目

    D. 劳务和施工机械两个计日工表的计量（或计价）单位是"日"

5. 招标的工程量清单是一份以一定计量单位说明工程实物（　　）的文件。

    A. 数量   B. 质量

    C. 总量   D. 价格

6. 已标价的工程量清单是一份以一定计量单位说明工程实物（　　）的文件。

    A. 数量   B. 质量

    C. 总量   D. 价格

7. 公路工程工程量清单编写的工程细目，根据工程的不同部位分为总则、路基、路面、桥梁涵洞、隧道、预埋管线、绿化、环境保护和（　　）部分。

    A. 机械设备   B. 租赁设备

    C. 安全设施   D. 暂定金额

8. 工程进度款支付一般按月进行结算，但规定了每月工程量最低支付限额的百分数；竣工时进行竣工结算，这种结算方式是（　　）。

    A. 按月结算   B. 按工程量结算

    C. 竣工后一次结算   D. 双方约定的其他结算方式

9. 按照合同支付方式，《公路工程标准施工招标文件》的施工合同是（　　）。

    A. 单价合同   B. 固定总价合同

    C. 可调总价合同   D. 成本加酬金

10. 某工程 2014 年签合同时，2014 年相对于 2013 年的材料综合物价指数为 110%，2015 年相对于 2014 年的材料综合物价指数为 132%，计算 2015 年 1000 万元材料费的实际结算价为（　　）万元。

    A. 1100   B. 1200

    C. 1320   D. 1452

11. 营改增后，城市维护建设税及教育费附加在（　　）中计取。

A. 增值税   B. 规费

C. 其他工程费   D. 企业管理费

12. 发包人应在收到增值税发票且监理人出具交工付款证书的（　　）d 内，将应支付款支付给承包人。发包人不按期支付的，按合同条款的约定，将逾期付款违约金支付给承包人。

A. 7   B. 14

C. 21   D. 28

13. 调值公式中 P_0 的包含内容是（　　）。

A. 索赔款   B. 预付款

C. 扣除的质保金   D. 工程进度款

14. 某工程合同价为 500 万元，合同价的 60% 为可调部分。可调部分，人工费占 35%，材料费 55%，其余占 10%。结算时，人工费价格指数增长 10%，材料费价格指数增长 20%，其余未发生变化。按照调值公式法计算，该工程的结算工程价款为（　　）万元。

A. 610.00   B. 543.50

C. 511.25   D. 500.00

15. 按照 2018 版交通运输部标准文件规定，下列内容能计量的是（　　）。

A. 模板   B. 弃土场排水沟

C. 脚手架   D. 弃土压实

16. 当材料、设备已用于或安装在永久工程之中时，材料、设备预付款应从进度付款证书中扣回，扣回期不超过（　　）个月。

A. 1   B. 2

C. 3   D. 4

17. 在调值公式：$P = P_0(a_0 + a_1 A/A_0 + a_2 B/B_0 + a_3 C/C_0 + \cdots\cdots)$ 中，a_0 的含义是（　　）。

A. 固定要素   B. 合同价款中工程预算进度款

C. 基期价格指数   D. 现行价格指数

二 多项选择题

1. 公路项目工程量清单单价应包括的费用有（　　）。

A. 人工费   B. 管理费

C. 利润   D. 暂定金额

E. 计日工

2. 公路项目工程量清单是（　　）。

A. 合同文件的组成部分   B. 工程价款结算清单

C. 招投标文件的组成部分 　　　　　　D. 索赔的依据

E. 拟建项目实际工程量的汇总

3. 根据《公路工程标准施工招标文件》，除合同另有规定外，已标价的工程量清单综合单价均已包括了为实施和完成合同工程所需的（　　　）费用。

A. 质量缺陷修复费 　　　　　　　　　B. 安全生产费

C. 税费 　　　　　　　　　　　　　　D. 勘察设计费

E. 施工人员保险费

4. 计日工是指在工程实施过程中，业主有一些临时性的或新增加的项目需要按计日（或计量）使用人工和（　　　）所需的费用。

A. 材料 　　　　　　　　　　　　　　B. 延长工期

C. 风险 　　　　　　　　　　　　　　D. 资金周转

E. 施工机械

5. 根据《公路工程建设项目概算预算编制办法》（2018 版），措施费（原称为其他工程费）中施工辅助费包括（　　　）。

A. 机械工具使用费 　　　　　　　　　B. 勘察试验费

C. 工程定位复测费 　　　　　　　　　D. 工程点交、场地清理费

E. 临时水井、水塔修建费

6. 工程价款价差调整的主要方法有（　　　）几种。

A. 调值公式 　　　　　　　　　　　　B. 调价文件计算

C. 预算价格调整 　　　　　　　　　　D. 实际价格调整

E. 工程造价指数调整

7. 按时间分类，支付可分为（　　　）。

A. 预先支付 　　　　　　　　　　　　B. 期中支付

C. 交工结算 　　　　　　　　　　　　D. 竣工支付

E. 最终结清

8. 按支付内容分类，支付可分为（　　　）。

A. 进度款支付 　　　　　　　　　　　B. 基本支付

C. 附加支付 　　　　　　　　　　　　D. 材料款支付

E. 开工预付款支付

【1B420080　答案与解析】

一、单项选择题

1. D；　2. D；　3. D；　4. D；　*5. A；　*6. D；　7. C；　8. D；　9. A；
*10. D；　*11. D；　*12. B；　13. D；　*14. B；　15. B；　16. C；　17. A

【解析】

5. A：

招标的工程量清单只有数量表示，无价格和质量，数量概念比总量更好。

6. D：

投标时已标价的工程量清单主要是表示工程实物的价格，而非偏重数量。

10. D：

$1000 \times 1.1 \times 1.32 = 1452$ 万元。

11. D：

根据2016年5月1日施行的《公路工程营业税改征增值税计价依据调整方案》第二条第（二）目规定，企业管理费中的税金系指企业按规定缴纳的房产税、车船使用税、土地使用税、印花税、城市维护建设税及教育费附加等。城市维护建设税及教育费附加已含在调整后的企业管理费基本费用费率中，不另行计算。《公路工程建设项目概算预算编制办法》（2018版）第3.1.7也有相关规定，企业管理费中的基本费用所指的税金含城市维护建设税及教育费附加。

12. B：

根据交通运输部2018版标准文件17.5的规定，发包人应在收到增值税发票且监理人出具交工付款证书后的14d内，将应支付款支付给承包人。发包人不按期支付的，按约定，将逾期付款违约金（即单利）支付给承包人。

14. B：

$500 \times （0.4 + 0.6 \times 0.35 \times 1.1 + 0.6 \times 0.55 \times 1.2 + 0.6 \times 0.1 \times 1） = 543.5$ 万元。

二、多项选择题

*1. A、B、C；   2. A、C、D；   3. A、C、E；   *4. A、E；
*5. C、D；   6. A、B、D、E；   7. A、B、C、E；   8. B、C

【解析】

1. A、B、C：

公路工程工程量清单计价应采用"全费用综合单价"计价（又称全部综合单价），全费用综合单价包括了为实施和完成合同工程所需的劳务、材料、机械、质检（自检）、安装、缺陷修复、管理、保险、税费、利润等费用，以及合同明示或暗示的所有责任、义务和一般风险。

4. A、E：

计日工是指在工程实施过程中，业主有一些临时性的或新增加的项目需要按计日（或计量）使用人工、材料和施工机械所需的费用。

5. C、D：

《公路工程建设项目概算预算编制办法》（2018版）3.1.6条的第6点，措施费（原称为其他工程费）中施工辅助费包括生产工具用具使用费、检验试验费和工程定位复测、工程点交、场地清理等费用。

1B420090 公路工程施工现场临时工程管理

复习要点

1. 项目部驻地选址、场地建设以及硬件设施建设的相关要求。重点关注涉及安全、施工方便、环保等方面的要求。

2. 预制梁场布设包括场地选址、场地布置以及建设要求等。以方便、合理、安全、经济及满足工期为原则来选址。预制场的布置取决于现场的面积、地形、工程规模、安装方法、工期及机械设备情况等，条件不同，布置方法差异较大。

3. 在公路工程中设置的拌合站分水泥混凝土拌合站、沥青混合料拌合站和稳定土拌合站，应满足用地合法，周围无塌方、滑坡、落石、泥石流、洪涝等地质灾害。

4. 施工便道建设应满足施工需要，尽量结合地方道路规划进行专项设计，尽可能提前实施，完工后尽量留地方使用。新建便道、便桥应尽量不占用农田，少开挖山体，节约资源，保护环境。

一 单项选择题

1. 当设计无规定时，存梁区小箱梁叠存不超过（   ）层。
   A. 3
   B. 2
   C. 4
   D. 5

2. 不属于框架式临时码头特点的是（   ）。
   A. 结构刚度小
   B. 承受水平力强
   C. 适用于水位差较大的河段
   D. 便于设置多层系船平台

3. 下列关于水泥、矿粉、外加剂等库房建设的说法，错误的是（   ）。
   A. 库房的地面一般按照 $1500kg/m^2$ 的承载力标准建设
   B. 不同品种、不同批次、不同生产日期的水泥、矿粉、外加剂应分区堆放
   C. 库房内外加剂的存放高度不应超过 2m
   D. 外加剂存放应紧靠四周墙体

4. 下列关于便桥建设要求的说法，错误的是（   ）。
   A. 便桥结构按照实际情况专门设计，同时应满足排洪要求
   B. 便桥高度不低于上年最高洪水位
   C. 当河窄、水浅时可选用易于拆散、组建的浮桥
   D. 墩架式梁桥基础常采用混凝土基础和钢桩基础

5. 在公路工程中设置的拌合站不包括（   ）。
   A. 水泥混凝土拌合站
   B. 沥青混合料拌合站

C. 水稳拌合站　　　　　　　　　　　D. 稳定土拌合站

6. 下列关于预制梁板台座施工的说法，错误的是（　　　　）。

A. 先张法施工的张拉台座采用钢筋混凝土框架式台座

B. 台座施工时底模可采用混凝土底模

C. 存梁区台座混凝土强度等级不低于 C20

D. 台座底模宜采用通长钢板

7. 项目选址必须离集中爆破区（　　　　）m 以上。

A. 200　　　　　　　　　　　　　　B. 300

C. 400　　　　　　　　　　　　　　D. 500

8. 预制梁场场地建设前施工单位应将梁场的布置方案报（　　　　）审批。

A. 监理单位　　　　　　　　　　　B. 勘察单位

C. 设计单位　　　　　　　　　　　D. 业主单位

9. 在便桥的选择中，当遇到深山峡谷时应选用（　　　　）。

A. 墩架梁桥　　　　　　　　　　　B. 贝雷桥

C. 索桥　　　　　　　　　　　　　D. 浮桥

二　多项选择题

1. 公路工程施工中修建便桥的类型一般有（　　　　）。

A. 拱桥　　　　　　　　　　　　　B. 墩架式梁桥

C. 浮桥　　　　　　　　　　　　　D. 贝雷桥

E. 索桥

2. 凡用于工程的砂石料应按（　　　　）分仓存放。

A. 配料要求　　　　　　　　　　　B. 不同价格

C. 不同粒径　　　　　　　　　　　D. 不同重量

E. 不同品种

3. 场地建设前施工单位应将梁场布置方案报监理工程师审批，方案内容应包含各类型梁板的（　　　　）。

A. 台座数量　　　　　　　　　　　B. 模板数量

C. 生产能力　　　　　　　　　　　D. 最大存梁能力

E. 生产成本

4. 在拌合站设置要求中，针对拌合设备的要求正确的是（　　　　）。

A. 混凝土拌合应采用强制式拌合机，单机生产能力不宜低于 $90m^3/h$

B. 水、外掺剂可采用流量或人工计量方式

C. 沥青混合料采用间歇式拌合机

D. 拌合站计量设备应通过当地有关部门标定后方可投入生产

E. 拌合站应根据拌合机的功率配备相应的备用发电机

5. 梁板预制完成后，移梁前应对梁板喷涂统一标识和编号，标识内容包括（　　）。

A. 预制时间　　　　　　　　　　B. 预制造价

C. 施工单位　　　　　　　　　　D. 梁体编号

E. 部位名称

6. 下列关于便桥建设的说法，错误的是（　　）。

A. 当河窄、水浅可选用墩架梁桥

B. 当河宽且具备贝雷桁架部件可选用贝雷桥

C. 当遇到深山峡谷可选用浮桥

D. 当河水深、河床泥土松软、桩基承载力不够时，可选用墩架梁桥

E. 任务紧急，临时桥不能短期完成时可选用浮桥

7. 下列关于预制梁板台座布设的说法，错误的有（　　）。

A. 预制梁板的台座强度应满足张拉要求，台座尽量设置在地质较好的地基上

B. 先张法施工的张拉台座可以采用重力式台座

C. 存梁区台座混凝土强度等级不低于 C20

D. 台座底膜可以采用混凝土底模

E. 用于存梁的枕梁应设在离梁两端各 50～80cm

8. 下列关于拌合站选址的说法，正确的是（　　）。

A. 应满足用地合法，周围无塌方、滑坡、落石、泥石流、洪涝等地质灾害

B. 离集中爆破区 500m 以外

C. 不得占用规划的取、弃土场

D. 拌合站选址应根据本合同段的主要构造物分布、运输、通电和通水条件等特点综合选址，尽量靠近主体工程施工部位，做到运输便利，经济合理

E. 尽量设在生活区、居民区的上风向

9. 桥梁预制构件的预制场选择需要考虑的主要因素有（　　）。

A. 现场的地理、地形条件　　　　B. 桥梁的规模及工期

C. 梁的运输与安装　　　　　　　D. 存梁场面积

E. 桥梁施工单位性质

【1B420090　答案与解析】

一、单项选择题

1. B；　*2. A；　3. D；　4. C；　5. C；　6. B；　7. D；　8. A；　9. C

【解析】

2. A：

框架式桩台由框架、纵梁和面板组成，其优点是结构刚度大，承受水平力的能力强，

并便于设置多层系船平台，但结构较复杂，要求施工水位低，适用于水位差较大，作用于码头上的水平力也较大的情况。

二、多项选择题

1. B、C、D、E;　　2. A、C、E;　　*3. A、B、C、D;　　4. A、C、D、E;

5. A、C、D、E;　　6. C、D;　　　7. B、D;　　　　8. A、B、C、D;

9. A、B、C、D

【解析】

3. A、B、C、D:

场地建设前施工单位应将梁场布置方案报监理工程师审批，方案内容应包含各类型梁板的台座数量、模板数量、生产能力、存梁区布置及最大存梁能力等。

1B420100　公路工程施工机械设备的使用管理

复习要点

1. 重点关注公路工程施工机械的性能、生产能力及适用条件。

2. 机械设备能力的有关计算。

3. 主要机械设备的配置与组合，施工机械的选择应与工程的具体实际相适应，所选机械是在具体的、特定的环境条件下作业，这些环境条件包括地理气候条件、作业现场条件、作业对象的土质条件等。合理选择施工机械的依据是：工程量、施工进度计划、施工质量要求、施工条件、现有机械的技术状况和新机械的供应情况等。施工机械的工作参数应注意机械的工作容量、生产率、机械的尺寸、机械的质量、自行式施工机械的移动速度、动力装置类型和功率等。

4. 工程机械的安全生产应作为安全施工的重要组成部分统一管理，机械、生产部门应设立专职机构和人员来负责机械安全生产的管理。

一　单项选择题

1. 相比较而言，适用于100m以内的短距离运土的设备是（　　）。

A. 拖式铲运机　　　　　　　　　B. 自行式铲运机

C. 装载机、翻斗车　　　　　　　D. 推土机

2. 对于土方开挖工程，选择的机械与设备组合最好的是（　　）。

A. 挖掘机、推土机、移动式空气压缩机、凿岩机

B. 推土机、铲运机、挖掘机、装载机和自卸汽车

C. 推土机、挖掘机、装载机和平地机

D. 推土机、铲运机、羊足碾、压路机、洒水车、平地机和自卸汽车

3. 既能适用于黏性土路基施工又能适用于沥青混凝土路面施工的机械是（　　　）。

    A. 静力光轮压路机　　　　　　　　B. 振动压路机

    C. 轮胎压路机　　　　　　　　　　D. 夯实机械

4. 下列关于水泥混凝土拌合设备的说法，错误的是（　　　）。

    A. 水泥混凝土拌合设备分为水泥混凝土搅拌机和水泥混凝土搅拌站两大类

    B. 混凝土搅拌机按其结构形式可分为鼓筒式和强制式两种

    C. 强制式搅拌设备可拌制低塑性混凝土

    D. 强制式搅拌设备用于水泥混凝土路面工程

5. 下列关于沥青混凝土搅拌设备的说法，错误的是（　　　）。

    A. 沥青混凝土搅拌设备分间歇式和连续滚筒式

    B. 强制式就是搅拌机的搅拌叶强制将物料拌合均匀

    C. 自落式的搅拌机是将物料提升到一定高度然后让它自由下落，达到拌合的目的

    D. 高等级公路建设应使用连续滚筒式搅拌设备，强制间歇式搅拌设备用于普通公路建设

6. 桥梁灌注桩钻孔施工，最广泛应用于卵石、漂石地质条件下的施工机械是（　　　）。

    A. 液压循环钻机　　　　　　　　　B. 冲击钻机

    C. 旋挖钻机　　　　　　　　　　　D. 潜水钻机

7. 在间歇式设备生产率计算公式：$Q_j = \dfrac{nG_jK_B}{1000}$ (t/h) 中，其中 n 的含义是（　　　）。

    A. 每拌制一份料的质量　　　　　　B. 时间利用系数

    C. 每小时拌制的份数　　　　　　　D. 设备功率

8. 下列关于沥青混凝土摊铺机的说法，错误的是（　　　）。

    A. 沥青混凝土摊铺机按行走方式分为自行式和拖式

    B. 自行式摊铺机又可分为履带式、轮胎式、复合式三种

    C. 沥青摊铺机生产能力是按照最大摊铺宽度确定

    D. 最大摊铺宽度小于 3600mm 摊铺机主要用于一般公路路面修筑和养护

9. 下列机械属于石方机械的是（　　　）。

    A. 铲运机　　　　　　　　　　　　B. 装载机

    C. 平地机　　　　　　　　　　　　D. 凿岩机械

10. （　　　）可用于路基、砂砾路面的整平及土方工程中场地整形和平地作业，还可用于修整路基的横断面、修刮路堤和路堑的边坡、开挖边沟和路槽等。

    A. 推土机　　　　　　　　　　　　B. 铲运机

    C. 平地机　　　　　　　　　　　　D. 装载机

11. 不属于预应力张拉设备的是（　　　）。

    A. 千斤顶　　　　　　　　　　　　B. 油泵车

    C. 压浆机　　　　　　　　　　　　D. 油表

1. 自行式摊铺机可分为履带式、轮胎式及复合式三种，下列属于轮胎式摊铺机特点的有（　　）。
   A. 行驶速度快
   B. 对地面较高的凸起点适应能力差
   C. 弯道摊铺质量好
   D. 广泛应用于小型自行式摊铺机上
   E. 结构简单，造价低

2. 与轮胎式推土机比较而言，履带式推土机的特点有（　　）。
   A. 运输转移不损坏路面
   B. 爬坡能力强
   C. 附着牵引力大
   D. 行驶速度高
   E. 机动性好

3. 压实机械按压实作用的原理分为（　　）。
   A. 静作用碾压机械
   B. 振动碾压机械
   C. 平板机械
   D. 夯实机械
   E. 轮胎压路机械

4. 专用架桥机可按（　　）的不同进行分类。
   A. 移梁方式
   B. 吊装方式
   C. 导梁形式
   D. 缆索形式
   E. 送梁方式

5. 施工单位采购的机械设备，应当具有（　　）。
   A. 生产（制造）许可证
   B. 产品生产工艺说明书
   C. 产品运输路线图
   D. 产品合格证
   E. 产品价格证明材料

6. 滑模施工的主要设备为（　　）。
   A. 滑移模架
   B. 卷扬机油泵
   C. 钢模板
   D. 凿岩机
   E. 油缸

7. 下列关于桥梁基础施工机械钻孔设备的说法，正确的是（　　）。
   A. 全套管钻机主要用于大型桥梁钻孔桩的钻孔施工
   B. 螺旋钻机用于灌注桩、深层搅拌桩、混凝土预制桩钻打结合法等工艺，适用土质的地质条件
   C. 冲击钻机用于灌注桩钻孔施工，不适用在卵石、漂石地质条件
   D. 回转斗钻机适用于除岩层外的各种土质地质条件
   E. 液压旋挖钻孔机适用于除岩层、卵石、漂石地质外的各种土质地质条件，尤其在市政桥梁及场地受限的工程中使用

【1B420100 答案与解析】

一、单项选择题

1．D；　2．B；　3．A；　4．B；　5．D；　6．B；　*7．C；　8．D；

9．D；　10．C；　11．C

【解析】

7．C：

$$Q_j = \frac{nG_jK_B}{1000}$$

式中　G_j——每拌制一份料的质量（kg）；

n——每小时拌制的份数；

K_B——时间利用系数，$K_B = 0.8\sim0.9$。

$$n = \frac{60}{t_1+t_2+t_3}$$

t_1——搅拌器加料时间（min）；

t_2——混合料搅拌时间（min）；

t_3——成品料卸料时间（min）。

二、多项选择题

1．A、C、E；　　2．B、C；　　*3．A、B、D；　　4．A、C、E；

5．A、D；　　6．A、B、C、E；　　7．A、B、D、E

【解析】

3．A、B、D：

压实机械按压实作用原理分为静作用碾压机械、振动碾压机械和夯实机械三种类型。静作用碾压机械包括各种型号的光轮压路机、轮胎压路机（简称轮胎碾）、羊足压路机（简称羊足碾）、凸块压路机（简称凸块碾）及各种拖式压滚等。振动式碾压机械（简称振动碾）包括各种拖式和自行振动式。夯实机械主要用于夯实土壤，夯实机械又分为冲击夯实和振动夯实两类。

1B430000 公路工程项目施工相关法规及标准

1B431000 公路建设管理法规和标准

1B431010 公路建设法规体系和标准体系

复习要点

1. 公路建设管理法规体系呈梯形，分为二级五层次。

2. 公路工程标准体系范围包括公路工程从规划到养护管理全过程所需要制定的技术、管理与服务标准，也包括相关的安全、环保和经济方面的评价等标准。

3. 公路工程标准体系的主要术语、结构与编号定义。

一 单项选择题

1. 在公路工程体系编号中，由交通部发布的标准编号为（　　　）。
   A. JTJ
   B. JTG
   C. CJJ
   D. JGJ

2. 公路建设管理体系呈梯形，分为（　　　）。
   A. 一级五层次
   B. 二级二层次
   C. 二级五层次
   D. 五级五层次

二 多项选择题

1. 由行政部门发布的标准的体系结构层次为两层，一层为门类，包括综合、基础、勘测、设计、检测、施工、监理、养护管理等规范；另一层为专项内容。以下属于门类的有（　　）。

    A．基础
                    B．勘测

    C．检测
                    D．公路砖石与混凝土桥涵设计规范

    E．公路桥涵地基与基础设计规范

【1B431010　参考答案】

一、单项选择题

1．B；　　2．C

二、多项选择题

1．A、B、C

1B431020　公路建设管理相关规定

复习要点

1．公路工程施工企业资质类别、等级的划分。

2．公路施工企业承包工程范围。

3．公路建设市场管理的相关规定。

4．《公路工程设计施工总承包管理办法》的主要规定。

5．《公路工程施工分包管理办法》的主要规定。

6．公路建设信用信息管理相关规定。

7．公路工程设计变更管理的相关规定

设计变更指自公路工程初步设计批准之日起至通过竣工验收正式交付使用之日止，对已批准的初步设计文件、技术设计文件或施工图设计文件所进行的修改、完善等活动。

公路工程设计变更分为重大设计变更、较大设计变更和一般设计变更。

8．公路工程施工招标投标管理的相关规定。

9．公路验收相关规定

（1）交工验收是检查施工合同的执行情况，评价工程质量是否符合技术标准及设计要求，是否可以移交下一阶段施工或者是否满足通车要求，对各参建单位工作进行初步评价。

（2）竣工验收是综合评价工程建设成果，对工程质量、参建单位和建设项目进行综合评价。

（3）公路工程竣（交）工验收应具备的条件和主要工作内容。

1. 结合公路工程建设特点，公路工程施工企业分为（   ）。
   A. 三类　　　　　　　　　　　　B. 四类
   C. 五类　　　　　　　　　　　　D. 六类

2. 根据国家相关规定，可承担各级公路及其桥梁、长度 3000m 以下的隧道工程的施工总承包的企业是（   ）。
   A. 施工总承包三级　　　　　　　B. 施工总承包二级
   C. 施工总承包一级　　　　　　　D. 施工总承包特级

3. 公路工程施工总承包企业资质可一共分为（   ）。
   A. 二级　　　　　　　　　　　　B. 三级
   C. 四级　　　　　　　　　　　　D. 五级

4. 公路路面工程专业承包企业资质可一共分为（   ）。
   A. 二级　　　　　　　　　　　　B. 三级
   C. 四级　　　　　　　　　　　　D. 五级

5. 公路工程施工企业资质等级不包括（   ）。
   A. 一级公路工程施工总承包　　　B. 三级路面工程专业承包
   C. 三级桥梁工程专业分包　　　　D. 通信、收费综合系统工程分项承包

6. 在公路建设中，应当按照项目管理隶属关系将施工图设计文件报交通运输主管部门审批的是（   ）。
   A. 公路施工单位　　　　　　　　B. 公路监理单位
   C. 公路建设项目法人　　　　　　D. 公路监督单位

7. 根据《公路工程质量监督规定》，负责对公路工程从业单位进行质量监督检查的部门是（   ）。
   A. 建设单位
   B. 交通运输主管部门和其所属的质量监督机构
   C. 监理单位
   D. 勘察设计单位

8. 下列工程任务不得分包的是（   ）。
   A. 勘察工作　　　　　　　　　　B. 设计工作
   C. 施工工作　　　　　　　　　　D. 监理工作

9. 下列属于公路建设市场信用信息中最高信用等级的是（   ）。
   A. AA 级　　　　　　　　　　　　B. A 级
   C. B 级　　　　　　　　　　　　D. D 级

10. 投标行为和履约行为初始分值为 100 分，实行累计扣分制。其中，投标行为占（   ），履约行为占（   ）。

A. 20%　80%　　　　　　　　　　B. 30%　70%

C. 40%　60%　　　　　　　　　　D. 50%　50%

11. 从业单位表彰奖励类良好行为信息主要有（　　　）。

A. 从业单位在从事公路建设活动以及信用信息填报过程中违反有关法律、法规、标准等要求，受到市级及以上交通运输主管部门、与公路建设有关的政府监督部门或机构行政处罚及通报批评的信息

B. 模范履约、诚信经营，受到市级及以上交通运输主管部门、与公路建设有关的政府监督部门或机构表彰和奖励的信息

C. 司法机关、审计部门认定的违法违规信息

D. 被省级及以上交通运输主管部门评价为最低信用等级（D级）的记录

12. 公路施工企业投标行为由（　　　）负责评价，履约行为由（　　　）负责评价，其他行为由（　　　）负责评价。

A. 项目法人、招标人、负责行业监管的相应地方人民政府交通运输主管部门

B. 招标人、项目法人、负责行业监管的相应地方人民政府交通运输主管部门

C. 负责行业监管的相应地方人民政府交通运输主管部门、招标人、项目法人

D. 招标人、负责行业监管的相应地方人民政府交通运输主管部门、招标人

13. 下列关于公路工程施工招标投标的说法，错误的是（　　　）。

A. 需要采用不可替代的专利或者专有技术可以不进行招标

B. 招标人可以实行设计施工总承包招标、施工总承包招标或者分专业招标

C. 公路工程勘察设计和施工监理招标的投标文件应当以双信封形式密封，第一信封内为商务文件和报价文件，第二信封内为技术文件

D. 投标截止后投标人撤销投标文件的，招标人可以不退还投标保证金

14. 下列设计变更属于重大设计变更范畴的是（　　　）。

A. 超过初步设计批准概算

B. 连续长度 2km 以上（10km 以下）的路线方案调整

C. 单项工程费用变化超过 500 万元的变更

D. 变更路面结构类型、宽度和厚度

15. 下列设计变更不属于较大设计变更范畴的是（　　　）。

A. 超过施工图设计批准预算

B. 收费方式及站点位置、规模发生变化

C. 单项工程费用变化超过 500 万元的变更

D. 隧道的数量或方案发生变化

16. 按《公路工程设计变更管理办法》的要求，重大设计变更由（　　　）负责审批。

A. 国务院　　　　　　　　　　　B. 交通运输部

C. 交通运输厅　　　　　　　　　D. 设计院

17. 对于公路工程中出现的一般设计变更的审查，应由（　　　）负责。

A. 建设单位　　　　　　　　　　B. 设计单位

C. 监理单位   D. 交通运输行政主管部门

18. 公开招标与邀请招标在招标程序上的主要不同是（   ）。

    A. 是否进行资格预审   B. 是否组织现场考察

    C. 是否公开开标   D. 是否解答投标单位的质疑

19. 招标人应当将评标结果在招标项目所在地省级交通主管部门政府网站上公示，接受社会监督。公示时间不少于（   ）日。

    A. 7   B. 14

    C. 15   D. 30

20. 招标人应当自确定中标人之日起（   ）日内，将评标报告向规定的备案机关进行备案。

    A. 15   B. 14

    C. 7   D. 28

21. 公路工程招投标过程中，招标人和中标人应当自中标通知书发出之日起（   ）日内订立书面公路工程施工合同。

    A. 15   B. 30

    C. 14   D. 28

22. 由建设单位主持，检查施工合同的执行情况，评价工程质量是否符合技术标准及设计要求，是否可以移交下一阶段施工的阶段称为（   ）。

    A. 竣工验收   B. 交工验收

    C. 中间交工验收   D. 工序验收

23. 在竣工验收质量评定中，工程质量评分小于（   ）分为不合格。

    A. 60   B. 65

    C. 70   D. 75

24. 属于竣工验收主要工作的有（   ）。

    A. 对参建单位进行初步评价

    B. 对工程建设项目进行综合评价

    C. 检查施工合同执行情况

    D. 评价工程质量

25. 公路工程竣工验收的主要目的是综合评价（   ）。

    A. 工程建设成果   B. 施工合同履行情况

    C. 投资落实情况   D. 技术标准执行情况

二 多项选择题

1. 可承担单跨 100m 及以下桥梁工程的施工的企业包括（   ）。

    A. 公路工程施工总承包特级企业   B. 桥梁工程专业承包一级企业

C. 桥梁工程专业承包二级企业   D. 桥梁工程专业承包三级企业

     E. 公路工程施工总承包一级企业

2. 下列叙述行为属于工程转包的有（   ）。

     A. 承包人将承包的全部工程发包给他人的

     B. 承包人将工程分包给不具备相应资格的企业或者个人的

     C. 分包人以他人名义承揽分包工程的

     D. 承包人将合同文件中明确不得分包的专项工程进行分包的

     E. 承包人将承包的全部工程肢解后以分包的名义分别发包给他人的

3. 下列公路工程建设项目中，可以不进行招标的有（   ）。

     A. 需要采用不可替代的专利或者专有技术

     B. 采购人自身具有工程施工或者提供服务的资格和能力，且符合法定要求

     C. 涉及国家安全、抢险救灾或者属于利用贫困资金实行以工代赈，需要使用农民工等特殊情况

     D. 已通过招标方式选定的特许经营项目投资人依法能够自行施工或者提供服务

     E. 采用公开招标方式的费用占项目合同金额的比例过大的项目

4. 下列关于公路施工企业信用评价等级的说法，正确的有（   ）。

     A. 公路施工企业信用评价等级分为 AA、A、B、C、D 五个等级

     B. D 级为最低信用等级

     C. AA 级为信用好

     D. A 级为信用好

     E. C 级为信用较差

5. 公路建设市场信用信息包括公路建设从业单位的（   ）。

     A. 不良行为信息   B. 表彰奖励类良好行为信息

     C. 自有及租赁设备基本情况   D. 资质、资格情况

     E. 信用评价信息

6. 下列关于公路施工企业信用评价规则的说法，正确的有（   ）。

     A. 公路施工企业信用评价工作实行定期评价和动态管理相结合的方式

     B. 评价内容由公路施工企业投标行为、履约行为和其他行为构成

     C. 被 1 个省级交通运输主管部门直接认定为 D 级的企业，其全国综合评价直接定为 D 级

     D. 公路施工企业信用升级实行逐级上升制，每年只能上升一个等级，不得越级

     E. 联合体参与投标时，其信用等级按照联合体各方最低等级认定

7. 公路建设项目投标人以联合体形式投标时，必须遵守的规定包括（   ）。

     A. 联合体协议副本随投标文件一起提交

     B. 联合体各成员出具授权书，授权主办人办理投标事宜

     C. 联合体成员在投标、签约和履行合同过程中，负有连带的和各自的法律责任

     D. 联合体主办人所承担的工程量不低于总工程量的 30%

E. 联合体主办人必须是联合体成员中资质等级最高的

8. 下列关于公路工程施工招标评标的说法，正确的有（　　）。

    A. 公路工程施工招标评标，一般采用合理低价法或者技术评分最低标价法

    B. 技术特别复杂的特大桥梁和特长隧道项目主体工程，可以采用综合评分法

    C. 工程规模较小、技术含量较低的工程，可以采用经评审的最低投标价法

    D. 公路工程施工招标，评标采用综合评估法或者经评审的最低投标价法

    E. 公路工程施工招标评标，必须使用合理低价法

9. 公路工程建设项目验收分为（　　）。

    A. 中间交工验收　　　　　　　　　B. 交工验收

    C. 工序验收　　　　　　　　　　　D. 竣工验收

    E. 工程质量验收

10. 竣工验收委员会的组成包括（　　）。

    A. 交通运输主管部门　　　　　　　B. 公路管理机构

    C. 质量监督机构　　　　　　　　　D. 监理单位

    E. 设计单位

11. 下列情况属于较大变更的是（　　）。

    A. 连续长度 10km 以上的路线方案调整

    B. 特长隧道数量及通风方案发生变化

    C. 路面结构类型、宽度和厚度发生变化

    D. 连续长度 2km 以上路线方案调整

    E. 管理养护和服务设施的数量和规模发生变化

12. 公路工程竣工验收的条件包括（　　）。

    A. 通车试运营 2 年以上

    B. 档案、环保等单项验收合格，土地使用手续已办理

    C. 监理单位对工程质量评定合格

    D. 档案、环保等单项验收合格，土地使用手续已办理

    E. 质量监督机构对工程质量检测鉴定合格，并形成工程质量鉴定报告

13. 在交工验收的时候，监理单位应提交的资料有（　　）。

    A. 独立抽检资料　　　　　　　　　B. 质量评定资料

    C. 监理工作报告　　　　　　　　　D. 自检评定报告

    E. 施工总结报告

【1B431020　答案与解析】

一、单项选择题

1. D；　　2. C；　　3. C；　　4. B；　　5. D；　　*6. C；　　7. B；　　8. D；

9. A；　10. A；　11. B；　12. B；　13. C；　*14. A；　15. B；　*16. B；

*17. A；　18. A；　19. A；　20. A；　21. B；　22. B；　23. D；　24. B；

25. A

【解析】

6. C：

公路建设项目法人应当按照项目管理隶属关系将施工图设计文件报交通运输主管部门审批。施工图设计文件未经审批的，不得使用。

14. A：

有下列情形之一的属于重大设计变更：连续长度10km以上的路线方案调整的；特大桥的数量或结构形式发生变化的；特长隧道的数量或通风方案发生变化的；互通式立交的数量发生变化的；收费方式及站点位置、规模发生变化的；超过初步设计批准概算的。

16. B：

重大设计变更由交通运输部负责审批。较大设计变更由省级交通运输主管部门负责审批。

17. A：

项目法人负责对一般设计变更进行审查，并应当加强对公路工程设计变更实施的管理。

二、多项选择题

1. A、B、C、E；　2. A、E；　　　　3. A、B、C、D；　4. A、B、C、E；

5. A、B、D、E；　6. A、B、D、E；　7. A、B、C、E；　8. A、B、C、D；

9. B、D；　　　　10. A、B、C；　　11. C、D、E；　　12. A、B、D、E；

13. A、B、C

1B432000　公路施工安全生产和质量管理相关规定

1B432010　公路工程施工安全生产相关规定

复习要点

1. 公路工程安全施工生产条件。

2. 公路工程承包安全责任。

3. 公路工程项目施工安全风险评估。

4. 公路工程施工安全事故报告。

1. 若施工单位不按照工程设计图纸或者施工技术标准施工，造成工程质量一般事故的，应（　　）。

    A. 处所涉及单位工程合同价款 2% 的罚款

    B. 处所涉及单位工程合同价款 2% 以上 3% 以下的罚款

    C. 处所涉及单位工程合同价款 3% 以上 4% 以下的罚款

    D. 处 10 万元以上 15 万元以下的罚款

2. 若施工单位未按规定对原材料、混合料、构配件等进行检验，造成工程质量事故的，应（　　）。

    A. 处 1 万元以上 3 万元以下的罚款

    B. 处 10 万元以上 15 万元以下的罚款

    C. 处 15 万元以上 20 万元以下的罚款

    D. 处所涉及单位工程合同价款 3% 以上 4% 以下的罚款

3. 某工程事故造成 3 人死亡，10 人重伤，直接经济损失达 2000 万元，根据《生产安全事故报告和调查处理条例》，该事故等级为（　　）。

    A. 特别重大事故　　　　　　　　　B. 较大事故

    C. 重大事故　　　　　　　　　　　D. 一般事故

4. 总体风险评估等级达到（　　）及以上工程应进行专项风险评估，其他风险等级可视情况开展专项风险评估。

    A. Ⅰ级　　　　　　　　　　　　　B. Ⅱ级

    C. Ⅲ级　　　　　　　　　　　　　D. Ⅳ级

5. 公路水运工程交工验收前，（　　）应当组织对工程质量是否合格进行检测，出具交工验收质量检测报告。

    A. 建设单位　　　　　　　　　　　B. 施工单位

    C. 监理单位　　　　　　　　　　　D. 接养单位

6. 下列不属于交通运输主管部门或者其委托的建设工程质量监督机构可以采取的监督检查方式的是（　　）。

    A. 随机抽查　　　　　　　　　　　B. 固定抽查

    C. 备案核查　　　　　　　　　　　D. 专项督查

7. 下列关于高速公路路堑高边坡工程施工安全风险评估的说法，错误的是（　　）。

    A. 高速公路路堑高边坡工程施工安全风险评估划分为总体风险评估和专项风险评估两个阶段，一般采用专家调查评估法、指标体系法

    B. 总体风险评估结论应作为编制路堑边坡工程施工组织设计的依据

    C. 专项风险评估为在总体风险评估基础上，将风险等级达到高度风险（Ⅱ级）及以上的路堑段作为评估单元，进行风险辨识、分析、估测

D．专项风险评估结论应作为编制或完善专项施工方案的依据

8．总体风险评估工作由（　　）负责组织

  A．监理单位   B．建设单位

  C．交通运输主管部门   D．施工单位

9．专项风险评估工作由（　　）负责组织。

  A．监理单位   B．建设单位

  C．交通运输主管部门   D．施工单位

10．施工单位应当设置安全生产管理机构或者配备专职安全生产管理人员。施工单位应当根据工程施工作业特点、安全风险以及施工组织难度，按照年度施工产值配备专职安全生产管理人员，不足5000万元的至少配备（　　）名。

  A．1   B．2

  C．3   D．5

11．事故发生后，事故现场有关人员应当立即向本单位负责人报告。本单位负责人接到报告后，应当于（　　）h内向事故发生地级县以上人民政府安全生产监督管理部门和负有安全生产监督管理职责的有关部门报告。

  A．1   B．2

  C．4   D．8

12．安全事故自发生之日起（　　）日内，事故造成的伤亡人数发生变化的，应当及时补报。

  A．10   B．20

  C．30   D．40

13．专项风险等级为（　　）级且无法降低时，必须提高现场防护标准，并视情况开展第三方施工监测。

  A．Ⅰ   B．Ⅱ

  C．Ⅲ   D．Ⅳ

二　多项选择题

1．根据直接经济损失或工程结构损毁情况，公路水运建设工程质量事故分为（　　）。

  A．较大质量事故   B．重大质量事故

  C．一般质量事故   D．特大质量事故

  E．特别重大质量事故

2．"四不放过"原则指的是（　　）。

  A．事故原因不查清不放过

  B．事故相关人员没有受到教育不放过

  C．事故责任人没受到处理不放过

D. 没有制定安全生产管理制度不放过

E. 防范类似事故的再次发生的措施没落实不放过

3. 工程质量鉴定报告应当以工程交工质量核验意见为参考，包括（　　）。

A. 交工遗留问题和试运行期间出现的质量问题及整改

B. 主体结构工程实体质量等情况

C. 是否存在影响工程正常使用的质量缺陷

D. 工程质量用户满意度调查

E. 工程质量复测和鉴定结论

4. 下列（　　）设施在投入前，施工单位应组织有关单位进行验收，或者委托具有相应资质的检验检测机构进行验收，验收合格后方可使用。

A. 滑模自升式架设设施　　　　　B. 自行设计的施工挂篮

C. 改装的施工挂篮　　　　　　　D. 移动模架

E. 小型预制件模板

5. 根据《公路桥梁和隧道工程施工安全风险评估指南（试行）》的规定，当隧道工程满足（　　）时，应进行施工安全风险评估。

A. 穿越高地应力区、岩溶发育区、区域地质构造、煤系地层、采空区等工程地质或水文地质条件复杂的隧道，黄土地区、水下或海底隧道工程

B. 浅埋、偏压、大跨度、变化断面等结构受力复杂的隧道工程

C. 长度2000m及以上的隧道工程，Ⅵ、Ⅴ级围岩连续长度超过50m或合计长度占隧道全长的20%及以上的隧道工程

D. 连拱隧道和小净距隧道工程

E. 采用新技术、新材料、新设备、新工艺的隧道工程

6. 生产安全事故等级的划分指标有（　　）。

A. 死亡人数　　　　　　　　　　B. 间接经济损失

C. 直接经济损失　　　　　　　　D. 重伤人数

E. 轻伤人数

【1B432010　参考答案】

一、单项选择题

1. B；　2. C；　3. B；　4. C；　5. A；　6. B；　7. C；　8. B；
9. D；　10. A；　11. B；　12. C；　13. D

二、多项选择题

1. A、B、C、E；　2. A、B、C、E；　3. A、C、D、E；　4. A、B、C、D；
5. A、B、D、E；　6. A、C、D

1B432020 公路工程质量管理相关规定

复习要点

1. 公路工程施工单位质量责任和义务。
2. 公路工程质量事故的等级划分及报告的规定。
3. 公路工程质量监督的相关规定。

一 单项选择题

1. ( ) 对工程施工质量负责，应当按合同约定设立现场质量管理机构、配备工程技术人员和质量管理人员，落实工程施工质量责任制。

    A. 建设单位
    B. 施工单位
    C. 监理单位
    D. 接养单位

2. 根据《公路水运工程质量监督管理规定》（中华人民共和国交通运输部令 2017 年第 28 号），建设单位提交的材料符合规定，交通运输主管部门或者委托的建设工程质量监督机构应当在（ ）个工作日内为其办理工程质量监督手续，出具公路水运工程质量监督管理受理通知书。

    A. 10
    B. 15
    C. 20
    D. 30

3. 施工单位违反国家规定，降低工程质量标准，造成重大安全事故的，对（ ）处五年以下有期徒刑或者拘役。

    A. 项目经理
    B. 直接责任人员
    C. 施工单位
    D. 法定代表人

4. 工程项目交工验收前，（ ）为工程质量事故报告的责任单位。

    A. 交通运输主管部门
    B. 施工单位
    C. 建设单位
    D. 管养单位

5. 特别重大质量事故由（ ）及时向国务院上报。

    A. 交通运输部应急办
    B. 省级交通运输主管部门
    C. 建设单位
    D. 施工单位

二 多项选择题

1. 工程质量事故快报内容包括（ ）。

A．工程项目名称   B．事故地点和发生时间

C．责任人处理情况   D．事故经过

E．采取的措施

2．根据公路工程质量事故管理相关规定，对公路水运建设工程质量事故划分为四个等级，以下属于重大事故的是（   ）。

A．造成直接经济损失 1 亿元以上的事故

B．特大桥主体结构坍塌

C．特长隧道结构坍塌

D．大型水运工程主体结构坍塌，报废

E．造成直接经济损失 1000 万元以上 5000 万元以下

3．根据公路工程质量事故管理相关规定，对公路水运建设工程质量事故划分为四个等级，以下属于较大质量事故的是（   ）。

A．直接经济损失 500 万元   B．直接经济损失 2000 万元

C．高速公路中桥垮塌   D．特大桥主体结构报废

E．特长隧道主体坍塌

【1B432020 参考答案】

一、单项选择题

1．B；   2．B；   3．B；   4．B；   5．A

二、多项选择题

1．A、B、D、E；   2．B、C、D；   3．B、C

第二部分

实务操作和案例分析题

1B410000 公路工程施工技术

【案例1】

1. 背景材料：

广西某公路 K6＋000～K26＋000 段工程中，路基开挖石方开挖工程量 274.21 万 m³。该区段岩石均为石炭系硅质灰岩，岩石坚硬，主要为厚层构造，局部呈薄层状构造，裂隙发育，裂隙面均呈向山体内侧倾斜的状态。两侧边坡最大高度 53m 左右。本合同段内的全部石质边坡均采用预裂爆破或光面爆破施工，爆破石碴粒径最大允许直径为 30cm。对开挖石碴要求尽可能提高利用率。

爆破法施工工序如下图所示：

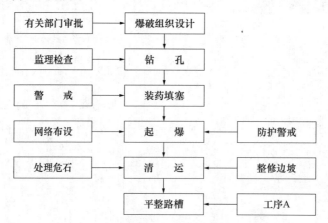

石方爆破开挖一般流程图

其中 K17＋400～K19＋253.32 段为全石方开挖路基，路堑两侧边坡高度 30～40m。路堑设计每 10m 一阶，每阶设 2m 平台，每阶边坡坡率依次为 1：0.3、1：0.5、1：0.75，根据地形地质及环境条件，为达到设计要求，在工程施工中制订了爆破施工方案，部分如下：

（1）边坡一律采用光面或预裂爆破方式，打眼方式采用机械打眼，利用自行式凿眼机或潜孔钻一次钻到每阶平台设计标高位置。

（2）路线主体尽量采用峒室爆破与深孔爆破方法，局部采用钢钎炮等方法，遇软石或夹理发育的次坚石，可采用松动爆破开挖。

（3）爆破顺序，采用从上至下的分台阶、顺路线方向纵向推进爆破，控制了最大爆破深度，不超过 10m，纵向以每 40～50m 为一个单元，边坡和主体采用微差爆破一次性完成。

（4）注重路基边坡开口线的测量放样、复测开钻、标高及开挖深度的控制，边坡坡率的控制等工作，满足规范及设计要求。施工过程中，每挖深 10m 应进行边坡边线和坡率的复测。

（5）根据地形特征设置边坡观测点，施工过程中应对深挖路堑的稳定性进行监测。

路床施工过程中，施工单位发现石质路床有裂隙水时，其处理方案是采用排水管连通，排水管直径 20cm，并与边沟连接。

2. 问题：

（1）写出石方爆破开挖一般流程图中工序 A 的名称。

（2）逐条判断 4 条爆破施工方案的正误并改正错误。

（3）对深挖路堑的稳定性进行监测，其地表监测有哪些项目？

（4）针对石质路床有裂隙水，施工单位处理方法是否正确？说明理由。

【案例2】

1. 背景材料：

某高速公路 K 合同段，主要为路基土石方工程，本地区岩层构成为泥岩、砂岩护层，土石比例为 3.4：6.6，石方抗压强度 20MPa 左右，地表上覆盖层较薄。施工过程部分事件摘要如下：

事件 1：由于工期紧，施工单位在冬季安排了下列施工项目：

（1）含水量高的流动土质、流沙地段的路堑开挖。

（2）岩石地段的路堑或半填半挖地段，进行开挖作业。

（3）铲除原地面的草皮、挖掘填方地段的台阶。

事件 2：在填筑路堤时，施工单位采用土石混合分层铺筑，局部路段因地形复杂而采用竖向填筑法施工，并用平地机整平每一层，最大层厚 40cm，填至接近路床底面标高时，改用土方填筑。

2. 问题：

（1）指出事件 1 中不宜冬期施工的项目。

（2）指出事件 2 中施工方法错误做法，并提出正确的施工方法。

（3）针对该路段选择的填料，在填筑时，对石块的最大粒径应有何要求？

【案例3】

1. 背景材料：

某一级公路工程 C 合同段地处山岭区，填方路基填料主要为挖方调运作为填方，填方高度一般为 0.5~12m，部分路堤边坡高度达到 23.50m，施工单位施工组织设计中路基填筑的施工方案如下：

（1）土质分析：填料土质主要为砂性土，各项指标符合要求，作为筑路材料较好。

（2）路基填筑：先进行基底处理，然后水平分层填筑，分层压实，填料的松铺厚度根据压路机型号确定。同一水平层路基的全宽应采用同一种填料，不得混合填筑。每种填料的填筑层压实后的连续厚度不宜小于 500mm。填筑路床顶最后一层时，压实后的厚度应不小于 100mm。

（3）压实施工：由于土质为砂性土，采用光轮压路机进行压实，碾压前对填土层的松铺厚度、平整度和含水量进行了检查，在最佳含水量 ±2% 范围内压实。碾压机械的行驶速度最大不超过 4km/h；碾压时直线段由两边向中间，横向接头的轮迹有 0.4～0.5m 重叠部分。压实度大于等于 94%。

2. **问题：**

（1）该合同段是否有高路堤？为什么？

（2）指出施工方案的错误，并说明理由。

（3）为了检测该合同段的压实度，路基土的现场密度测定方法有哪些？

【案例4】

1. **背景材料：**

某施工单位承建某公路路基工程，其中 K20+268～K20+288 设置有挡土墙，挡土墙立面示意如下图所示，工程数量见下表。

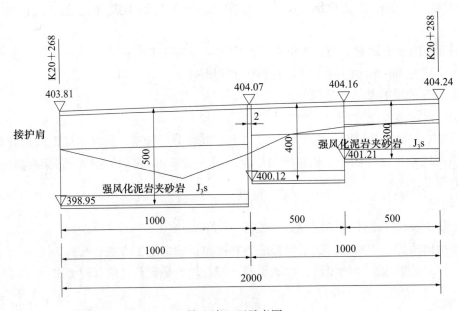

挡土墙立面示意图

挡土墙工程数量表

分段桩号	挡土墙							锥坡	
	长度	C25 混凝土	C20 片（卵）石混凝土	挖基	回填砂砾石	渗水土工布	φ50PVC 管	M10 浆砌片石	回填砂砾石
	m	m³	m³	m³	m³	m³	m	m³	m³
K20+268～K20+288	20.0	2.32	101.27	142.40	18.40	0.17	16.39	0	0

挡土墙的施工工序主要包括：① 基础砌筑；② 施工准备；③ 基坑开挖；④ 墙身砌筑；⑤ 养护；⑥ 墙后路基填筑；⑦ 基坑验收；⑧ 勾缝抹面。

施工过程中，施工单位在基坑开挖前，在其周围设置截水沟，开挖采用 1m³ 反铲挖土机挖土，自卸汽车外运土到指定地点，基底预留土厚度 200mm，由人工配合清土。土方开挖按 1∶0.5 放坡，开挖时设专人负责管理。测量人员随挖随测，保证基底的设计标高及设计几何尺寸。开挖到设计标高后，检查发现地基承载力为 280kPa，设计要求为300kPa。

2. 问题：

（1）该挡土墙是修建在路基前进方向的左侧还是右侧？说明理由。

（2）说明工程数量表中 ϕ50PVC 管的用途。

（3）写出挡土墙施工工序的正确顺序。

（4）针对背景材料中地基承载力问题，提出 2 种解决方案。

【案例 5】

1. 背景材料：

某高速公路 L 合同段（K55＋600～K56＋600）主要为路基土石方工程，本地区岩层构成为泥岩、砂岩互层，抗压强度 20MPa 左右，地表土覆盖层较薄。在招标文件中，67% 挖方为石方，填方路段填料由挖方路段调运，施工过程部分事件摘要如下：

事件 1：施工单位在路段开工后发现，部分路段地基下面发现溶洞。施工单位与监理单位联合向建设单位以书面形式提出工程设计变更的建议。建设单位组织勘察设计、施工、监理等单位及有关专家对溶洞处理进行了经济、技术论证，建议处理方案是对小型的溶洞直接用浆砌片石等回填密实，对大型溶洞采用桥梁跨越，由设计单位及时完成勘察设计，形成设计变更文件，变更后的造价超过施工图设计批准预算 60 万元，经建设单位审查确认后，开始实施变更方案。

事件 2：在填筑路堤时，施工单位采用土石混合分层铺筑，并用平地机整平每一层，最大层厚 40cm，填至接近路床底面标高时，改用土方填筑。局部路段因地形复杂而采用竖向填筑法施工。

事件 3：该路堤施工中，严格质量检验，实测了压实度、弯沉值、纵断高程、中线偏位、宽度、横坡、边坡。

2. 问题：

（1）背景材料中的"设计变更"是否符合变更设计制度的要求？说明理由。

（2）指出事件 2 中施工方法存在的问题，并提出正确的施工方法。

（3）指出事件 3 中路堤质量检验实测项目哪个不正确？还需补充哪个实测项目？

【案例 6】

1. 背景材料：

某高速公路 M 合同段，路面采用沥青混凝土，路线长 19.2km。该路地处平原地区，路基横断面以填方 3～6m 高的路堤为主，借方量大，借方的含石量 40%～60%。地表层以黏土为主，其中 K7 + 200～K9 + 800 段，地表层土厚 7～8m，土的天然含水量为 40%～52%，地表无常年积水，孔隙比为 1.2～1.32，属典型的软土地基。结合实际情况，经过设计、监理、施工三方论证，决定采用砂井进行软基处理，其施工工艺包括加料压密、桩管沉入、机具定位、拔管、整平原地面等。完工后，经实践证明效果良好。

在施工过程中，针对土石填筑工程，项目部根据作业内容选择了推土机、铲运机、羊足碾、布料机、压路机、洒水车、平地机和自卸汽车以及滑模摊铺机等机械设备。在铺筑沥青混凝土路面面层时，因沥青混凝土摊铺机操作失误致使一工人受伤，并造成设备故障。事故发生后，项目部将受伤工人送医院治疗，并组织人员对设备进行了抢修，使当天铺筑工作顺利完成。

2. 问题：

（1）本项目若采用抛石挤淤的方法处理软基，是否合理？说明理由。

（2）根据背景材料所述，按施工的先后顺序列出砂井的施工工艺。

（3）选择施工机械时，除了考虑作业内容外，还应考虑哪些因素？针对土石填筑施工，项目部所选择的机械是否妥当？说明理由。

【案例 7】

1. 背景材料：

某山岭重丘区高速公路 K29 + 000～K29 + 800 路段进行路基施工，其中 K29 + 000～K29 + 400 为路堑开挖，原地面自然坡度 65°～75°，地表 1～3m 为黏土，下为 V 级岩石，不含水分，施工方拟采用药壶炮爆破法爆破，挖方共计 13800m³，土方 2000m³，石方 11800m³；K29 + 400～K29 + 800 为山坡路堤填筑，需要填方 6000m³。原地面横坡为 1∶4.5，由于上段爆破石料较多，经强度检测，大于 20MPa，施工方拟利用石方用水平分层填筑法填筑成土石路堤，土石比例 1∶2 直接铺筑，松铺厚度 50cm，接近设计标高时，改用土方填筑。

2. 问题：

（1）路堤填筑的方法有哪些？该工程采用的方法是否合理？

（2）简要叙述路堤填筑的施工程序。

（3）该工程在土石路堤填筑施工时按含石量确定的松铺厚度是否合适？应如何调整？

【案例 8】

1. 背景材料：

某路基填筑施工至软土区段，项目部制定的该区段基底开挖方案中注意事项如下：

（1）基底开挖用推土机、挖掘机或人工直接清除至路基范围以外堆放；深度超过 3m 时，要由端部向中央，分层挖除，并修筑临时运输便道，由汽车运载出坑。

（2）软土在路基坡脚范围以内全部清除。路基穿过沼泽地只需要清除路基坡角范围以内的软土。护坡道以外，对于小滑塌的软土，可挖成 1∶1～1∶2 的坡度。

2. 问题：

（1）改正项目部制定的该区段基底开挖方案中注意事项的错误。

（2）进一步补充完善上述注意事项。

【案例9】

1. 背景材料：

北京附近某高速公路，是国家的重点建设项目，全长199km，为双向六车道高速公路，路面全宽22.5m，表面层为沥青混凝土。结构为20cm厚石灰稳定土底基层，18cm厚石灰粉煤灰稳定碎石基层，19cm厚水泥稳定碎石基层以及4cm厚沥青混凝土表面层，5cm厚沥青混凝土中面层，6cm厚沥青混凝土底面层。施工单位施工时，在基层上喷洒了透层油，且不能及时铺筑面层，同时还需开放交通，其主要施工具体做法如下：

（1）清扫路基表面，并使表面干燥。

（2）洒布沥青。透层沥青洒布后应不致流淌，透入基层应有一定深度，最好在表面形成油膜。

（3）遇大风或将下雨时，不喷洒透层油。当气温低于10℃或路面潮湿时禁止喷洒。

（4）喷洒粘层后，严禁车辆行人通过。

（5）撒布适量石屑。

（6）用轮胎压路机稳压，并控制车速。

2. 问题：

（1）该基层上是否必须设置透层？说明理由。

（2）施工单位施工具体做法哪些不正确？并改正。

【案例10】

1. 背景材料：

某高速公路设计车速120km/h，路面面层为三层式沥青混凝土结构。施工企业为保证工程施工质量，在施工中做了如下工作：

（1）选用经试验合格的石料进行备料，严格对下承层进行清扫，并在开工前进行实验段铺筑；

（2）沥青混合料的拌合站设置试验层，对沥青混合料及原材料及时进行检验，拌合中严格控制集料加热温度和混合料的出厂温度；

（3）设置两台具有自动调节摊铺厚度及找平装置的高精度沥青混凝土摊铺机梯进式施工，严格控制相邻两机的间距，以保证接缝的相关要求；

（4）压路机采用两台双轮双振压路机及两台16t胶轮压路机，严格控制碾压温度及碾压重叠宽度。

2. 问题：

（1）沥青混合料铺筑试验段的主要目的是什么？

（2）若出厂的混合料出现白花料，请问在混合料拌合中可能存在什么问题？

（3）沥青混合料摊铺过程中，为什么应对摊铺温度随时检查并做好记录？

（4）沥青混凝土路面的碾压过程中，除了应严格控制碾压温度和碾压重叠宽度外，还应注意哪些问题？

【案例 11】

1．背景材料：

某新建高速公路工程，路面结构设计示意图如下图所示。

在大规模的基层施工之前，施工单位修铺了试验路段，施工单位在监理工程师批准的地点修筑一块面积为 $400\sim800mm^2$ 的水泥稳定粒料基层，作为试验路段。其目的是为了检验施工单位所建议的拌合、摊铺和压实机械设备的实效和施工组织的适应性。通过铺筑试验路段，以确定标准施工方法，混合料配合比控制方法，材料摊铺拌合和设备的适应性，整平整形方法和机具的适应性，混合料含水量的控制方法，压实机具的选择和组合、压实顺序、速度和遍数以及压实度的检测方法等。

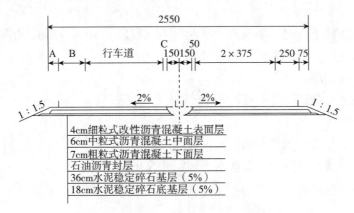

路面结构设计示意图（尺寸单位：cm）

施工中，对已完成碾压并经压实度检测合格后应立即进行养护。采用加盖塑料薄膜和洒水车两种方法进行养护。按技术规范养护期应不小于 3d，在养护期间应由专人负责限制车辆行驶，除洒水车外，禁止重型车辆行驶。

2．问题：

（1）写出路面结构设计图中 A、B、C 的名称。

（2）补充通过试验路段确定的参数。

（3）改正施工中养护的错误。该路面养护的方法还有哪些？

【案例 12】

1．背景材料：

某一级公路全长 55.28km，双向 4 车道，路幅宽 24.5m，设计车速 80km/h，路面基层为水泥稳定土无机结合料基层，根据工程实际情况及施工单位人力、设备条件，施工单位采用了路拌法水泥稳定土基层施工工艺。摊铺水泥日进度 1.5km（单向），K5＋700～

K10＋700 路段具体施工过程如下：

（1）施工放样，恢复中线；根据施工布料需要在下承层上划布料网络。

（2）对水泥稳定土基层施工所需的土料、集料、水泥等按要求进行备料。

（3）确定松铺系数后，施工单位共用 5d 时间完成摊铺土任务。某日摊铺土 2.5km。

（4）按规定洒水闷料，整平轻压。

（5）按规定摆放水泥，用刮板将水泥均匀摊开。

（6）为保证拌合质量，按规定采用了稳定土拌合机进行拌合。为了避免损坏下承层，拌合深度保持在下承层顶面 5～10mm。

（7）拌合料拌合均匀后，立即用平地机初步整形，为保证整形质量，全路段平地机均由两侧路肩向路中心进行刮平。

（8）整形后，当混合料的含水量为最佳含水量（±1%～±2%）时，按规定用轻型压路机配合 12t 以上的压路机进行碾压。直线和平曲线段，由两侧路肩向路中心碾压，设超高的平曲线段，由外侧路肩向内侧路肩碾压。

2．问题：

（1）本项目路拌法水泥稳定土基层施工准备中少了什么重要环节？并简述这一环节主要工作。

（2）请指出本项目具体施工过程中存在的问题，并进行改正。

【案例 13】

1．背景材料：

某施工单位承接了二级公路路面工程施工任务，路面结构为 30cm12% 石灰稳定土底基层＋20cm 水泥稳定碎石基层＋乳化沥青下封层＋24cm 水泥混凝土面板，全线水泥混凝土路面共 264800m²。水泥混凝土面层采用滑模摊铺机进行铺筑。其工艺流程为：施工准备→测量放样→架设导线→摊铺机调试、就位→混凝土拌合→混凝土运输→混凝土摊铺→人工修整→（拉）压纹→混凝土养护→锯缝→ A →开放交通。

施工中发生如下事件：

事件一：施工单位编制的施工方案中，部分技术要点摘录如下：

（1）摊铺时的高程控制采用两侧同时拉线方式，拉线桩距面板边缘 1.0～1.5m，间距在直线段为 10m，平面缓和曲线段或纵断面曲线段加密至 5m。拉线设置完成后，禁止扰动。

（2）搅拌楼的配备，应优先选配连续搅拌楼。

（3）模板的要求和安装。模板的高度应和混凝土板厚度一致。立模的平面位置和高程应符合设计要求。混凝土拌合物摊铺前，应对模板的间隔、高度、润滑、支撑稳定和基层的平整、湿润情况，以及钢筋的位置和传力杆装置进行全面检查。模板在摊铺 20h 后拆除，拆除不应损坏混凝土面板。

（4）混凝土运力的配备应综合考虑施工时的搅拌能力、摊铺速度和运距等因素，总运力以略大于搅拌能力为宜。如在车内超过初凝时间，不得继续使用，并及时清除。

事件二：基层完成后，采用滑模摊铺机铺筑水泥混凝土面层，用排式振捣机控制振捣质量。为避免出现施工缝，施工中利用施工设计的胀缝处作为施工缝，胀缝设传力杆；横向伸缩缝在路面混凝土强度达到设计强度 50% 时做横向硬切缝（昼夜温差小于 10℃），经实测切缝深度为 45～50mm，竣工通车 1 年内发现在横缝附近 100mm 范围内均不同程度出现不规则裂缝。

2. 问题：

（1）写出工艺流程中 A 的名称。

（2）逐条判断 4 条技术要点的正误并改正错误。

（3）试分析事件二中路面产生裂缝的原因。

【案例 14】

1. 背景材料：

某一级公路，全长 52.34km，设计车速为 100km/h，路面基层采用乳化沥青碎石基层进行施工。该工程的施工单位对基层的施工方法和出现的情况报告如下：

（1）拌合过程是在现场用人工拌制。

（2）施工人员在拌合混合料时的时间为 80s。

（3）乳化沥青碎石混合料拌合均匀后，经过一段时间的破乳后，即进行摊铺。

（4）混合料摊铺后，采用轻型筒式压路机进行初压两遍又用 5t 的轻型压路机进行复压两遍。

2. 问题：

（1）拌合过程是否可采用人工拌制？最适宜的拌合方法是什么？

（2）施工单位拌合混合料的时间是否符合规定？对拌合时间有何要求？

（3）施工单位摊铺乳化沥青碎石混合料的时间是否合理？说明理由。

（4）混合料的碾压方法是否正确？如不正确，应该如何碾压？

【案例 15】

1. 背景材料：

某施工单位承接了某公路路面工程施工任务，路面结构为 20cm 级配碎石基层＋20cm 水泥混凝土面板，路面接缝布置示意图如下图所示，纵缝采用假缝形式，锯切宽 3～8mm 的槽口，槽口深度为 1/3 板厚，并灌塞填缝料。水泥混凝土面层采用三辊轴机组进行铺筑。

其工艺流程为：布料→ C →拉杆安装→人工补料→三辊轴整平→（真空脱水）→（精平饰面）→拉毛→切缝→养护→（硬刻槽）→填缝。

三辊轴整平机施工中，三辊轴整平机按作业单元分段整平，作业单元长度控制为 20～30m，振捣机振实与三辊轴滚压两道工序之间的时间间隔不超过 15min。三辊轴滚压振实时，料位高于模板 1.5～2.5cm。对于同一个施工作业单元长度内，三辊轴整平机采用前进振动、后退静滚方式作业，分别进行 2～3 遍。最低滚压遍数经过试铺确定。滚压完成后，将振动辊轴抬离模板，用整平轴前后静滚整平，直到路面平整度满足规范要求、表面砂浆厚度均匀为止。

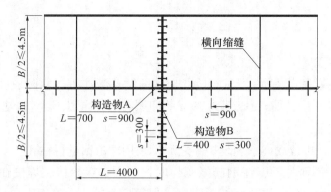

路面接缝布置示意图

2. 问题：

（1）该混凝土路面施工方式是否需要安装模板？

（2）写出路面接缝布置示意图中构造物 A、构造物 B 的名称。接缝布置示意图中除了横向缩缝外，还有哪些接缝？

（3）写出工艺流程中 C 的名称。

（4）三辊轴整平机施工中，轴前料位过高或过低应如何处置？

【案例 16】

1. 背景材料：

某桥主墩基础为钻孔灌注桩，地质依次为表层 5m 的砾石、37m 的漂石和软岩。主要施工过程如下：

平整场地、桩位放样、埋设护筒，采用冲击钻成孔。下放钢筋笼后，发现孔底沉淀量超标，但超标量较小，施工人员采用空压机风管进行扰动，使孔底残留沉渣处于悬浮状态。之后，安装导管，导管底口距孔底的距离为 35cm，且导管口处于沉淀的淤泥渣之上，对导管进行接头抗拉试验，并用 1.5 倍的孔内水深压力的水压进行水密承压试验，试验合格后，灌注混凝土，混凝土坍落度 18cm，在整个过程中连续均匀进行。

施工单位考虑到灌注时间较长，在混凝土中加入缓凝剂。首批混凝土灌注后埋置导管的深度为 1.2m，在随后的灌注过程中，导管的埋置深度为 3m。当灌注混凝土进行到 10m 时，出现塌孔，施工人员用吸泥机进行清理；当灌注混凝土进行到 23m 时，发现导管埋管，但堵塞长度较短，施工人员采取用型钢插入导管的方法疏通导管；当灌注到 27m 时，导管挂在钢筋骨架上，施工人员采取了强制提升的方法；进行到 32m 时，又一次堵塞导管，施工人员在导管始终处于混凝土中的状态下，拔抽抖动导管，之后继续灌注混凝土直到完成。养护后经检测发现断桩。

2. 问题：

（1）断桩可能发生在何处？原因是什么？

（2）在灌注水下混凝土时，导管可能会出现哪些问题？

（3）塞管处理的方法有哪些？

【案例 17】

1. 背景材料：

某大桥，其主墩基础有 40 根桩径为 1.55m 的钻孔灌注桩，实际成孔深度达 50m。桥位区地质：表层为 5m 的砾石，以下为 37m 的卵漂石层，再以下为软岩层。承包商采用下列施工方法进行施工：

（1）场地平整，桩位放样，埋设护筒之后，采用冲击钻进行钻孔。

（2）然后设立钢筋骨架，在钢筋笼制作时，采用搭接焊接，焊接在钢筋笼内形成错台。当钢筋笼下放后，发现孔底沉淀量超标，但超标量较小，施工人员采用空压机风管进行扰动，使孔底残留沉渣处于悬浮状态。

（3）之后，安装导管，导管底口距孔底的距离为 35cm，且导管口处于沉淀的淤泥渣中。

（4）进行混凝土灌注，混凝土坍落度 16cm，混凝土灌注在整个过程中均连续均匀进行。

（5）施工单位考虑到灌注时间较长，没有咨询监理工程师，便在混凝土中加入缓凝剂。

（6）首批混凝土灌注后埋置导管的深度为 1.2m，在随后的灌注过程中，导管的埋置深度为 3m。

（7）当灌注混凝土进行到 10m 时，出现塌孔，此时，施工人员立即用吸泥机进行清理。

（8）当灌注混凝土进行到 23m 时，发现导管埋管，但堵塞长度较短，施工人员采取用型钢插入导管的方法疏通导管。

（9）当灌注到 27m 时，导管挂在钢筋骨架上，施工人员采取了强制提升的方法。

（10）进行到 32m 时，又一次堵塞导管，施工人员在导管始终处于混凝土中的状态下，拔抽抖动导管，之后继续灌注混凝土，直到顺利完成。养护一段时间后发现有断桩事故。

2. 问题：

（1）此钻孔灌注桩的施工的主要工序存在哪些问题？

（2）塞管处理的方法有哪些？

（3）钻孔灌注桩的施工的主要工序是什么？

（4）钻孔的方法有哪些？

【案例 18】

1. 背景材料：

某施工单位承接了一桥梁工程施工任务，桥梁总长约 314m，双向四车道。大桥由南段主桥及北段主桥两部分组成，中间与小岛辅道连接，桥梁及引道全长约 537m。

大桥墩台基础均设计为钻孔灌注桩基础。其中 0 号、3 号、4 号、7 号桥台每桥台由 8 根 $\phi120cm$ 的钻孔灌注桩组成，1 号、2 号和 5 号、6 号桥墩每桥墩由 6 根 $\phi150cm$ 的钻孔灌注桩组成，均按嵌岩桩设计，桩长在 28～40m 间，桩嵌入弱风化层砂岩的深度不小于 5m。施工单位配置了 8 台 1500 型旋转钻机进行施工。钻孔灌注桩施工的主要工序有：①制备泥浆；②埋设护筒；③清底；④钻孔；⑤钢筋笼制作与吊装；⑥灌注水下混凝土。南桥

1号、2号桥墩位于河中间，当钻孔灌注桩完成后，拟采用下沉钢套箱围堰施工承台，其余各墩台承台部分均将采用明挖基坑建筑基础的施工方法进行。

钢套箱施工一般分为制作、定位、下沉、清基和浇筑混凝土几个工序。钢套箱每节高2.0~2.5m，采用5mm厚的钢板制成模板。钢套箱就位安装之前应先因地制宜按受力要求在施工点四角打设定位桩和柱桩，边打边测量，符合要求后再在其顶部加设纵横梁形成操作平台。利用四角设置的定位桩，绑设滑轮组并用吊车配合，将钢套箱分块吊装，拼装成型，下沉就位。就位后在套箱模板内灌注混凝土封底，待其凝固后，进行抽水、扎筋、浇筑承台混凝土。

对于0~3号台以及4~7号墩（台），因其在旱地或近（浅）水区，其承台施工按明挖基础进行。基坑开挖后，先在基坑周围挖排水沟，引开地表水，根据不同的地质采用不同的坡比开挖，同时注意对坡壁的防护。基坑开挖中发现，基坑中有地下水，且地下水水位较高。对基底进行处理，达到规范要求。同时对桩头凿毛、清洗处理，施工放样，绑扎钢筋，并绑扎立柱钢筋，装模浇筑混凝土。

2. 问题：

（1）写出钻孔灌注桩的工艺流程顺序。

（2）施工单位配置的钻机类型是否恰当？说明理由。

（3）套箱围堰封底混凝土厚度应如何确定？

（4）本项目承台基坑中出现的地下水应如何处理？

【案例19】

1. 背景材料：

某一级公路 K25＋200~K25＋340 处有一座 5×25m 预应力混凝土空心箱桥，箱梁高170cm，腹板厚17cm，两腹板内侧的宽度为170cm，场区预制场预制。施工过程中发生如下事件：

事件1：腹板外侧用加劲钢模加固制作，内模采用工厂加工，现场拼装，整体吊装。内模每片长度为1.5m，面板采用4mm钢板，边框、法兰使用6mm钢板，连接槽钢为63号槽钢，连接孔规格为ϕ22mm×26mm长孔，各块模板之间用螺丝连接。内模在箱梁底开口，便于浇筑底板混凝土，中间用螺钉或槽钢连接。内模在箱梁顶开口，顶部设活动盖板便于浇筑底板混凝土，中间用螺钉或槽钢连接。为保证内模有足够的刚度，内模中每隔2m设置一道加劲隔板。箱梁外侧模板用钢管支架固定，为防止混凝土振捣时发生内模上浮，在内模顶面堆放了钢锭。混凝土浇筑顺序如下：先底板及腹板根部，其次腹板，最后浇顶板及翼板。为防止混凝土过振，采取单侧先后振捣腹板混凝土的措施。拆模后发现，箱梁两侧的腹板厚度不均，内模有明显的左右移动。

事件2：设计采用后张法施工，采用直线预应力筋，设计文件对预应力筋张拉端的设置无具体要求。施工单位在预应力筋张拉控制应力达到稳定后压浆，压浆后应先将其周围冲洗干净并对梁端混凝土凿毛，锚固完毕并经检验合格后用电弧焊切割端头多余的预应力筋，预应力筋锚固后的外露长度不宜小于30mm，锚具采用封端混凝土保护。

2. 问题：

（1）事件1中施工单位采取的内外模板临时固定的做法是否正确？如不正确，写出正确做法。

（2）事件1中混凝土振捣的方法是否正确？说明理由。

（3）针对事件2，预应力筋宜两端张拉还是一端张拉？并写出其张拉程序。

（4）指出事件2中的错误做法并改正。

【案例 20】

1. 背景材料：

某三跨预应力混凝土连续钢构桥，跨度为 90m ＋ 155m ＋ 90m，箱梁宽 14m，底板宽7m，箱梁高度由根部的 8.5m 渐变到跨中的 3.5m，根据设计要求，0 号、1 号块混凝土为托架浇筑，然后拼装挂篮，用悬臂浇筑法对称施工，挂篮采用自锚式桁架结构。施工单位根据该桥的特点，制订了详细的施工流程，其中对箱梁悬臂浇筑阶段的主要施工工序如下：

（1）在两主墩的两侧安装托架并预压，架立模板，绑扎 0 号、1 号块钢筋，浇筑混凝土并张拉预应力筋。

（2）拼装挂篮，用堆载法预压挂篮，以消除挂篮的非弹性变形。

（3）按设计标高值加预加抬高量值架立模板、绑扎钢筋、浇筑各个节段的箱梁混凝土，张拉预应力筋。

（4）拆除模板，移动挂篮，开始下一个节段的施工。

（5）在整个悬臂浇筑过程中，定时进行箱梁节段标高的测量，以及应力和温度的观测，整个测量完全满足设计和施工技术规范的要求。

2. 问题：

（1）施工单位在 0 号、1 号块施工完成后拼装挂篮是否正确？

（2）采用堆载法预压挂篮除了消除非弹性变形外，还有哪些目的？

（3）张拉完预应力筋后能否开始做下一节段的施工？为什么？

【案例 21】

1. 背景材料：

某公路 M 合同段，K2 ＋ 220 为一座装配式预应力简支梁桥，K5 ＋ 340 为一座悬臂施工混凝土连续梁桥，K10 ＋ 672 为一座装配式混凝土拱桥。施工单位有如下表的桥梁施工机械设备。

桥梁施工机械设备	适用桥梁
骑缆吊机	
挂篮	
架桥机	
缆索吊装系统	

K2＋220桥梁为3跨30m预应力混凝土（后张法）小箱梁，桥高16m，共计60片箱梁，该桥左侧为平地，施工项目部布置为预制场。预制施工工序为：平整场地→底座制作→底板与腹板钢筋制作与绑扎→安装预应力管道→工序A→绑扎顶板钢筋→浇筑混凝土并养护→工序B→孔道压浆→移梁存放。

施工项目部在预制底座制作时，首先对制梁区内台座周围原地面进行整平压实，再开挖基槽，浇筑20cm厚C20混凝土基础，在基础上用墨线弹出台座边线，浇筑30cm厚C30混凝土台座，台座制作时，跨中设2cm的预拱度，采用悬链线。台座顶面采用1cm钢板铺面，钢板与钢板之间底模两端支点将承受预制梁的全部重量，该范围内的底模采取钢筋混凝土基础进行加强处理。

2．问题：

（1）转抄背景中表格，并将背景中的3种桥型填入表中。

（2）写出工序A与工序B的内容。

（3）指出底座制作中的错误并改正。

【案例22】

1．背景材料：

某高速第六合同段起点桩号为K22＋935，终点桩号为K26＋450，全长3.515km。本合同段共有2座桥梁，上部构造全部为预制T梁。预制T梁分为30m、40m两种类型，其中30mT梁280片、40mT梁510片，共790片。施工中发生如下事件：

事件1：施工单位在施工准备中进行了试验准备、现场准备、材料准备、机械设备准备以及人员准备。在龙门吊安装前进行检验，安装完毕后办理特种设备检验合格证，张拉设备千斤顶、油泵、压力表由相应资质部门标定。购置真空压浆设备、专用凿毛机、振捣棒等施工机具，制作简易爬梯、防雨棚等。施工主要设备见下表。

施工主要设备表

序号	设备名称	规格型号	单位	数量	备注
1	设备A	5t＋5t	台	1	
2	设备B	80t＋80t	台	2	
3	设备C	30m	套	6	
4	设备D	40m	套	8	
5	张拉设备	数控	台	2	
6	压浆设备	真空辅助	台	1	
7	凿毛设备	机械式	套	1	
8	蒸汽养护设备		套	1	
9	喷淋养护设备		套	12	
10	钢筋定位模架		套	2	
11	发电机	200kW	台	1	
12	振捣棒	30	台	12	

事件2：一片 T 梁模板分二次安装。第一次是安装侧模，由中间向两端对称安装；第二次是肋板内预应力管道安装完后，将锚垫板与端模板用螺栓固定，端模板安装就位。

事件3：模板拆除顺序遵循先支后拆、后支先拆的原则。拆模工作包括拆除 T 梁侧模、横隔板端模、立杆、端模和翼缘板模板。

2. 问题：

（1）写出事件1中施工主要设备表中设备 A、设备 B、设备 C、设备 D 的名称。

（2）改正事件2中一片 T 梁模板安装的错误。

（3）写出拆模先后顺序。

【案例23】

1. 背景材料：

某三跨预应力混凝土连续刚构桥，跨度为 90m＋155m＋90m，箱梁宽 14m，底板宽 7m，箱梁高度由根部的 8.5m 渐变到跨中的 3.5m，施工中采用拼装挂篮，用悬臂浇筑法对称施工。然而在几个节段施工完成后发现箱梁逐节变化的底板有的地方接缝不和顺，底模架变形，侧模接缝不平整，梁底高低不平，梁体纵轴向线形不顺。

2. 问题：

（1）试分析现场出现问题的原因。

（2）为防止上述现象的发生，有哪些预防措施？

【案例24】

1. 背景材料：

某高速公路第五施工合同段地处城郊，主要工程为路基填筑施工。其中 K48＋010～K48＋328 段原为路基土方填筑，因当地经济发展和交通规划需要，经各方协商，决定将该段路基填筑变更为（5×20＋3×36＋5×20）m 预应力钢筋混凝土箱梁桥，箱梁混凝土强度等级为 C40。变更批复后，承包人组织施工，上部结构采用满堂式钢管支架现浇施工，泵送混凝土。支架施工时，对预拱度设置考虑了以下因素。

（1）卸架后上部构造本身及活载一半所产生的竖向挠度。

（2）支架在荷载作用下的弹性压缩挠度。

（3）支架在荷载作用下的非弹性压缩挠度。

（4）由混凝土收缩及温度变化而引起的挠度。

根据设计要求，承包人对支架采取了预压处理，然后立模、普通钢筋制作、箱梁混凝土浇筑、采用气割进行预应力筋下料；箱梁采用洒水覆盖养护；箱梁混凝土强度达到规定要求后，进行孔道清理、预应力张拉压浆，当灰浆从预应力孔道另一端流出后立即终止。箱梁现浇施工正值夏季高温，为避免箱梁出现构造裂缝，保证箱梁质量，施工单位提出了以下三条措施：

（1）选用优质的水泥和集料。

（2）合理设计混凝土配合比，水胶比不宜过大。

（3）严格控制混凝土搅拌时间和振捣时间。

2. 问题：

（1）确定上述变更属于哪类变更？列出工程变更从提出到确认的几个步骤。

（2）上述施工预拱度设置考虑的因素是否完善？说明理由。支架预压对预拱度设置有何作用？

（3）预应力筋下料工艺是否正确？说明理由。说明预应力筋张拉过程中应控制的指标，并指出主要指标。

（4）上述预应力孔道压浆工艺能否满足质量要求？说明理由。

（5）除背景材料中提到的三条构造裂缝防治措施外，再列举两条防治措施。

【案例 25】

1. 背景材料：

某施工单位承接了某桥梁工程施工任务，桥墩基础结构形式为钻孔灌注桩基础，双柱式桥墩，桥台基坑开挖以机械为主，人工为辅，风镐配合开挖。桥墩基础采用冲击钻机成孔。墩柱采用定型钢模板浇筑成型。盖梁采用支架法施工。上部结构为 5～20m 后张预应力空心板梁，空心板在预制场集中预制，空心板采用吊车吊装。施工中发生如下事件：

事件 1：施工单位在灌注桩钢筋骨架的安装时，在骨架外侧设置控制混凝土保护层厚度的垫块，垫块的间距在竖向为 4m，在横向圆周对称设置 4 处。骨架入孔用吊机，起吊按骨架节段的编号入孔。安装钢筋骨架时，将钢筋骨架支承在孔底，并采取措施保持其平稳。

事件 2：盖梁采用满堂式支架，施工时施工单位将原地基整平后，用蛙式夯土机进行夯压实，然后在夯实的地基上搭设满堂式支架，支架高度 4～5m，支架底模铺设后，测放底模中心及底模边角位置和梁体横断面定位，模板与钢筋的安装配合进行，先安装底模绑扎钢筋，再安装侧模和端模，模板安装完毕后，其位置正确。浇筑时，发现模板超出允许偏差变形。

2. 问题：

（1）指出事件 1 中的错误并改正。

（2）分析模板超出允许偏差变形的主要原因。

（3）盖梁施工中还有哪几种支架形式？

【案例 26】

1. 背景材料：

某隧道为上、下行双线四车道隧道，其中左线长 858m，右线长 862m，隧道最大埋深 98m，净空宽度 9.64m，净空高度 6.88m，设计车速为 100km/h，其中 YK9＋928～YK10＋004 段为 Ⅴ 级围岩，采用环形开挖留核心土法施工，开挖进尺为 3m。该段隧道复合式衬砌横断面示意图如下图所示，采用喷锚网联合支护形式，结合超前小导管作为超前支护措施，二次衬砌采用灌注混凝土，初期支护与二次衬砌之间铺设防水层。

在一个模筑段长度内灌注边墙混凝土时，施工单位为施工方便，先灌注完左侧边墙混凝土，再灌注右侧边墙混凝土。

2. **问题：**

（1）指出环形开挖留核心土施工中的错误之处，并改正。

（2）根据下图，写出结构层⑥的名称，并写出初期支护、防水层、二次衬砌分别由哪几部分组成？（写出相应编号）

（3）为充分发挥喷锚网联合支护效应，背景材料中系统锚杆应与哪些支护彼此牢固连接？（只需写出相应的编号）

（4）背景材料中边墙灌注施工错误，写出正确的做法。

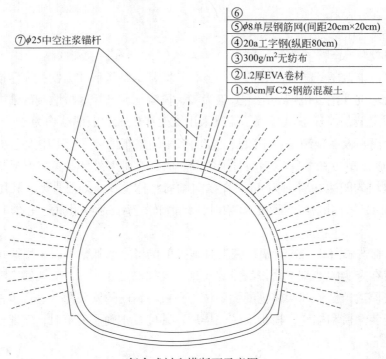

⑥	
⑤	ϕ8单层钢筋网(间距20cm×20cm)
④	20a工字钢(纵距80cm)
③	300g/m²无纺布
②	1.2厚EVA卷材
①	50cm厚C25钢筋混凝土

⑦ϕ25中空注浆锚杆

复合式衬砌横断面示意图

【案例27】

1. **背景材料：**

某高速公路上下行分离式隧道，洞口间距40m，左线长3216m，右线长3100m，隧道最大埋深500m，进出口为浅埋段，Ⅳ级围岩。洞身地质条件复杂，地质报告指出，隧道穿越地层为三叠系底层，岩性主要为炭质泥岩、砂岩、泥岩砂岩互层，且有瓦斯设防段、涌水段和岩爆段，Ⅰ、Ⅱ、Ⅲ级围岩大致各占1/3，节理裂隙发育，岩层十分破碎，且穿越一组背斜，在其褶曲轴部地带中的炭质泥岩及薄煤层中并存有瓦斯等有害气体，有瓦斯聚集涌出的可能，应对瓦斯重点设防，加强通风、瓦斯监测等工作。

技术员甲认为全断面开挖法的特点是工作空间较小、施工速度快、便于施工组织和管理；且全断面开挖法具有较小的断面进尺比，每次爆破震动强度较小，爆破对围岩的振动次数少，有利于围岩的稳定。考虑到该隧道地质情况与进度要求，所以该隧道应采用全断面开挖。

隧道施工过程中为防止发生塌方冒顶事故，项目部加强了施工监控量测，量测项目有地质和支护状况、锚杆或锚索内力及抗拔力、地表下沉、围岩体内位移、支护及衬砌内应力。项目部还实行安全目标管理，采取了一系列措施，要求进入隧道施工现场的所有人员必须经过专门的安全知识教育，接受安全技术交底；电钻钻眼应检查把手胶套的绝缘是否良好，电钻工应戴棉纱手套，穿绝缘胶鞋；爆破作业人员不能穿着化纤服装，炸药和雷管分别装在带盖的容器内用汽车一起运送；隧道开挖及衬砌作业地段的照明电器电压为110~220V。同时加强瓦斯等有毒有害气体的防治，通风设施由专职安全员兼管。

2. 问题：

（1）改正技术员甲对全断面开挖法特点阐述的错误之处。

（2）补充本项目施工监控量测的必测项目，并指出相应隧道监控量测方法和工具是什么？

（3）指出并改正项目部安全管理措施中的错误。

【案例28】

1. 背景材料：

某山岭隧道为单洞双向两车道公路隧道，其起讫桩号为 K68+238~K69+538，隧道长 1300m。该隧道设计图中描述的地质情况为：K68+238~K68+298 段以及 K69+498~K69+538 段为洞口浅埋段，地下水不发育，出露岩体极破碎，呈碎、裂状；K68+298~K68+598 段和 K69+008~K69+498 段，地下水不发育，岩体为较坚硬岩，岩体较破碎，裂隙较发育且有夹泥，其中 K68+398~K68+489 段隧道的最小埋深为 80m；K68+598~K69+008 段，地下水不发育，岩体为较坚硬岩，岩体较为完整，呈块状体或中厚层结构，裂隙面内夹软塑状黄泥。

施工过程中发生如下事件：

事件一：施工单位对该隧道的围岩进行了分级。按安全、经济原则从①全断面法；②环形开挖留核心土法；③双侧壁导坑法中选出了一种浅埋段隧道施工方法。

事件二：根据设计要求，施工单位计划对 K68+398~K68+489 段隧道实施监控量测，量测项目有：洞内外观察、地表下沉、钢架内力和外力、围岩压力、周边位移、拱顶下沉、锚杆轴力等。

事件三：施工单位在 K68+690~K68+693 段初期支护施工时，首先采用激光断面仪对该段隧道开挖断面的超欠挖情况进行测量，检验合格后，采用干喷技术，利用挂模的方式喷射混凝土，并对喷射混凝土强度等实测项目进行了实测。

事件四：在二次衬砌施工前，施工单位发现 K68+328~K68+368 段多处出现了喷射混凝土掉落的现象，掉落处原岩表面残留有黄泥。施工单位提出了掉落段的处治方法，并进行了复喷施工。

2. 问题：

（1）判断隧道各段围岩的级别，指出事件一中比选出的施工方法。

（2）事件二中哪三项为必测项目？写出拱顶下沉量测的方法和工具。

（3）指出事件三施工中的错误。补充喷射混凝土质量检验实测项目的漏项。

（4）分析事件四中喷射混凝土因原岩面残留黄泥而掉落的原因，并写出施工单位复喷前应采取的措施。

（5）本项目是否需要编制专项施工方案？是否需要专家论证、审查？

【案例29】

1. 背景材料：

某隧道二次衬砌为厚度40cm的C25模筑混凝土。采用先拱后墙法施工时，拱架支撑变形下沉，承包人施工中存在泵送混凝土水胶比偏大；局部欠挖超过限值未凿除；模板移动部分钢筋保护层厚度不足等因素，造成其中一段衬砌完工后顶部、侧墙均出现环向裂缝，局部地段有斜向裂缝，严重者出现纵、环向贯通裂缝，形成网状开裂，缝宽最小0.1mm，最大4mm，必须进行补救处理。

2. 问题：

（1）根据背景材料，请分析衬砌开裂原因。

（2）根据背景材料，应该从哪几个方面对隧道衬砌裂缝病害进行防治？

（3）对隧道衬砌裂缝目前有哪些治理措施？

【案例30】

1. 背景材料：

某承包商中标某高速公路的收费系统的建设，需要建设的该路段收费系统采用收费站和收费中心二级监视的方式，收费分中心收费视频监控与监控中心视频监控系统合并集中监控。

2. 问题：

（1）指出收费站计算机系统的主要构成。

（2）计重收费系统的功能有哪些？

（3）车牌自动识别系统的功能有哪些？

【案例31】

1. 背景材料：

某公路隧道长3000m，穿越的岩层主要由页岩和砂岩组成，设计采用新奥法施工，分部法开挖，复合式衬砌，洞口段由于洞顶覆盖层较薄，岩隙发育，开挖中地表水从岩石裂隙中渗入洞内，在施工过程中，隧道发生过规模不等的塌方。在隧道施工中，施工单位认真做好了四个方面的防尘工作。

2. 问题：

（1）根据"治塌先治水"的原则在处理隧道塌方前应采取哪些技术措施以加强防排水工作？

（2）为防止隧道塌方，施工现场管理应符合哪些要求？

（3）背景中提到施工单位认真做好了四个方面的防尘工作，请问是哪四个方面？

【案例 32】

1. 背景材料：

某公路隧道 K3＋100～K7＋379 为单洞双向行驶两车道隧道，全长 4279m，最大埋深 1049m。隧道净空宽度 10.09m，净空高度 7.80m，净空面积为 72.35m²。该隧道其围岩主要为弱风化硬质页岩，属Ⅳ～Ⅴ级围岩，稳定性较差。根据该隧道的地质条件和开挖断面宽度，承包人拟采用台阶分部法施工。隧道开挖过程中，由于地下水发育，洞壁局部有股水涌出，特别是大型断层地带岩石破碎，裂隙发育，涌水更为严重。在该隧道施工过程中应监控量测，并建立预警机制实行分级管理。

施工工程发生如下事件：

事件一：K3＋600～K3＋680 隧道的一衬初期支护出现开裂。

事件二：施工开挖到 K4＋300 断面时水流量突然增大。

2. 问题：

（1）承包人采用的开挖施工方法是否合理？说明理由。

（2）针对上述地质和涌水情况，在施工中应采取哪些涌水处治方法？

（3）在该隧道施工过程中应进行的监控量测项目有哪些？

（4）根据背景材料，公路隧道地质超前预报的内容有哪些？背景材料中隧道地质超前预报的最严重灾害的级别是哪级？对应灾害采用的超前地质预报方式请列举 2 种。

（5）事件一按照预警分级管理实行哪一级管理？建议如何处理？

（6）事件二按照预警分级管理实行哪一级管理？建议如何处理？

【案例 33】

1. 背景材料：

某公路隧道最大埋深约 150m，设计净高 5.0m，净宽 14.0m，隧道长 1200m。隧道区域内主要为微风化岩石，隧道区域内地表水系较发育，区域内以基岩裂隙水为主，浅部残坡积层赋存松散岩类孔隙水，洞口围岩变化段水系较发达。隧道施工采用钻爆法进行光面爆破，施工中按照爆破设计布置了周边眼、掏槽眼及辅助眼。

2. 问题：

（1）根据背景材料，用光面爆破是否合适？什么叫光面爆破？

（2）根据背景材料，采用光面爆破要注意哪些技术要求？

（3）背景中布置的掏槽眼、辅助眼、周边眼各有什么作用？

【案例 34】

1. 背景材料：

某公路隧道为单洞双向行驶两车道隧道，全长 4279m，最大埋深 1049m。隧道净空宽度 9.14m，净空高度 6.98m，净空面积为 56.45m²。该隧道其围岩主要为弱风化硬质页岩，属IV～V级围岩，稳定性较差。根据该隧道的地质条件和开挖断面宽度，承包人拟采用台阶分部法施工。隧道开挖过程中，由于地下水发育，洞壁局部有股水涌出，特别是断层地带岩石破碎，裂隙发育，涌水更为严重。施工中采取了超前围岩预注浆堵水，在该隧道施工过程中还进行了监控量测，并指导二次衬砌的施作。

2. 问题：

（1）根据背景材料，施工单位开展监控量测的主要目的是什么？

（2）根据背景材料，洞内涌水采用井点降水施工应符合的要求有哪些？

（3）根据背景材料，二次衬砌的施作应在什么条件下才能进行？

【案例35】

1. 背景材料：

某公路隧道为浅埋隧道，设计净高5.0m，净宽14.0m，隧道长280m。隧道区域内主要为中等风化岩石，隧道区域内地表水系较发育，区域内以基岩裂隙水为主，浅部残坡积层赋存松散岩类孔隙水，洞口围岩变化段水系较发达。施工单位针对隧道的特点，加强了浅埋段和洞口段的开挖施工，并根据地质条件、地表沉陷对地面建筑物的影响以及保障施工安全等因素选择了开挖方法，并做好喷射混凝土和锚杆支护的工作。

2. 问题：

（1）对于隧道浅埋段的施工，除背景材料中提到的注意事项外，还要注意哪些方面的问题？

（2）根据背景材料，喷射混凝土要注意哪些问题？

（3）根据背景材料，锚杆支护的施工要注意哪些事项？

【案例36】

1. 背景材料：

某高速公路全长450km，全线设6个互通式立体交叉，2个和其他高速公路连接，4个连接地方二级公路。监控系统采用三级管理方式。

某施工单位承担该高速公路收费系统的施工，其中包括计算机系统、收费视频监视系统……设计文件设计的货车按车型收费，施工过程中业主要求对货车采用计重收费，增设计重系统。设计单位进行了设计变更。

2. 问题：

（1）绘制该高速公路监控系统的管理结构图。

（2）具备什么资质能承担该工程的施工？

（3）补充该高速公路收费系统中还需要的系统。

【案例37】

1. 背景材料：

某条高速公路全长80km，路段上有6个互通立交，并有1.8km和2.1km的长隧道两座。

根据提供的交通量，两个隧道都设计有通风、照明及隧道变电所，并有完整的监控系统及通信系统。该路设有一处监控分中心，能实现隧道变电所无人值守，能和省监控中心实现联网互传信息，以及为运营管理者提供信息。

2. 问题：

（1）此路的监控系统按功能分为哪些子系统？

（2）此路的监控系统具有哪些主要功能？

【案例38】

1. **背景材料：**

某承包商中标某高速公路的机电系统。该高速公路的管理体制为二级：收费站→收费分中心，其中收费系统的收费视频监视子系统作为分项工程进行施工，并采用收费站和收费分中心二级监视方式。该子系统的摄像机包括广场摄像机、车道摄像机、收费亭摄像机、金库摄像机、监控室摄像机，并配有监视器、视频切换控制矩阵、数字录像设备等。

2. 问题：

（1）请根据背景材料中的设备，简述其收费视频监视子系统的功能。

（2）简述广场摄像机的具体安装要求。

【案例39】

1. **背景材料：**

某隧道施工完成后，进行了供配电、照明系统设施的安装，其中变压器为油浸变压器，由于工期延误，变压器运到现场100d后才进行安装。电缆敷设在沟内时遵循了低压在上、高压在下的原则，敷设时还要求金属支架、导管必须接地（PE）或接零（PEN）可靠。

在交通监控方面，隧道由监控分中心统一监控，监控中心设有完善的子系统，包括交通信号监控系统、视频监控系统、供配电监控系统、隧道照明控制系统、调度指令电话系统、有线广播系统等。

2. 问题

（1）根据背景材料，油浸变压器安装前应做何处理？指出并改正电缆敷设的错误之处。

（2）除背景材料中给出的监控子系统外，还应有哪些监控子系统？（至少列出三种）

【案例40】

1. **背景材料：**

某施工单位中标承包AB路段双向4车道高速公路交通工程的施工。该路段全长105km，设计速度100km/h，有8个互通式立交，采用封闭式收费，使用非接触式IC卡，全线设8个匝道收费站，收费站监控室有人值守进行收费管理，设一个监控、收费及通信分中心，并且在监控中心值班大厅进行收费和监控的集中监视和控制。收费站（包括车道计算机等）、收费分中心、监控分中心计算机系统都是独立的局域网，并相互连接组成广域网。

该工程在实施中发生如下事件：

事件1：在施工准备阶段，项目部积极组织人员编写了施工组织设计。针对交通工程的特点，在施工组织设计中重点考虑土建、管道、房建施工进度安排，以及施工顺序及工艺的内容。

事件2：为了争取施工时间，当监控分中心的大屏幕投影机到货后，施工人员马上在现场开箱，并对其规格、数量进行了检查，随即进行了安装。

事件3：在监控、收费、通信系统的安装和单体测试完成后，随即准备进行系统调试和交工。

2. 问题：

（1）针对交通工程的特点，补充事件1中的施工组织设计还应重点考虑的内容。

（2）指出事件2在设备检查方式和检查内容方面存在的问题。设备安装完毕后，还应重点检查哪两项内容才能进行通电试验与测试？

（3）将本项目的收费系统分成三个测试用的子系统。

（4）集成后的收费系统应该进行哪些方面的系统调（测）试？

1B420000　公路工程项目施工管理

【案例1】

1. 背景材料：

某道路改建工程 A 合同段，道路正东西走向，全长 973.5m，车行道宽度 15m，两边人行道各 3m 与道路中心线平行且向北，需新建 DN800mm 雨水管道 973m。新建路面结构为 150mm 厚砾石砂垫层，350mm 厚二灰混合料基层，80mm 厚中粒式沥青混凝土，40mm 厚 SMA 改性沥青混凝土面层。合同规定的开工日期为5月5日，竣工日期为当年9月30日。合同要求施工期间维持半幅交通，工程施工时正值高温台风季节。

某道路公司中标该工程以后，编制了施工组织设计，按规定获得批准后，开始施工。施工组织设计中绘制了以下的总体施工网络计划图：

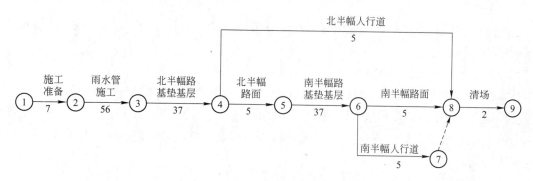

施工网络计划图

网络图中，雨水管施工时间已包含连接管和雨水口的施工时间；路基、垫层、基层施工时间中已包含旧路翻挖、砌筑路缘石的施工时间。

为保证 SMA 改性沥青面层施工质量，施工组织设计中规定摊铺温度不低于160℃，初压开始温度不低于150℃，碾压终了的表面温度不低于90℃；采用振动压路机，由低处向高处碾压，不得用轮胎压路机碾压。

2. 问题：

（1）指出本工程总体施工网络图计划中的关键线路。

（2）将本工程总体施工网络计划改成横道图，横道图格式如下。

（3）根据总体施工网络图，指出可采用流水施工压缩工期的分项工程。

（4）补全本工程 SMA 改性沥青面层碾压施工要求。

分部分项	持续时间		时间进度（旬＝10d）
	北幅	南幅	
准备	7		
雨水管	56	—	
路基垫层 基层	37	37	
路面	5	5	
人行道	5	5	
清场	2		

【案例2】

1. 背景材料：

某高速公路工程 B 合同段，桩号为 K6＋000～K26＋500，全长 20.5km。其中路基土方为 180 万 m³，绝大部分是借土填方。下面是该合同段实施施工组织设计中某路段路基填筑的施工方案描述。

（1）土质分析

本路段主要是粉质土，颗粒组成以小于 0.075mm 为主，属于细粒土组，是较好的路基填筑材料。

（2）压实机具的选择与操作

本路段选用 CA25D 和 YZT16 型振动压路机组合碾压施工。施工过程中，压路机行走速度控制在 2～3km/h。开始时土体松散，采用轻压（静压），然后用最大振动力进行振压，压力越大压实效果越好。先压中间，然后向两边压实，并注意纵向和横向压实时的重叠，确保压实均匀。

（3）实验路段的结果

在 K18＋100～K18＋200 处，分别取三种松铺厚度 20cm、30cm、40cm 进行试验，结果如下：

试验路段击实试验表层

松铺厚度	CA25D 静压遍数	YZT16 振压遍数	CA25D 静压遍数	压 实 结 果									检测位置
				点　位	1	2	3	4	5	6	7	8	
20cm	1	2	1	含水量（%）	10.8	12.5	13.4	14.6	11.9	14.8	15.2	15.1	＋100 ① ⑤ ② ⑥ ③ ⑦ ④ ⑧ ＋200 路中线
				压实厚度（cm）	15.4	15.7	15.5	15.0	15.5	15.3	15.6	15.5	
				压实度（%）	91	93	94	93	92	93	93	98	

松铺厚度	CA25D 静压遍数	YZT16 振压遍数	CA25D 静压遍数	压实结果									检测位置
				点 位	1	2	3	4	5	6	7	8	
20cm	1	3	1	含水量（%）	11.0	12.4	13.4	14.4	11.8	14.7	15.1	15.2	
				压实厚度（cm）	15.2	15.4	15.4	15.2	15.3	15.2	15.4	15.3	
				压实度（%）	94	95	96	95	94	95	95	94	
	1	4	1	含水量（%）	11.0	12.5	13.4	14.5	12.0	14.7	15.2	15.2	
				压实厚度（cm）	15.2	15.3	15.4	15.1	15.2	15.1	14.9	14.9	
				压实度（%）	97	98	99	98	97	97	96	97	
	1	5	1	含水量（%）	10.9	12.6	13.4	14.7	12.0	14.9	15.1	15.0	
				压实厚度（cm）	15.1	15.2	15.2	15.1	15.2	15.1	14.8	14.7	
				压实度（%）	99	100	100	100	99	99	99	100	
30cm	1	2	1	含水量（%）	10.8	12.5	13.4	14.6	12.0	14.7	15.2	15.2	＋100 ① ⑤ ② ⑥ ③ ⑦ ④ ⑧ ＋200 路中线
				压实厚度（cm）	23.5	23.4	23.5	23.4	23.8	23.4	23.5	23.7	
				压实度（%）	88	89	91	90	88	90	89	88	
	1	3	1	含水量（%）	10.8	12.4	13.4	14.5	12.1	14.8	15.1	15.2	
				压实厚度（cm）	23.3	23.2	23.2	23.2	23.5	23.2	23.2	23.5	
				压实度（%）	91	92	94	95	92	92	93	91	
	1	4	1	含水量（%）	10.9	12.5	13.4	14.5	12.3	14.7	15.2	15.1	
				压实厚度（cm）	23.2	23.1	23.2	23.1	23.3	23.2	23.1	23.3	
				压实度（%）	94	94	97	95	93	94	95	94	
	1	5	1	含水量（%）	10.8	12.6	13.4	14.6	12.4	14.8	15.2	15.2	
				压实厚度（cm）	23.0	22.9	23.1	23.0	23.0	23.1	22.8	23.0	
				压实度（%）	96	98	99	98	98	98	97	97	
40cm	1	3	1	含水量（%）	12.6	13.4	14.3	14.8	15.0	11.9	11.5	11.0	
				压实厚度（cm）	32.5	32.4	32.5	32.3	32.4	32.5	32.6	32.7	
				压实度（%）	86	88	86	87	87	87	86	85	
	1	4	1	含水量（%）	12.5	13.4	14.4	14.7	15.1	11.8	11.4	11.1	
				压实厚度（cm）	32.3	32.2	32.3	32.1	32.2	32.3	32.3	32.4	
				压实度（%）	90	90	91	91	90	89	88	87	

松铺厚度	CA25D 静压遍数	YZT16 振压遍数	CA25D 静压遍数	压 实 结 果									检测位置
				点 位	1	2	3	4	5	6	7	8	
40cm	1	5	1	含水量（%）	12.4	13.4	14.5	14.5	14.9	12.5	11.5	11.2	＋100 ① ⑤ ② ⑥ ③ ⑦ ④ ⑧ ＋200 路中线
				压实厚度（cm）	32.2	32.1	32.2	32.0	32.0	32.1	32.1	32.3	
				压实度（%）	91	93	91	91	91	90	89	88	
	1	6	1	含水量（%）	12.4	13.4	14.4	14.6	14.9	12.1	11.6	11.0	
				压实厚度（cm）	32.2	32.2	32.2	32.1	32.1	32.1	32.1	32.1	
				压实度（%）	92	94	91	91	91	91	90	89	

2. 问题：

（1）根据已经给出施工方案的文字内容评价其施工方案。

① 土的分类是否正确？说明理由。该类土作为路基填筑材料的评价是否正确？说明理由。

② 选用的振动压路机组合碾压施工是否正确？说明理由。

③ 压路机施工的描述哪些是正确的？哪些是错误的？说明理由。

（2）根据实验路段的结果选择该路段粉质土的最佳含水量为多少？路基土的松铺厚度应选择多厚？说明理由。

【案例3】

1. 背景材料：

某大桥位于长江的支流，桥垮为 $2×30m + 5×45m$。两岸桥台采用重力式桥台，基础为扩大基础；墩为柱式墩，基础为桩基础；上部为预应力简支 T 梁。

1）该大桥的施工组织设计有以下内容：

（1）编制说明；

（2）编制依据；

（3）工程概况；

（4）主要工程项目的施工方案；

（5）施工进度计划；

（6）各项资源需求计划；

（7）施工总平面图设计；

（8）季节性施工技术措施。

2）有关分部（分项）工程的施工方案和方法描述如下：

（1）桥梁 0 号桥台和 7 号桥台基础施工

0 号桥台和 7 号桥台设计为浅埋扩大基础，基础置于中风化或微风化的岩层上，风化带浅基岩层覆盖层薄。由于常年有水，故采用围堰施工。施工顺序为：

基础开挖→围堰施工→基础排水→安装模板→绑扎钢筋→浇筑混凝土。

（2）桥梁 1 号桥墩和 6 号桥墩桩基础和承台施工

1 号桥墩和 6 号桥墩桩基础设计为钻孔灌注桩基础。该段河床泥面较高，风化层较厚，施工方法为：在 1 号桥墩和 6 号桥墩位置所筑的岛上用钻机全护筒钻孔和灌注混凝土。钻孔桩完成后打钢板桩围堰，抽水浇筑承台。施工顺序为：

筑捣→钻孔桩施工→围堰施工→水中基坑开挖→抽水→封底→安装模板→绑扎钢筋→浇筑混凝土。

（3）桥梁 2 号桥墩至 5 号桥墩桩基础和承台施工

2 号桥墩和 5 号桥墩处堰面起伏较大、水深，设计的钻孔灌注桩要求嵌岩较深。考虑到由于水深筑捣做围堰较困难，决定使用钢管桩搭设施工平台，轻型冲击钻机施钻，钻孔桩完成后，利用平台吊装钢套箱就位，然后进行承台施工。具体施工方法如下：

① 沉入钢管桩作为施工平台的支撑，用贝雷梁片组成平台骨架，上铺方木形成平台。

② 在平台上先打入 8mm 厚的钢板制成的内径比桩径大 25cm 的护筒，作为钻孔桩的护筒。使用定位架保证定位准确。

③ 安装钻孔设备后，进行钻孔。对于河床的淤泥覆盖层用冲抓钻的抓斗清除，而岩层则用轻型冲击钻机成孔。

④ 终孔检查合格后，应迅速清孔，采用清水换浆法。清孔时必须保持孔内的水头，提管时避免碰孔壁。

⑤ 清孔完成经成孔检查合格后即可进行钢筋笼的吊装工作。钢筋笼接长时每根钢筋应在同一横截面按规范要求的搭接长度进行焊接。钢筋笼安放应牢固，以防止在混凝土浇筑过程中钢筋笼浮起，可在钢筋笼周边安放圆形混凝土保护层垫块。

⑥ 钢筋笼安放完成后，进行混凝土灌注。水下混凝土采用导管法进行灌注，导管使用前应进行闭水试验（水密、承压、接头抗拉）。施工中导管内应始终充满混凝土。随着混凝土的不断浇入，应及时测量并提拔拆除导管，使导管埋入混凝土中的深度保持在 2m 以内。

⑦ 钻孔桩完成后，利用平台沉放钢套箱进行承台的施工。将钢套箱内的泥面整平后紧接进行相关的工序。

（4）桥梁下部墩身施工

承台混凝土达到规定强度要求后，即进行墩身混凝土施工。墩身分为上下两节施工，上节高 6m，下节随墩高变化而定。施工顺序：

下节模板安装→下节钢筋绑扎→下节混凝土浇筑→上节模板安装→上节钢筋绑扎→上节混凝土浇筑。

（5）桥梁上部后张法预应力 T 梁预制要点

①T 梁预制台座的建造

根据地形选择 0 号桥台这侧河岸的一块高地整平压实后作为 T 梁的预制场。台座用表面压光的梁（板）筑成，台座应坚固不沉陷，以保证底模不沉降。台座上铺钢板底模并考虑与侧模的连接，钢板底模和台座应保持水平。

②钢筋骨架制作、预应力孔管道的固定和压浆孔的设置

在绑扎工作台上将钢筋绑扎焊接成钢筋骨架，把预应力孔管道按坐标位置固定，并用龙门吊机将钢筋骨架吊装入模。在孔道两端设置压浆孔，在最低处设置排气孔。

③混凝土浇筑、预应力张拉和压浆

混凝土浇筑达到强度后，按规范要求进行预应力张拉。张拉控制应力达到设计要求后立即进行预应力钢筋锚固。在孔道冲洗干净吹干后，用压浆泵从梁两端压浆孔各压浆一次，直到水泥浆充满整个孔道为止。

（6）桥梁上部预应力T梁吊装

T梁吊装采用双导梁架桥机架设法。

2. 问题：

（1）补充完善一般施工组织设计应包含的内容。

（2）请对桥梁施工方案和施工方法的描述作出评价：

①桥台基础施工中的施工顺序正确与否？说明理由。

②1号墩和6号墩的桩基础与承台的施工顺序是否正确？说明理由。

③2～5号墩的桩基础的施工方法逐点评价是否正确？说明理由。

④写出2～5号墩的承台施工相关工序的顺序。

⑤桥梁下部墩身施工顺序正确与否？说明理由。

⑥对后张法预应力T梁预制要点逐点评价其正确与否？说明理由。

⑦评价T梁吊装采用双导梁架桥机架设法的正确与否？说明理由。

【案例4】

1. 背景材料：

某施工单位承建一山岭隧道工程，该隧道为分离式双向四车道公路隧道，起讫桩号K23＋510～K26＋235，全长2725m。岩性为砂岩、页岩互层，节理发育，有一条F断层破碎带，地下水较丰富。隧道埋深18～570m，左、右洞间距30m，地质情况相同，围岩级别分布如图所示。

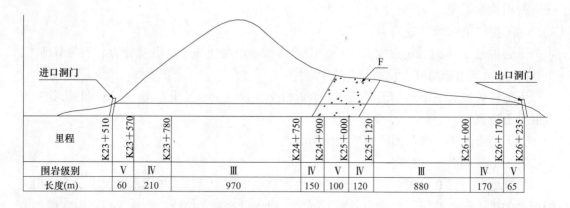

里程	K23+510	K23+570	K23+780		K24+750	K24+900	K25+000	K25+120		K26+000	K26+170	K26+235
围岩级别	V	IV	III		IV	V	IV		III		IV	V
长度(m)	60	210	970		150	100	120		880		170	65

该隧道设计支护结构为复合式衬砌，即：喷锚初期支护加二次混凝土衬砌，Ⅳ、Ⅴ级围岩设钢支撑和仰拱。本工程合同工期为22个月，施工过程中发生如下事件：

事件一：施工单位决定按进、出口两个工区组织施工，左洞进、出口同时进洞施工，采用钻爆法开挖，模板台车衬砌。施工组织设计中，明确了开挖支护月进度指标为：Ⅲ级围岩135m/月，Ⅳ级围岩95m/月，Ⅴ级围岩50m/月；施工准备2个月，左、右洞错开施工，右洞开工滞后左洞1个月，二衬滞后开挖支护1个月，沟槽及路面工期3个月，贯通里程桩号设定在K24+900。在设计无变更情况下，满足合同工期要求，安全优质完成该工程。

事件二：隧道开挖过程中，某些段落施工单位采用环形开挖留核心土法开挖，该方法包括以下工序：①上台阶环形开挖；②核心土开挖；③上部初期支护；④左侧下台阶开挖；⑤右侧下台阶开挖；⑥左侧下部初期支护；⑦右侧下部初期支护；⑧仰拱开挖、支护。部分工序位置如下图所示。

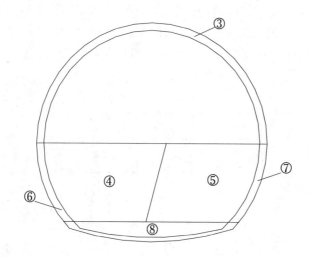

2. 问题：

（1）根据背景材料，计算各级围岩总长及所占比例。（以百分比表示，四舍五入，小数点后保留一位）

（2）分别写出适用于该隧道Ⅲ、Ⅳ级围岩的施工方法。

（3）针对事件一，计算隧道施工工期。（单位：月，小数点后保留一位）

（4）针对事件二，复制图至答题卡上，在图中按环形开挖留核心土法补充开挖线，并在图中填写工序①和②的位置；并写出工序①～⑧的正确排序。（以"②→③→⑥→……"格式作答）

【案例5】

1. 背景材料：

施工单位承接了某丘陵区一级公路路基施工任务。施工单位编制了路基施工组织设计，并对施工组织设计进行了优化，重点优化了施工方案，主要包括施工方法的优化、施工作业组织形式的优化、施工劳动组织的优化。技术人员根据路基横断面计算出土石方的断面方数，经复核后，进行土石方纵向调配。调配时考虑到技术经济条件，尽量在经济合理的范围内移挖作填，使路堑和路堤中土石方数量达到平衡，减少了弃方与借方。全标段路基挖方土质为普通土，平均运距 50m 的土方有 15 万 m^3，平均运距 200m 的土方有 10 万 m^3，平均运距 3000m 的土方有 8 万 m^3。

2. 问题：

（1）补充施工方案的优化内容。

（2）针对平均运距 3000m 的土方，写出宜配置的挖运施工机械。

（3）计算全标段土方的平均运距。（计算结果取整数）

【案例 6】

1. 背景材料：

某公路工程于 2013 年 6 月签订合同并开始施工，合同工期为 30 个月。2014 年 1 月开始桥梁上部结构施工。承包人按合同工期要求编制了桥梁上部结构混凝土工程施工进度时标网络计划（如下图所示），该部分各项工作均按最早时间安排，且等速施工，监理工程师批准了该计划。

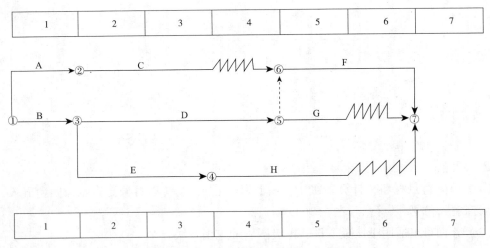

施工进度网络计划图

C 工作为预应力混凝土。C 工作完成后，监理工程师对计量结果进行了审查，签字确认后，承包人报业主申请支付工程款。

施工期间，工作 D、E、F 的实际工程量与计划工程量相比有所减少，但实际工作持续时间与计划持续时间相同。由于业主修改匝道设计，致使 H 工作推迟开工一个月，另外由于工程量增加，致使该工作的持续时间延长了一个月。各工作的计划工程量与实际工程量见下表。

计划工程量和实际工程量表

工作	A	B	C	D	E	F	G	H
计划工程量（m³）	3000	2800	5400	9600	5200	4200	2800	4000
实际工程量（m³）	3000	2800	5400	9000	4800	3800	2800	5400

合同约定，桥梁上部结构混凝土工程综合单价为 1000 元 /m³，按月结算。结算价按照项目所在地结构混凝土工程价格指数进行调整，项目实施期间各月结构混凝土工程基期价格指数见下表（2013 年 6 月为基期）。

结构混凝土工程基期价格指数表

时间（年–月份）	2013–6	2014–1	2014–2	2014–3	2014–4	2014–5	2014–6	2014–7
价格指数	100	115	110	110	105	120	120	110

2. 问题：

（1）网络计划中，E 工作的自由时差和总时差各为多少个月？

（2）C 工作的计量程序是否正确？说明理由。监理工程师对计量结果审查的主要内容有哪些？

（3）计算 H 工作各月的已完工作预算费用（BCWP）和已完工作实际费用（ACWP）。

（4）计算 2014 年 5 月末费用偏差（CV）和进度偏差（SV）。

【案例 7】

1. 背景材料：

某公路一级施工企业进行某高速公路合同段的施工。在其编制的施工组织设计中包括施工平面布置图，从图中反映了该工程的以下内容：

（1）原有地形和地貌；

（2）沿线的生产、行政、生活等区域的规划及其设施；

（3）沿线的便道、便桥及其他临时设施；

（4）施工防排水临时设施；

（5）新建线路中线位置及里程或主要结构物平面位置；

（6）标出需要拆迁的建筑物；

（7）划分的施工区段；

（8）取土和弃土场位置；

（9）标出已有的公路、铁路线路方向和位置与里程及与施工项目的关系，以及因施工需要临时改移的公路的位置。

2. 问题：

（1）施工平面布置图所反映的内容中有何不妥之处？

（2）以上施工平面布置图所反映的内容中，一般还应增加哪些内容需要反映?

（3）施工平面布置图一般应遵循的设计原则有哪些?

【案例 8】

1. 背景材料：

某施工单位承接了一座 4×20m 简支梁桥工程。桥梁采用扩大基础，墩身平均高 10m。项目为单价合同。项目部拟就 1~3 号排架组织流水施工，各段流水节拍见下表。

工序 \ 段落	1 号排架	2 号排架	3 号排架
扩大基础施工（A）	10d	12d	15d
墩身施工（B）	15d	20d	15d
盖梁施工（C）	10d	10d	10d

注：表中排架由基础、墩身和盖梁三部分组成。

根据施工组织和技术要求，基础施工完成后至少 10d 才能施工墩身。

2. 问题：

（1）计算排架施工的流水工期（列出计算过程），并绘制流水横道图。

（2）流水作业的时间参数有哪些?

【案例 9】

1. 背景材料：

某公路路面工程，里程桩号为 K5＋000~K29＋000，总长度为 24km。路面结构层分为级配砾石底基层、水泥稳定碎石基层、沥青面层（单层）。建设单位（业主）希望施工单位尽可能用最短时间完成该路面工程施工。施工单位根据自己的能力准备组织 2 个路面施工队平行施工以完成该路面工程。每个路面施工队的施工能力相同，各完成 12km。根据以往类似工程的施工经验，底基层专业队组（班组）施工进度（速度）200m/d（已经包含各种影响，下同）；水泥稳定碎石基层专业队组施工进度 150m/d，养护时间至少 7d，所需工作面的最小长度为 1000m；沥青面层专业队组施工进度为 160m/d，所需最小工作面长度 1200m。要求施工单位用最快方式，根据上述给定条件组织路面工程线性流水施工。以下是施工单位所作的计算和施工进度计划横道图：

（1）各结构层工作的持续时间计算为底基层 60d，基层 80d，面层 75d。

（2）底基层与基层之间逻辑关系 STS（开始到开始）搭接关系，搭接时距计算结果为 1000/200 = 5d。

（3）基层与面层之间的逻辑关系 STS 搭接关系，搭接时距计算结果为 1200/150 = 8d，考虑到基层的养护至少 7d，所以基层与面层的开始到开始时间间隔为 8＋7 = 15d。

（4）根据以上计算结果，路面工程的总工期 = 5＋15＋75 = 95d，其施工进度计划横道图表示如下。

施工队	工作内容	时间（d）																	
		5	10	15	20	25	30	35	40	45	50	55	60	65	70	75	80	85	90	95
第一路面队	底基层																			
	基层																			
	面层																			
第二路面队	底基层																			
	基层																			
	面层																			

2. 问题：

（1）评价采用 2 个路面施工队平行施工这种施工组织方式的前提条件和实际效果。

（2）评价该施工单位所进行的计算正确性以及进度计划安排的合理与否。

① 各工序的持续时间的计算是否正确？错误请改正。

② 底基层与基层之间的搭接关系选择是否正确？为什么？错误请改正。

③ 底基层与基层之间的搭接时距计算是否正确？错误请改正。

④ 基层与面层之间的搭接关系选择是否正确？为什么？错误请改正。

⑤ 基层与面层之间的搭接时距计算是否正确？错误请改正。

⑥ 路面工程的总工期的计算以及其施工进度计划横道图表示是否正确？错误请改正。

【案例 10】

1. 背景材料：

某施工单位承建一座高架桥，该桥的上部结构为 30m 跨径的预应力小箱梁结构，共 120 片预制箱梁。预制场平面布置示意图如下图所示。

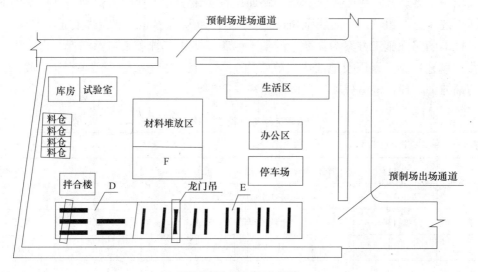

预制场平面布置示意图

预制场 D 区域设 5 个制梁台座（编号 1～5）。采用一套外模、两套内模。每片梁的生产周期为 10d，其中 A 工序（即钢筋工程）2d，B 工序（模板安装、混凝土浇筑、模板拆除）2d，C 工序（混凝土养护、预应力张拉与移梁）6d。5 个预制梁台座的预制梁横道图如下图所示。

台座	时间（d）								
	2	4	6	8	10	12	14	16	18
1 号	A	B		C					
2 号		A	B		C				
3 号			A	B		C			
4 号				A	B		C		
5 号					A	B		C	

5 个预制梁台座的预制梁横道图

2. 问题：

（1）图中 E 和 F 分别表示预制场的什么区域？

（2）根据背景材料，计算最短流水施工工期。

（3）如果预制梁台座只有 4 座，计算最短流水施工工期。

（4）如果预制梁台座只有 6 座，计算最短流水施工工期。

【案例 11】

1. 背景材料：

某城市郊区新建一级公路长 3km，路面设计宽度 15m，含中型桥梁一座。路面面层结构为沥青混凝土。粗粒式下面层厚 8cm，中粒式中面层厚 6cm，细粒式上面层厚 4cm。

经批准的路面施工方案为：沥青混凝土由工厂集中厂拌（不考虑沥青拌合厂设备安装拆除费、场地平整、碾压及地面垫层等费用），8t 自卸汽车运输，平均运距 3.98km，摊铺机分两幅摊铺。预算定额分项（直接工程费）见下表。

预算定额（直接工程费）表

序号	定额号	名称	单位	单价（元）
1	2-2-11-16	细粒式沥青混合料拌合（生产能力 160t/h）	m³	631.31
2	2-2-13-21	15t 内自卸车运沥青混合料	m³	5.743
3	2-2-13-22	15t 内自卸车每增 0.5km	m³	0.5
4	2-2-14-44	8.5m 内摊铺机摊铺沥青混合料	m³	13.84
5	2-2-15-4	沥青混合料拌合设备安拆	m³	405453

合同中路基回填土方量为 11000m³，综合单价为 20 元 /m³，且规定实际工程量增加或减少超过（或等于）10% 时可调整单价，单价调整为 18 元 /m³ 或 22 元 /m³。

在工程开工前，施工单位向监理单位提交了桥梁施工进度计划，如下图所示（单位：d），监理工程师批准了该计划。

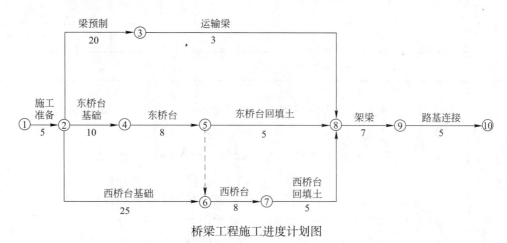

桥梁工程施工进度计划图

施工过程中发生了如下事件：

事件 1：经监理工程师计量，施工单位实际完成的路基回填土方量为 10000m³。

事件 2：工地附近无电源。为此施工单位准备了一台发电机组。西桥台基础第一桩从 7 月 6 日 7：00 开始灌注混凝土，12：00 因发电机组故障，灌注作业被迫停工，施工单位立即组织人员抢修，于 3 小时后修复，导管拔出就位到原灌注顶部后继续灌注。

事件 3：东桥台施工过程中，基础出现裂缝，裂缝产生的原因是设计方案不完善，监理工程师立即下达了该工作暂停令。经监理工程师审核，裂缝处理费用增加 25 万元，工期增加 10 天，停工期间窝工费用补偿 1 万元。

事件 4：基础施工完成后，业主要求增加一小型圆管涵。施工单位接到监理指令后立即安排施工。由于原合同无可参考价格，施工单位按照定额计价并及时向监理工程师提交了圆管涵的报价单。监理工程师审核后认为报价太高，多次与施工单位协商未达成一致，最后总监理工程师做出价格确定。施工单位不接受监理审批的价格，立即停止圆管涵施工，并书面通知监理工程师，明确提出只有在圆管涵价格可接受后才能继续施工。

2. 问题：

（1）按下表计算细粒式沥青混凝土的直接工程费。（下表序号与题干中序号一致，计算结果保留小数点后一位）

序号	单价（元）	工程量	合计（元）
1			
2			

序号	单价（元）	工程量	合计（元）
3			
4			
5			
直接费总计			

（2）针对事件 1，根据合同规定是否可以调整单价？说明理由。路基回填土石方的结算工程款为多少万元？

（3）按照施工单位提交的桥梁施工进度计划，计算桥梁的计划工期，并写出关键线路。

（4）针对事件 2，施工单位在桩基施工准备方面存在的主要问题是什么？

（5）针对事件 2，判断桩基质量是否合格？说明理由。

（6）针对事件 3，计算施工单位可以获得的工期索赔和费用索赔。

（7）针对事件 4，施工单位停工的做法是否正确？说明理由。

【案例 12】

1. 背景材料：

某施工单位承接了一级公路某标段施工任务，标段内有 5 座多跨简支梁桥，桥梁上部结构均采用 20m 先张预应力空心板，5 座桥梁共计 22 跨，每跨空心板数量均为 20 片。施工单位在路基上设置了如下图所示的预制场，所有空心板集中预制。

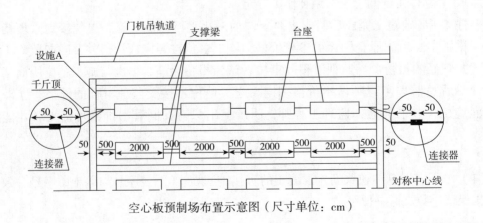

空心板预制场布置示意图（尺寸单位：cm）

施工单位定制了 8 套模板（外模 8 套、充气式胶囊内模 8 套）循环重复用，设定每片空心板预制周期为 7 天，整个预制施工采取平行流水作业，前 20 片空心板预制施工横道图如下表。

时间 预制数量	第1天	第2天	第3天	第4天	第5天	第6天	第7天	第8天	第9天
8片									
8片									
4片									

2. 问题：

（1）写出图中设施A的名称。计算所有空心板预制完成的工期。

（2）此题中平行流水的平行含义是指什么之间的平行？要进行流水的原因是什么？流水指什么具体工作内容之间流水？

（3）如果这5座桥共有22跨简支梁桥，那么这5座简支梁桥的上部结构空心板安装是采用平行作业还是顺序作业？为什么？

（4）如果安装桥的一跨空心板需要3d，为保证安装空心板连续施工，存放空心板的梁区至少需要容下多少片空心板？

（5）有人计算该题所有空心板预制完成的工期为：$22×20÷8 = 55$ 施工段，取88个施工段，工期 $=（55-1）×1 + 7 = 61d$。如果要61d完成所有空心板预制，在只有8套模板不变的情况下预制场应满足什么条件？请列出分析和计算过程。

【案例13】

1. 背景材料：

某施工单位承接了一座特大型桥梁工程，为了更好地开展施工技术管理工作，项目部在施工准备阶段进行了如下技术管理工作：

事件1：技术策划由项目经理负责组织，项目技术管理部门和参建单位有关技术人员参加。技术策划应在充分理解合同文件与设计文件、施工调查和项目部自身资源及技术条件的基础上进行，并充分体现项目管理层预期。

事件2：工程开工前，在业主（或监理）主持下，由设计单位向施工单位在项目部会议室进行书面交桩，设计单位将路线勘测时所设置的导线控制点、水准控制点及其他重要点位的桩位及相关技术资料逐一交给施工单位，并经双方签字确认，交桩工作即完成。

项目部接受导线控制点、水准控制点的桩位后，由于工期紧，施工单位随即将资料用于现场测量放样。

2. 问题：

（1）指出事件1中的错误，并说明在技术策划中，针对主要施工技术方案需要做的策划内容。

（2）指出事件2中的错误，并改正。

【案例14】

1. 背景材料：

某施工单位承接了一座隧道施工任务，在开工前，进行了如下施工技术交底工作：

事件1：要求技术交底必须分级进行，其中第一级是项目总工向项目各部门负责人及全体技术人员进行交底。

事件2：第一级交底包括：合同文件中规定使用的有关技术规范、监理办法及总工期；设计文件、施工图纸的说明和施工特点以及试验工程项目的施工技术标准、采用的工艺……

事件3：技术交底的方法主要是以口头交底为主。

2. 问题：

（1）针对事件1，项目部的技术交底通常分几级？除了背景所叙述的第一级外，还有哪几级？

（2）补充事件2中第一级交底的内容。

（3）改正事件3的交底方式，并说明技术交底方法的主要要求。

【案例15】

1. 背景材料：

某高速公路某合同段，由甲承包商承包施工，为了保证测量工作的质量，施工单位对测量工作进行以下管理：

1）确定了公路工程施工测量管理内容：

（1）设计单位提供的控制性桩点的现场交桩及交桩成果的保护。

（2）研究设计图纸资料，复核交桩资料并勘察施工现场。

（3）制订施工测量方案，选定控制测量等级，确定测量方法。

（4）建立、复测和加密施工控制网及复测成果管理。

（5）施工测量放样和验收检测工作。

2）对施工放样测量作出具体要求。

2. 问题：

（1）补充公路工程施工测量管理的其他内容。

（2）列出施工放样测量的具体要求。

【案例16】

1. 背景材料：

某工程项目，项目经理部为了控制原材料、构配件的质量，建立了工地实验室，制订如下管理制度：

（1）项目经理部必须严格控制工程进场的质量、型号、规格。在供货商提供了材料检验报告后，方可与供方签订供应合同。

（2）试验室在项目总工程师的领导下开展试验、检测工作。业务上受上级公司中心试验室领导，同时还需接受监理工程师的监督和检查。

（3）在施工过程中，试验室应按合同、规范或业主要求，分清与实验室试验、检测的项目，并按相应的试验规程进行试验检验工作。

（4）对压实度检测、混凝土试件制作、测定混凝土稠度、测定沥青混合料温度等频率较高的检测项目，试验人员按规定的取样地点、时间进行检测试验，试验管理人员进行15%频率的抽检。

（5）试验室对试验检测的原始记录和报告印成一定格式的表格，同时应有试验、计算、负责人签字及试验日期。

（6）对预制构件厂生产的预制构件，安装前应检验出厂合格证，内容包括：构件型号、规格数量、出池或出厂日期。

2. 问题：

（1）以上所列施工单位制订的原材料、构配件试验管理制度的（1）～（5）条是否有不妥或不完整之处？请逐条说明，若有不妥或不完整之处，请指出改正。

（2）请说出第（6）条中，检验后和安装后的管理制度的要求。

【案例17】

1. 背景材料：

某施工单位承接了一条长21km的二级公路的路基、路面工程，路基宽12m，水泥混凝土路面。为保证测量工作质量和提高测量工作效率，项目部制订了详细的测量管理制度，要求如下：

（1）测量队对有关设计文件和监理签认的控制网点测量资料，由两人共同进行核对，核对结果应作记录并进行签认，成果经项目技术主管复核签认，总工程师审核签认后方可使用。

（2）测量外业工作必须有多余观测，并构成闭合检测条件。

（3）对各工点、工序范围内的测量工作，测量组应自检、复核并签认，分工衔接的测量工作，由测量队或测量组进行互检、复核和签认。

（4）项目经理部总工程师和技术部门负责人要对测量队（组）执行测量复核签认制的情况进行检查，测量队对测量组执行测量复核签认制的情况进行检查，所有检查均应做好检查记录。

（5）测量记录与资料必须分类整理、妥善保管，并作为竣工文件的组成部分归档保存，具体归档资料包括以下内容：

① 交接桩资料、监理工程师提供的有关测量控制网点、放样数据变更文件。

② 各工点、各工序测量原始记录、观测方案布置图、放样数据计算书。

2. 问题：

（1）逐条判断测量管理制度中第（1）、（2）、（3）、（4）条是否正确？并改正错误之处。

（2）补充测量管理制度第（5）条中作为竣工文件的其他测量归档资料。

【案例 18】

1. 背景材料:

某承包人承接了一段高速公路路基工程,路基填料为土方。为确保项目的工期、质量、安全和成本,项目部制定了施工方案和一系列的规章制度。在路基施工中特别强调了土方路基施工的如下质量控制关键点:

(1)施工放样与断面测量。

(2)保证填土材料合格。

2. 问题:

(1)补充路基施工的质量控制关键点。

(2)如何保证填土材料合格?

【案例 19】

1. 背景材料:

某桥梁工程,其基础为钻孔桩。为了保证工程质量,项目经理部组成了以总工程师为组长的质量控制小组。

(1)确定了现场质量检查控制制度,内容如下:

① 工序交接检查:对关键工序或对工程质量有重大影响的工序,要在互检的基础上,组织专职人员进行交接检查,以确保工序合格。

② 停工后复工的检查:因处理质量问题或某种原因停工后再复工时,均应检查认可后方可复工。

③ 巡视检查:对施工操作质量应该进行巡视检查。

(2)确定了钻孔桩的质量控制点。内容包括:桩位坐标控制、垂直度控制、清孔质量控制等。

2. 问题:

(1)项目经理部制订的现场质量检查控制制度有哪些不完善之处?不完整的请补充。

(2)桥梁基础钻孔桩的质量控制点还应该有哪些?

【案例 20】

1. 背景材料:

某桥梁工程,设计为 T 形截面简支梁桥,施工技术人员为确保工程质量设置了如下一些质量控制点:

(1)支架施工;

(2)后浇段收缩控制;

(3)支座预埋件的位置控制;

(4)支座安装型号、方向的控制;

（5）伸缩缝安装质量的控制。

2. 问题：

（1）质量控制关键点按什么原则设置？

（2）该技术人员所列的质量控制点是否妥当？说明理由。

【案例 21】

1. 背景材料：

某高速公路 L 合同段（K55＋600～K56＋600）主要为路基土石方工程，本地区岩层构成为泥岩、砂岩互层，抗压强度 20MPa 左右，地表土覆盖层较薄。填方路段填料由挖方路段调运，填料中 71% 为石方，施工过程部分事件摘要如下：

事件 1：在填筑路堤时，施工单位采用土石混合分层铺筑，并用平地机整平每一层，最大层厚 40cm，填至接近路床底面标高时，改用土方填筑。局部路段因地形复杂而采用竖向填筑法施工。

事件 2：该路堤施工中，严格质量检验，实测了压实度、弯沉值、纵断高程、中线偏位、宽度、横坡、边坡。

2. 问题：

（1）指出事件 1 中施工方法存在的问题，并提出正确的施工方法。

（2）指出事件 2 中路堤质量检验实测项目哪个不正确？还需补充哪个实测项目？

【案例 22】

1. 背景材料：

某一级公路工程 K9＋000～K36＋000 段路面结构形式为：底基层采用填隙碎石，基层采用水泥稳定碎石，面层采用 C30 水泥混凝土。施工工期安排在某年夏天，日间气温高达 36℃，工程任务重、工期紧。路面施工完成后，该项目的施工单位对路面底基层、基层、面层进行了施工质量自检。对填隙碎石底基层检验实测了平整度、纵断高程、宽度、厚度、横坡。对水泥混凝土面层的检验实测了平整度、中线平面偏位、抗滑构造深度等，平整度用平整度仪按全线每车道每 200m 测 1 处，中线平面偏位用经纬仪进行检测，每 200m 测 2 点，抗滑构造深度用铺砂法进行检测，每 200m 测 1 处。检测结果均符合要求。

2. 问题：

（1）该施工单位对填隙碎石的实测项目是否全面？说明理由。

（2）指出施工单位对水泥混凝土面层的检验存在什么问题？

【案例 23】

1. 背景材料：

某施工单位进行桥梁下部结构施工，桥梁桥台采用扩大基础，桥墩采用钻孔灌注桩基础。单位编制了施工方案，由项目技术部门组织了审核，项目总工程师向项目各部门负责人及全体技术人员进行了技术交底的工作，来确保工程的顺利进行。为确保基础施工质量符合设计要求，需要设置质量控制点，并做好完工后的检验工作。

2. 问题：

（1）对于重大的技术方案的审批流程是什么？

（2）施工技术交底必须在相应工程内容施工前分级进行，分为几级？各级交底的对象是谁？

（3）技术交底的主要内容有哪些？

（4）在扩大基础施工时工程质量检验的基本要求有哪些？

【案例24】

1. 背景材料：

某桥主跨为40×50m预应力混凝土简支T梁桥，主墩基础为直径2.0m的钻孔灌注桩，桥址处地质为软岩层，设计深度为20m，采用回转钻进施工法钻孔。根据有关检验标准，施工单位制定了钻孔灌注桩的主要检验内容和实测项目如下：

（1）终孔和清孔后的孔位、孔形、孔径、倾斜度、泥浆相对密度。

（2）钻孔灌注桩的混凝土配合比。

（3）凿除桩头混凝土后钢筋保护层厚度。

（4）需嵌入柱身的锚固钢筋长度。

2. 问题：

（1）请补充钻孔灌注桩成孔质量检查的缺项部分。

（2）对钻孔灌注桩混凝土的检测是否合理？请说明理由。

【案例25】

1. 背景材料：

某施工单位承接了一座7×30m后张法预应力混凝土简支T梁桥，施工单位严格按照设计文件和相关施工技术规范的要求进行施工，并作了以下主要检验内容：混凝土强度、T梁的宽度和高度、梁长、支座表面平整度以及横系梁及预埋件位置。在质量控制方面，开展了主梁预制和现浇混凝土强度、支座预埋件位置、主梁高差、支座安装型号与方向等的控制。

2. 问题：

（1）施工单位对预制T梁的实测项目是否完整？

（2）在质量控制方面，还应开展哪些质量控制？

【案例26】

1. 背景材料：

某桥梁桥台采用扩大基础，桥墩采用钻孔灌注桩基础。为确保基础施工质量符合设计要求，需要设置质量控制点，并做好完工后的检验工作。

2．问题：

（1）扩大基础主要的质量控制点有哪些？

（2）钻孔灌注桩主要的质量控制点有哪些？

（3）明挖地基的主要检验内容有哪些？

【案例27】

1．背景材料：

某公路桥梁，下部构造为桩柱式实心桥墩，重力式桥台。施工单位工程部门在编制工程质量控制体系实施细则时，对墩柱施工中规定质量控制关键点如下：

（1）墩身钢筋骨架质量控制。

（2）墩身平面位置控制。

（3）墩身模板强度、刚度和支撑定位控制。

（4）墩身混凝土分层浇筑振捣质量控制。

在进行关键点质量控制的措施上，要求相关检测数据必须满足质量评定标准规定的偏差值，并规定墩柱主要检测内容为：断面尺寸、柱墩顶高程、竖直度、相邻间距。

2．问题：

（1）上述质量控制点设置是否正确？说明理由。

（2）如果基本要求满足评定标准规定，按以上墩柱主要检测内容检测合格，对混凝土浇筑外观鉴定扣分后，可否进行其分项工程质量评定？如不能进行，请说明理由。

【案例28】

1．背景材料：

在某桥梁总体施工完毕后，对其进行检测时，某技术人员制订了如下的桥梁总体检测项目：

（1）桥梁的净空。

（2）桥面中心偏位和桥面宽度。

（3）引道中心线与桥梁中心线的衔接以及桥头高程衔接。

其中对检测的要求规定如下：

（1）桥面中心偏位要求用经纬仪检查3～8处。

（2）桥面宽度（车行道、人行道）要求用钢尺量每孔3～5处。

（3）引道中心线与桥梁中心线的衔接，要求分别将引道中心线和桥梁中心线延长至两岸桥长端部，比较其平面位置，允许偏差±30mm。

（4）桥头高程衔接要求用水准仪测量。

2．问题：

（1）根据现行规范的相关要求，该技术员制订的检测项目是否完善？说明理由。

（2）根据现行规范的相关要求，该技术员对检测要求的描述是否正确？说明理由。

【案例 29】

1．背景材料：

京沈高速公路北京到沈阳的高速路是国家的重点建设项目，其中宝坻—山海关，全长 199km，为双向 6 车道高速公路。

沥青混凝土表面为 SBS 改性沥青混凝土。结构为 20cm 厚石灰稳定土层基层，18cm 厚石灰粉煤灰稳定碎石基层，19cm 厚水泥稳定碎石基层以及 4cm 厚沥青混凝土表面层，5cm 厚沥青混凝土中面层，6cm 厚沥青混凝土底面层。

工程质量检验结果：在两标段的施工过程中，经监理抽验的合格率等各项指标均达到优良标准，压实度的合格率达到 100%，受到业主和监理的好评。

2．问题：

（1）沥青面层的实测项目有哪些？哪些项目属于关键项目？

（2）关键项目的要求有哪些？

（3）沥青面层施工质量控制的基本要求有哪些？

【案例 30】

1．背景材料：

在对某一桥梁进行桥面铺装施工时，为了保证施工质量，施工单位特制订了如下的质量控制内容：

（1）桥面铺装应符合同等级路面的要求，桥面泄水孔的进水口应略低于桥面面层。

（2）桥面铺装的强度和压实度按路基、路面压实度评定标准或水泥混凝土抗压强度评定标准检查。

（3）铺装层的厚度、平整度和抗滑构造深度检测。

2．问题：

（1）现行规范中对铺装层的厚度、平整度和抗滑构造深度的检测频率是如何规定的？

（2）该施工单位制订的上述检测内容是否完善？说明理由。

（3）指出桥面铺装实测项目中的关键项。

【案例 31】

1．背景材料：

某一级公路的桥梁工程，采用钻孔灌注桩基础，承台最大尺寸为：长 8m、宽 6m、高 3m，梁体为现浇预应力钢筋混凝土箱梁。

桩身混凝土浇筑前，项目技术负责人到场就施工方法对作业人员进行了口头交底，随后立即进行 1 号桩桩身混凝土浇筑，导管埋深保持在 0.5～1.0m。浇筑过程中，拔管指挥人员因故离开现场。后经检测表明 1 号桩出现断桩。

施工中还有如下事件：

事件 1：由于场地限制的原因，现场采用泵送混凝土，并提出了以下技术要求：

（1）泵送混凝土应选用火山灰质硅酸盐水泥。

（2）泵送混凝土中应掺入外加剂。

（3）严格控制泵送混凝土试配时的坍落度值。

事件2：项目部新购买了一套性能较好、随机合格证齐全的张拉设备，并立即投入使用。

2. 问题：

（1）指出项目技术负责人在桩身混凝土浇筑前技术交底中存在的问题，并给出正确做法。

（2）指出背景中桩身混凝土浇筑过程中的错误之处，并改正。

（3）针对事件1，改正第（1）条的错误；指出第（2）条中应掺入的外加剂种类以及对第（3）条中的坍落度值有何规定？

（4）事件2中，施工单位在张拉设备的使用上是否正确？说明理由。

【案例 32】

1. 背景材料：

京沈高速公路是国家的重点建设项目，其中宝坻—山海关，全长199km，为双向6车道高速公路。

沥青混凝土表面为SBS改性沥青混凝土。结构为：20cm厚石灰稳定土层基层，18cm厚石灰粉煤灰稳定碎石基层，19cm厚水泥稳定碎石基层以及4cm厚沥青混凝土表面层，5cm厚沥青混凝土中面层，6cm厚沥青混凝土底面层。

工程质量检验结果：在两标段的施工过程中，经监理抽验的合格率等各项指标均达到优良标准，压实度的合格率达到100%，受到业主和监理的好评。

2. 问题：

（1）沥青路面结构层由哪几部分组成？

（2）凭经验判断，该公路的设计年限为多少？设计年限内累计标准车次是多少？

（3）沥青混合料按矿料最大粒料不同可分为哪几类？

【案例 33】

1. 背景材料：

某高速公路M合同段（K17+300～K27+300）主要为路基土石方工程，本地区岩层构成为泥岩、砂岩互层，抗压强度20MPa左右，地表土覆盖层较薄。在招标文件中，工程量清单列有挖方240万 m³（土石比例为6:4），填方249万 m³，填方路段填料由挖方路段调运，考虑到部分工程量无法准确确定，因此采用单价合同，由监理工程师与承包人共同计量，土石开挖综合单价为16元/m³。施工过程部分事件摘要如下：

事件1：施工单位开挖路基后，发现挖方土石比例与设计文件出入较大，施工单位以书面形式提出设计变更，后经业主、监理、设计与施工单位现场勘察、洽商，设计单位将土石比例调整为3.4:6.6，变更后的土石方开挖综合单价调整为19元/m³。经测算，变更后的项目总价未超过初步设计批准的概算。

事件2：在填筑路堤时，施工单位采用土石混合分层铺筑，局部路段因地形复杂而采用竖向填筑法施工，并用平地机整平每一层，最大层厚40cm，填至接近路床底面标高时，改用土方填筑。

事件3：该路堤施工中，严格质量检验，实测了压实度、弯沉值、纵断高程、中线偏位、宽度、横坡、边坡。

2. 问题：

（1）《公路工程设计变更管理办法》将设计变更分为哪几种？事件1中的设计变更属于哪一种？说明理由。

（2）指出事件2中施工方法存在的问题，并提出正确的施工方法。

（3）指出事件3中路堤质量检验实测项目哪个不正确？还需补充哪个实测项目？

（4）针对该路段选择的填料，在填筑时，对石块的最大粒径应有何要求？

【案例34】

1. 背景材料：

某段土方填筑路基施工完成之后进行了检测，在用贝克曼梁法进行弯沉测试时步骤如下：

（1）在测试路段布置测点，测点在路中线上，并画上标记。

（2）将试验车后轮对准测点前3～5cm处位置上。

（3）将弯沉仪插入汽车后轮之间的缝隙处与汽车方向一致，弯沉仪测头置于测点上（轮隙中心后3～5cm）并安装百分表于弯沉仪的测定杆上，百分表调零，用手指轻轻叩打弯沉仪，检查百分表是否稳定回零。

（4）测定者吹哨发令指挥汽车缓缓前进，百分表随路面变形的增加而持续向前转动。当指针转动到最大值时，迅速读取初读数，汽车仍在前进，表针反向回转，待汽车驶出弯沉影响半径（3.0m以上）之后，吹口哨或挥动红旗指挥停车。待表针回转稳定后读取最终读数，汽车行进速度宜为5km/h左右。

（5）测得的数字整理计算，求得代表弯沉值。

2. 问题：

（1）弯沉测试除贝克曼梁法外还有哪些方法？

（2）改正上述贝克曼梁法测试步骤中的错误之处。

【案例35】

1. 背景材料：

某路桥工程公司，承包了一条全长66.6km的高速公路，设计车速为120km/h，该工程路面采用热拌沥青混凝土。施工单位在施工中出现以下情况：

（1）施工技术人员做好配合比设计后报送项目经理审批。

（2）试验段开工前一个月安装好试验仪器和设备，配备好试验人员报项目技术负责人审核。

（3）混合料的表面层采用走线法摊铺施工。

（4）碾压过程中，沿纵向由高边向低边均匀速度碾压。

2. 问题：

（1）逐条判断以上出现的情况是否妥当？如不妥当，请改正。

（2）对沥青路面混合料的运输有何要求？

【案例 36】

1. 背景材料：

某高速公路项目，全长 45.5km，设计车速为 120km/h。路面面层采用 C30 钢纤维水泥混凝土。该项目施工单位对面层的施工过程如下：

第一步，该施工单位按要求进行水泥混凝土配合比设计，采用实验室确定的"实验室配合比"直接配料。

第二步，施工单位按要求架设模板。

第三步，配备一座间歇式搅拌楼，由于该搅拌楼刚从附近工地搬迁过来，且未超过标定有效期，该施工单位在确认试拌合格后，认为没有必要重新进行标定。

第四步，对搅拌混凝土进行现场取样，做水泥混凝土抗压强度试验。

第五步，采用必要的运输工具将新拌混凝土在规定的时间内合格地运到摊铺现场。

第六步，采用小型机具铺筑法进行摊铺和振捣施工。

第七步，整平饰面：振动、提浆、整平后用圆盘式抹面机往返 2～3 遍进行压实整平饰面。

第八步，按要求进行各类接缝的设置与施工。

第九步，按要求进行混凝土的养护。

第十步，养护期满后，采用软拉毛机械进行抗滑沟槽施工。

第十一步，清除混凝土板缝中夹杂的砂石、泥浆、尘土及其他污染物后进行灌缝施工及灌缝养护。

2. 问题：

（1）施工单位进行配料采用的配合比正确吗？说明理由。

（2）该搅拌楼是否应该重新标定？

（3）除水泥混凝土抗压强度试验以外，还应该进行什么试验？

（4）以上施工过程采用的各类施工机械中，将不合理的部分改正过来。

（5）水泥混凝土路面的接缝共有哪些种类？

【案例 37】

1. 背景材料：

某桥基础为 6 根 2.0m 的桩基，桩长 20m，地质条件如下：原地面往下依次为黏土、砂砾石、泥岩，承包人拟选用冲爪钻成孔。采用导管法灌注水下混凝土，导管使用前进行了水密试验，为防止导管沉放过程中接触钢筋笼，导管居中后快速沉放，并将导管底部沉放到距桩底 1m 处，之后开始浇筑混凝土。

2. 问题：

（1）施工单位选用的钻机类型是否合适？请说明理由。

（2）施工单位采用导管法浇筑水下混凝土时存在哪些问题？

【案例 38】

1. 背景材料：

某大桥施工过程中，其墩台基础位于地表水以下，桥位区地质条件为：水深 3m，流速为 2m/s，河床不透水，河边浅滩，地基土质为黏土。施工单位决定采用钢板桩围堰法施工。钢板桩用阴阳锁口连接。施工方法为：

首先，使用围图定位，在锁口内涂上黄油、锯末等混合物，组拼桩时，用油灰和棉花捻缝，然后，自上游分两头向下游合拢的顺序插打桩，施工时先将钢板桩逐板施打到稳定深度，然后依次施打到设计深度，使用射水法下沉。下沉完毕后，围堰高出施工期最高水位 70cm，桥梁墩台施工完毕后，向围堰内灌水，当堰内水位高于堰外水位 1.5m 时，采用浮式起重机从上游附近开始，将钢板桩逐板或逐组拔出。

2. 问题：

（1）此大桥墩台基础施工更适合哪种围堰？

（2）钢板桩围堰施工过程正确吗？如不正确，请说明并指正。

（3）桥梁墩台施工完毕后，向围堰内灌水的目的是什么？

【案例 39】

1. 背景材料：

平原微丘区某大桥，桥位区地质为：表面层为 6m 卵石层，以下为软岩层 34m。桩基础直径为 1000mm，深度为 40m。施工单位采用反循环回旋法钻进。具体方法为：将钻机调平对准钻孔，把钻头吊起徐徐放入护筒内，对正桩位，待泥浆输入到孔内一定数量后，开始慢速钻进，当导向部位或钻头全部进入地层后，加速钻进，钻进过程中，采用减压法且始终保持泥浆水头高度高出孔外水位 0.6m，每进 2~3m，检查孔径、竖直度，钻至一段时间后，有严重塌孔发生，施工人员采用黏质土并掺入 3%~5% 的水泥砂浆回填，之后马上重新钻孔，钻至 20m 时，遇软塑黏质土层，发生糊钻，此时，施工人员提升钻头空转一段时间后，再下落，适当放慢速度钻进。钻至 30m 时遇到坚硬岩石，井架产生晃动，钻杆倾斜，不能进尺，立即终孔。

2. 问题：

（1）施工单位终孔措施是否正确？说明理由。

（2）塌孔处理方法是否正确？说明理由。

【案例 40 】

1. 背景材料：

某桥梁 3 号墩为桩承式结构，承台体积约为 200m³，承台基坑开挖深度为 4m，原地面往下地层依次为：0~50cm 腐殖土，50~280cm 黏土，其下为淤泥质土，地下水位处于原地面以下 100cm。

根据该桥墩的水文地质，施工单位在基坑开挖过程中采取了挡板支撑的加固措施，防止边坡不稳造成塌方；在挖除承台底层松软土、换填 10~30cm 厚砂砾土垫层、使其符合基底的设计标高并整平后，即立模灌筑承台混凝土。为控制混凝土的水化热，采取了以下措施：

（1）选用水化热低的水泥。

（2）选用中、粗砂，石子选用 0.5~3.2cm 的碎石和卵石。

（3）选用复合型外加剂和粉煤灰以减少绝对用水量和水泥用量，延缓凝结时间。

2. 问题：

（1）施工单位采用挡板支撑防止措施是否合理？请举出适用于该桥墩基坑开孔的措施。

（2）指出施工方为保证承台立模及混凝土浇筑所采取的措施的不完善之处。

（3）施工单位为控制大体积混凝土承台混凝土水化热的措施是否合理？除此以外，还可以采取哪些措施？

【案例 41 】

1. 背景材料：

某高速公路 B 标段，承建一座 10×30m 连续箱形梁桥，5 跨一联。设计基础为嵌岩桩，桩径 1.5m；下部构造为双柱式墩，直径为 1.3m，柱顶设置盖梁，墩柱高度为 8~18m。施工人员提出如下墩柱施工方案：

（1）对已完工的桩基，按要求凿去桩头到设计标高，调直桩头钢筋。

（2）墩柱钢筋骨架现场整体制作，与桩头钢筋绑扎焊接，受力主筋直径为 22mm 的 Ⅱ 级钢筋，主筋采用对焊工艺，按规定同一截面接头不超过 50%，主筋下料长度为墩桩高度＋锚入盖梁长度＋搭接双面焊缝长度。采用 25t 吊车（起重臂长 30m）整体吊装就位，焊接检查合格后，支撑牢固。

（3）墩柱模板采用其他工地使用过的旧钢模，其刚度、拼缝等满足要求。采用整体拼装、涂刷脱模剂后，一次整体吊装就位，再在顶部箍筋四周插入木楔，使钢筋骨架居中，使保护层厚度得到有效控制。

（4）按规范要求的工艺浇筑混凝土。

2. 问题：

本施工方案中是否有错误？如有请指出并说明理由。

【案例 42】

1. 背景材料：

某桥梁 3 号墩为桩承式结构，承台体积约为 180m³，承台基坑开挖深度为 4m，原地面往下地层依次为：0~80cm 腐殖土，80~290cm 黏土，其下为淤泥质土，地下水位处于原地面以下 100cm，基坑开挖后边坡失稳，且边坡有渗水，挖至设计标高后，基底土质松软，施工单位对这些不良的地质现象都做了适当的处理。在施工前对承台模板作了详细的模板设计。

2. 问题：

（1）当基坑边坡不稳，且出现渗水时，应采取哪些措施处理？

（2）本承台底层为松软土质，应采取什么措施以保证承台立模及混凝土浇筑？

（3）承台模板加工、制作、安装时应注意哪些问题？

【案例 43】

1. 背景材料：

某公路隧道长 2800m，穿越的岩层主要由泥岩和砂岩组成，设计采用新奥法施工，分部法开挖，复合式衬砌，洞口段由于洞顶覆盖层较薄，岩隙发育。开挖中地表水从岩石裂隙中渗入洞内，施工单位严格按照新奥法施工的程序进行施工，并对锚喷混凝土的质量进行了：①喷射混凝土抗压强度检查；②喷层与围岩粘结情况的检查；③喷层厚度检查。

2. 问题：

（1）根据背景材料，分部开挖法的优缺点有哪些？

（2）根据背景材料，分部开挖时应注意哪些问题？

（3）对锚喷支护的质量检查，除背景材料中提到的以外，还要做哪些检查？

【案例 44】

1. 背景材料：

某桥梁工程，采用钻孔灌注桩基础，承台最大尺寸为：长 8m，宽 6m，高 3m，梁体为现浇预应力钢筋混凝土箱梁。桩身混凝土浇筑前，项目技术负责人到场就施工方法对作业人员进行了口头交底，随后立即进行 1 号桩桩身混凝土浇筑，导管埋深保持在 0.5~1.0m 左右。浇筑过程中，拔管指挥人员因故离开现场。后经检测表明 1 号桩出现断桩。在后续的承台、梁体施工中，项目部新购买了一套性能较好、随机合格证齐全的张拉设备，并立即投入使用。

2. 问题：

（1）项目技术负责人的技术交底是否正确？说明理由。

（2）指出桩身混凝土浇筑过程中存在的错误之处。

（3）钻孔桩的质量控制关键点有哪些？

【案例 45】

1. 背景材料:

1994 年 4 月 22 日,某公路工程处第三项目经理部在某立交桥施工期间,对立交作业区域内原有厂房拆除过程中,发生了一起因被拆除的建筑物坍塌,导致 2 人死亡的事故。

建设单位委托第三项目部进行 3000m² 厂房拆除工程的施工,并要求 4 月底前拆完。条件是第三项目经理部向建设单位上交 4 万元,拆除下来的钢筋由第三项目经理部支配。项目经理 K 在工期紧,项目自身无能力进行此项拆除工程和民工队负责人 L 多次要求承包此项拆除工程的情况下,最终将此项工程分包给了 L 民工队。条件是以拆除下来的钢筋作为支付 L 的拆除施工的工程款,并于 3 月 27 日签订了合同书。

厂房是砖混结构的二层楼房。民工队为了能以最小的投入获得最多的收益,不支搭拆除工程的脚手架,而是站在被拆除厂房的楼板上,用铁锤进行作业。4 月 22 日,厂房只剩最后一间约 16m² 的休息室时,民工 L、H 和 C 站在休息室顶棚(二楼地板,二楼已被拆除)上,继续用铁锤捶击顶棚。同日下午 16:45 左右,房屋中心部位的顶棚水泥已基本脱落,民工 L、H 和 C 仍用铁锤捶击暴露出来的钢筋。致使顶棚呈 V 字形折弯,继而拉倒两侧墙壁,C 及时跳下逃生,L 和 H 被迅速缩口的顶棚 V 字形折弯包夹。L 在送往医院途中死亡,H 在经医院抢救 1h 后死亡。

2. 问题:

(1)请从技术方面和管理方面分别对本起事故进行分析。

(2)如何制订事故的预防对策?

【案例 46】

1. 背景材料:

某公路施工企业在进行安全宣传时,强调了对于事故处理的"四不放过"原则,即:

(1)事故原因不查清不放过;

(2)事故责任者没有受到教育不放过;

(3)群众没有受到教育不放过;

(4)领导没有受到教育不放过。

同时,要求单位的主要负责人依法对项目安全生产工作全面负责,并制订了项目负责人对项目安全生产工作的以下职责:

(1)建立项目安全生产责任制,实施相应的考核与奖惩;

(2)及时、如实地报告安全生产事故并组织自救。

2. 问题:

(1)该施工企业对"四不放过"的原则表述是否正确?并说明理由。

(2)根据《公路水运工程安全生产监督管理办法》(交通运输部令 2017 年第 25 号),除背景材料中提及的职责,项目负责人的职责还有哪些?

【案例 47】

1. 背景材料：

2001 年 4 月 26 日，某桥梁施工现场发生一起脚手架坍塌事故，造成 7 人死亡、1 人重伤的重大事故，直接经济损失 80 万元。

事故经过如下：4 月 26 日 8 时 40 分，8 名工人在脚手架平台面上东北角拆卸成捆杠杆时，产生动荷，东北角一侧脚手架弯曲变形产生坍塌，8 人坠落，其中 7 人死亡，1 人重伤。

经分析，事故原因如下：经调查认定，这是一起违章指挥、违章作业造成人员伤亡的重大责任事故，造成该事故的原因是：

1) 直接原因

(1) 违章指挥吊装作业。某施工单位为了赶进度，在脚手架存在严重安全问题的情况下，违章指挥吊装作业，将约为 40t 的杆件集中堆放在约 30m² 的平台上，造成脚手架因局部负荷超载失稳而坍塌。

(2) 脚手架存在严重缺陷。某脚手架安装公司搭设的脚手架没有施工设计图纸，未按规定搭设，严重违反了国家强制性标准和有关规程的规定。该脚手架没有剪刀撑，没有与周围的建筑物可靠拉接，存在严重安全隐患，在尚未完工验收的情况下就开始启用。

2) 间接原因

监理公司未能严格遵守监理规范。某监理公司未能严格遵守监理规范的要求，未对某施工单位提供的施工组织设计认真审查研究；未按监理规范的规定，对脚手架搭设施工进行旁站、巡视、平行监理；在脚手架存在严重安全隐患并且未验收的情况下，对两次违章使用未予制止，致使最后一次使用发生了事故，没有尽到监理单位应尽的职责，是造成这起事故的重要原因。

2. 问题：

对本起事故的责任应如何划分？

【案例 48】

1. 背景材料：

某高速公路特大桥为变截面预应力混凝土连续钢构桥，其桥跨布置为 70m＋4×120m＋70m，主梁采用箱形截面，墩身为空心墩，墩高 50～75m，桥墩采用群桩基础，平均桩长约 60m。施工单位为本桥配置了以下主要施工机械和设备：反循环钻机、混凝土高压泵、混凝土搅拌站、塔吊、载人电梯、悬臂式掘进机、架桥机、预应力张拉成套设备、爬模设备、钢模板、钢护筒、挂篮设备。

3 号桥墩在施工到 40m 高度时，作业人员为了方便施工，自己拆除了部分安全防护设施。另有作业人员携带加工好的部分箍筋乘电梯到墩顶施工。

2. 问题：

(1) 按高处作业的分级要求，该桥 3 号桥墩施工属于哪一级？患有哪些疾病的人员不适合在本桥墩作业？该桥墩的作业人员应配备哪些个人安全防护设施？

（2）指出 3 号墩作业人员的错误做法。

【案例 49】

1. 背景材料：

某高速公路施工标段地处山区，路基土方开挖量大，招投标及设计文件表明均为土方开挖施工，该标段其中有开挖深度为 3～12m、长度约 300m 的路堑地段三处，三处开挖工程量共约 15 万 m^3，设计文件和地质资料为黏土与软岩，工程量清单按土方开挖计价，承包人开挖约 3m 深后，发现地质情况与设计文件和地质资料差别很大，根据监理工程师指令，承包人安排了地质钻孔及勘探工作，发现 3m 以下部分均为次坚石和坚石，施工成本远远超过承包人期望值。基于以上原因，承包人向业主提出索赔。

业主为了照顾当地农民，在其推荐下，项目部与当地有资质的一家公司签订某专业工程所需要相关民工的聘用合同，在合同中明确约定了使用人员的报酬以及支付方式等。

2. 问题：

（1）公路工程索赔应依据哪些基本原则？索赔的基本程序及其规定有哪些？

（2）根据背景材料所述情况，承包人可以向业主提出哪些方面的索赔？

（3）项目部与当地有资质的一家公司签订的是何种类型的合同？人员报酬应如何支付？所签的合同是否妥当？为什么？

【案例 50】

1. 背景材料：

某施工单位承接了一条高速公路施工任务，项目部为抓好成本管理，做了如下事情：

事件 1：由合同预算员组织编制施工成本计划，并按照编制成本计划的程序完成成本计划的编制。

事件 2：加强对公路项目施工成本的控制，提出成本控制的方法有：

（1）以施工方案控制资源消耗。

（2）运用目标管理控制工程成本。

事件 3：在中标的合同工程量清单基础上编制标后预算。

2. 问题：

（1）指出事件 1 中的错误，并改正。补充成本计划编制程序的前三步。

（2）针对事件 2，补充完善成本控制的方法。

（3）指出事件 3 标后预算中项目预算总成本的组成。

【案例 51】

1. 背景材料：

某一高速公路标段长 10km，路段包含一座大桥和一个互通式立交，涵洞通道 18 个，路基土方均为路堤填筑。承包人进场后，项目部明确了对各部门、各施工队和班组的施工成本核算内容，制订了降低施工项目成本的方法和途径。

2. 问题：

（1）项目部制订的施工成本核算有哪些内容？

（2）请说明项目部制订的降低施工项目成本的主要方法和途径。

【案例52】

1. 背景材料：

某城市的公路改建项目，业主为了控制工程造价，与设计方详细研究了各种成本控制措施，要求通过成本管理的各种手段，不断促进降低施工项目成本，尽可能地以最低的成本达到设计要求。施工方在面对业主提出的要求后也采取了一系列措施，编制了标后预算，选择适宜的施工方案，降低材料成本，提高机械利用率，以降低施工成本获得最大的收益。

2. 问题：

（1）标后预算中其他工程费有哪些具体内容？

（2）为什么降低材料成本是施工项目成本控制的主要途径之一？其具体采取的措施包括哪些？

【案例53】

1. 背景材料：

某一标段公路工程项目，采用工程量清单方式结算。按合同规定工程量计量组织形式，采用监理工程师与承包人共同计量，即在进行计量前，由监理工程师通知承包人计量的时间与工程部位，然后由承包人派人同监理工程师共同计量，计量后双方签字认可。

在工程计量开始之前，监理工程师与承包方有关人员共同研究了工程计量的可能方法及工程变更后合同价款的确定方法。

在施工过程中，发生了以下事件：

工程开工后，发包人要求变更设计，增加一项现浇混凝土挡土墙工程，按现行《公路工程预算定额》JTG/T 3832—2018的消耗量及价格信息资料计算的每立方米现浇混凝土挡土墙的人工费为120元，材料费为310元，施工机械使用费为240元（其中机上作业人员人工费40元），定额人工费150元，定额材料费300元，定额机械使用费260元。

新增工程按现行《公路工程预算定额》JTG/T 3832—2018及《公路工程建设项目概算预算编制办法》JTG 3830—2018的规定计算建筑安装工程费，以此建筑安装工程费为新增工程的单价，措施费中的施工辅助费费率为5%，其余措施费综合费率为7%，规费综合费率为35%，企业管理费费率为10%，利润率为7%，税率为9%，设备费及专项费用不计。

2. 问题：

（1）公路工程的工程量计量方法可能有哪些？

（2）变更后合同价款的确定方法有哪些？

（3）列式计算现浇混凝土挡土墙的单价。

【案例 54 】

1. 背景材料：

某新建一级公路工程 K11 ＋ 120～K12 ＋ 260 合同段位于海拔 3000m 以上的地区，路面结构设计示意图如下图所示。该合同段工程与其他工程或已有道路无交叉，依据交通运输部颁布的《公路工程建设项目概预算编制办法》JTG 3830—2018、《公路工程预算定额（上、下册）》JTG/T 3832—2018 编制的该工程施工图预算，其中 K11 ＋ 120～K12 ＋ 120 底基层工程量为 22300m² （底基层平均面积）。

厂拌基层稳定土混合料的定额见下表，各定额分项预算价格分别为：人工，80 元 / 工日；稳定土混合料，162.72 元 /m³；水泥，400 元 /t；水，4 元 /m³；碎石，80 元 /m³；3m³ 以内轮胎式装载机，1200 元 / 台班；300t/h 以内稳定土厂拌设备，1500 元 / 台班。

项目部于 2014 年 6～8 月完成了该合同段工程所有路面施工，该地区属于冬Ⅲ区，11 月进入冬季。

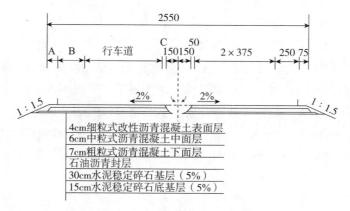

路面结构设计示意图（尺寸单位：cm）

厂拌基层稳定土混合料定额表（水泥稳定类）

工程内容：装载机铲运料，上料，配运料，拌合，出料单位：1000m²

序号	项目	单位	代号	水泥碎石	
				水泥剂量 5%	
				压实厚度 15cm	每增减 1cm
1	人工	工日	1	2.8	0.2
2	稳定土混合料	m³	—	（151.15）	（10.10）
3	32.5 级水泥	t	823	16.755	1.117
4	水	m³	866	21	1
5	碎石	m³	958	220.32	14.69
6	3m³ 以内轮胎式装载机	台班	1051	0.48	0.03

序号	项目	单位	代号	水泥碎石	
				水泥剂量 5%	
				压实厚度 15cm	每增减 1cm
7	300t/h 以内稳定土厂拌设备	台班	1160	0.24	0.02
8	基价	元	1999	—	—

2. 问题：

（1）写出路面结构设计图中 A、B、C 的名称。

（2）计算 K11＋120～K12＋120 段底基层施工需拌制的水泥稳定碎石混合料的数量，并计算该部分厂拌底基层水泥稳定碎石混合料的材料费和施工机械使用费。（计算结果保留小数点后两位）

（3）该合同段的冬期施工增加费、高原地区施工增加费和行车干扰工程增加费是否需要计取？并分别写出该三项增加费的计算基数构成。

【案例 55】

1. 背景材料：

某施工单位承建了某一级公路工程，起讫桩号 K6＋000～K16＋000，其中 K12＋420～K12＋540 为一座钻孔灌注桩箱型梁桥。路线施工总平面布置示意图如下图所示，拟建公路旁边修建了生产区、承包人驻地及汽车临时便道等，K7＋000～K15＋000 段的汽车临时便道共 9.3km，K6＋000～K7＋000 及 K15＋000～K16＋000 段的汽车临时便道紧靠拟建公路并与拟建公路平行。桥梁东西两端路基土方可调配，桩号 K14＋300 附近有一免费弃土坑。

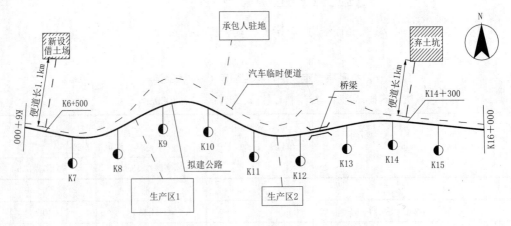

在 K7＋000～K15＋000 挖填土石方调配完毕后，针对 K6＋000～K7＋000（填方路段）和 K15＋000～K16＋000（挖方路段），有如下两种路基土方调配方案：

方案一：K15＋000～K16＋000 挖土方作为远运利用方调配至 K6＋000～K7＋000 填筑；

方案二：K6＋000～K7＋000 填筑土方从桩号 K6＋500 附近新设借土场借土填筑。

针对以上两种方案，各分项综合单价见下表。

序号	分项名称	综合单价（元/m³）
1	挖掘机挖装土方	4
2	自卸汽车运土方第1公里	7
3	自卸汽车运土方每增运0.5公里	1
4	借土场修建费（折算至每一挖方量综合单价）	4
5	借土场资源费	3

注：当汽车运输超过第1公里，其运距尾数不足0.5km的半数时不计，等于或超过0.5km的半数时按增运0.5km计算。

大桥钻孔灌注桩共20根，桩长均相同，某桥墩桩基立面示意图如下图所示，护筒高于原地面0.3m。现场一台钻机连续24h不间断钻孔，每根桩钻孔完成后立即清孔、安放钢筋笼并灌注混凝土，钻孔速度为2m/h，清孔、安放钢筋笼、灌注混凝土及其他辅助工作综合施工速度为3m/h。为保证灌注桩质量，每根灌注桩比设计桩长多浇筑1m，并凿除桩头。

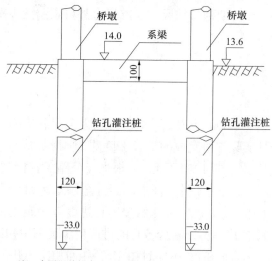

注：本图尺寸标高以m为单位，其余均以cm为单位。

该工程合同总价：6.982亿元，工期：3年。施工合同中约定，人工单价100元/工日，人工窝工补偿费80元/工日，除税金外企业管理费、利润等综合费率为20%（以直接工程费为计算基数）。施工过程中发生如下事件：

事件一：施工单位根据《公路水运工程安全生产监督管理办法》进行了如下安排：

① 第一年计划完成施工产值2.1亿元，为保证安全生产，设置了安全生产管理机构，并配备了3名专职安全生产管理人员；

② 依据风险评估结论，对风险等级较高的分部分项工程编制专项施工方案，并附安全验算结果，经施工单位技术负责人签字后报监理工程师批准执行。

事件二：灌注桩钻孔过程中发现地质情况与设计勘察地质情况不同，停工12d，导致人工每天窝工8工日，机械窝工费1000元/d，停工期间施工单位配合设计单位进行地质勘探用工10工日；后经设计变更每根灌注桩增长15m（原工期计划中，钻孔灌注桩施工为非关键工序，总时差 8d）。

事件三：施工单位加强质量管理，根据《公路工程质量检验评定标准》，对钻孔灌注桩设置质量检验的实测项目包括：桩位、孔径、孔深、混凝土强度和沉淀厚度。

事件四：钻孔灌注桩施工中，为保证隐蔽工程施工质量，各工序施工班组在上下班交接前均对当天完成的工程质量进行检查，对不符合质量要求的及时纠正，每道工序完成后由监理工程师检查认可后，方能进行下道工序。钻孔灌注桩混凝土浇筑完成后用无破损法进行了检测，监理工程师对部分桩质量有怀疑，要求施工单位再采取 A 方法对桩进行检测。

2. 问题：

（1）分别计算路基土方调配方案一和方案二综合单价，根据施工经济性选择出合理方案。（计算结果保留整数）

（2）根据《公路工程标准施工招标文件》，按照桥墩桩基立面示意图计算桥墩桩基单根桩最终计量支付长度。（计算结果保留一位小数）

（3）事件一中，逐条判断施工单位做法是否正确？并改正错误。

（4）针对事件二，计算工期延长的天数。除税金外可索赔窝工费和用工费各多少元？（计算结果保留一位小数）

【案例 56】

1. 背景材料：

某工程签约合同总价为 2000 万元，开工预付款为合同总价的 10%，在第 1 月全额支付。下表是承包人每个月实际支付完成的工程进度款（实际完成量可能超过或少于签约合同价，本题实际完成进度款总额 1950 万元）。根据《公路工程标准施工招标文件》（2018年版）的规定："开工预付款在进度付款证书的累计金额未达到签约合同价的 30% 之前不予扣回。在达到签约合同价 30% 之后，开始按工程进度以固定比例（即每完成签约合同价的 1%，扣回开工预付款的 2%）分期从各月的进度付款证书中扣回。全部金额在进度付款证书的累计金额达到签约合同价的 80% 时扣完。"扣回相应的开工预付款。

月份	1	2	3	4	5	6	7	8	9
实际完成的进度款	100 万元	150 万元	250 万元	300 万元	400 万元	300 万元	300 万元	100 万元	50 万元

2. 问题：

（1）开工预付款的金额为多少？

（2）开工预付款的起扣月是第几月？

（3）计算从起扣月开始每个月应扣回的金额。

【案例 57】

1. 背景材料：

基期为当年 5 月，工程款按月计量，每月调整价差。该工程投标函投标总报价中，沥青占 35%，柴油占 15%，玄武岩占 20%。施工单位 7 月份完成工程产值 3156 万元，8 月份完成工程产值 4338 万元。各月价格见下表。

月份	沥青（元 /t）	柴油（元 /L）	玄武岩（元 /m³）
5 月（基期）	3800	5.9	200
7 月	4050	6.13	195
8 月	4280	6.13	215
…	…	…	…

2. 问题：

计算 8 月份调价之后的当月工程款是多少？（列出计算式）

【案例 58】

1. 背景材料：

某公路工程，合同价 4000 万元，合同工期 270d。合同条款约定：①工程预付款为合同价的 10%，开工当月一次性支付；②工程预付款扣回时间及比例：自工程款（含工程预付款）支付至合同价款的 60% 的当月起，分两个月平均扣回；③工程进度款按月支付；④工程质量保证金按月进度款的 5 倍扣留；⑤钢材、水泥、沥青按调值公式法调价，权重系数分别为 0.2、0.1、0.1，其中钢材基期价格指数为 100。

施工合同签订后，施工单位向监理提交了如下图所示的进度计划，并得到监理批准。

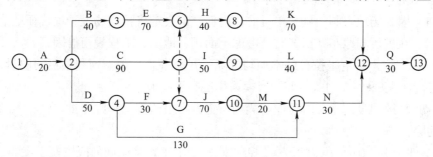

前 6 个月（即 1～6 月份）每月完成的工作量见下表：

工作	1	2	3	4	5	6
实际完成工作量（万元）	100	200	350	600	800	800

6 月份钢材的现行价格指数为 110，其余材料价格无变化。

施工过程中，在第三个月末检查时发现：E 工作延误 20d，C 工作延误 10d，F 工作按计划进行，G 工作提前 10d。为满足业主坚持按合同工期完工的要求，在不改变网络计划逻辑关系的条件下，施工单位根据下表按照经济性原则进行计划调整。

工作	…	B	E	H	K	Q	…
可压缩天数	…	5	5	10	20	5	…
费率（万元 /d）	…	0.1	0.2	0.3	0.4	1.0	…

在 G 工作进行到一半左右，出现了合同中未标明的硬质岩石，导致施工困难。施工单位及时采取合理措施进行处理并通知了监理。因处理硬质岩石导致增加费用 20 万元、G 工作延误 20d，对此，施工单位在规定时间内提出了工期及费用索赔。

2. 问题：

（1）按网络图图例方式，列出⑤、⑥、⑦三个节点的节点时间参数；指出网络图中的关键线路；确定计划工期。

（2）列式计算本工程预付款及其起扣点金额。工程预付款在哪两个月扣回？每月扣多少万元？

（3）列式计算 4 月份及 5 月份的工程进度支付款。

（4）列式计算 6 月份的调价款。

（5）针对 3 月末进度检查结果，评价工程进度，并分析确定调整计划的最佳经济方案。

（6）针对 G 工作中出现硬质岩石的处理，分别指出施工单位提出的工期及费用索赔是否合理？并说明理由。

【案例 59】

1. 背景材料：

某施工单位承接了一个标段的高速公路施工任务，其中为满足桥梁施工，需要设立一个预制场。在相关工作中有如下事件：

事件 1：因为场地限制，施工单位通过内部讨论决定将预制场设于主线征地范围内。

事件 2：在进行场地布置形式时，考虑了面积、地形、工程规模等因素。

事件 3：为防止发生张拉台座不均匀沉降、开裂事故，影响预制梁板的质量，先张法施工的张拉台座拟采用重力式台座。底模采用混凝土底模。

事件 4：场地建设前施工单位应将梁场布置方案报监理工程师审批。

2. 问题：

（1）事件 1 中，施工单位的做法是否正确？如不正确，应如何改正？

（2）补充事件 2 中场地布置形式还应考虑的因素。

（3）改正事件 3 中的错误。

（4）事件 4 中，梁场布置方案应该包括哪些主要内容？

【案例 60】

1. 背景材料：

某施工单位承接了一城市道路的改建工程，按照业主要求，项目部积极做好施工准备工作。由于工程位于市区，业主对施工场地要求高，项目部认真做好总体规划，合理选择临建场地，并绘制了临时设施的阶段性施工平面图，项目经理部在现场入口的醒目位置设置承包人的公示标志。

2. 问题：

（1）施工场地要求主要是指哪两方面的要求？

（2）需要绘制的临时设施的阶段性施工平面图主要包括哪些临时设施？

（3）公示标志的内容有哪些？

【案例61】

1．背景材料：

某水泥混凝土路面工程，其工程量为50000m²，分散拌合，手推车运送混凝土，路面厚度20cm。水泥混凝土路面施工预算定额（部分）如下表：

2-28　水泥混凝土路面

工程内容：①模板制作、安装、拆除、修理、涂隔离剂；②传力杆及补强钢筋制作安装；③混凝土配运料、拌和、运输、浇筑、捣固、真空吸水、抹平、压纹、养护；④切缝、灌注沥青胀缩缝。

单位：1000m² 路面及1t钢筋

序号	项目	单位	代号	分散拌和、手推车运输混凝土		集中拌和、汽车运输混凝土				钢筋
						第一个1km		每增运1km		
				路面厚度（cm）						
				20	每增减1	20	每增减1	20	每增减1	
				1	2	3	4	5	6	7
1	人工	工日	1	339.2	14.2	246.8	9.6	—	—	7.9
2	C35水泥混凝土	m³	—	（204.00）	（10.20）	（201.00）	（10.20）	（204.00）	（10.20）	—
3	锯材	m³	11	0.130	0.010	0.130	0.010	—	—	—
4	Ⅰ级钢筋	t	16	0.004	—	0.001	—	—	—	0.3595
5	Ⅱ级钢筋	t	17	—	—	—	—	—	—	0.6666
6	型钢	t	34	0.47	—	0.047	—	—	—	—
7	30～22号钢丝	kg	154	—	—	—	—	—	—	5.1
8	12.5号水泥	t	243	82.824	4.444	82.821	4.444	—	—	—
9	石油沥青	t	260	0.110	—	0.110	—	—	—	—
10	煤	t	266	0.024	—	0.024	—	—	—	—
11	水	m³	208	240	12	240	12	—	—	—
12	中（粗）砂	m³	286	97.92	4.90	97.92	4.90	—	—	—
13	碎石（4cm）	m³	321	169.32	8.47	169.82	8.47	—	—	—

2．问题：

（1）试计算该工程的劳动量。

（2）当工期要求为150d时，所需的劳动力数量是多少？

【案例 62】

1. 背景材料：

某公路施工项目部在施工前进行了施工组织设计，其中需要确定施工的组织形式。上级公司要求采用的组织形式能体现下列特点：项目经理权力集中，干预少，决策及时，指挥灵便。各专业人才集中在现场办公，专业技术人员在项目施工中协同工作，可以取长补短，有利于培养一专多能的人才并充分发挥其作用；减少了扯皮和等待时间，办事效率高，解决问题快。

2. 问题：

（1）按照劳动力组合管理的要求，施工的组织形式有哪几种？根据材料中上级公司的要求宜采用哪种形式？

（2）对施工人员的管理方法有哪些？

【案例 63】

1. 背景材料：

某施工单位承接了一路面改造施工标段，路面施工项目部拟对路面施工分成三个区段进行，在施工作业方法的选取时要求组织几个相同的路面工作队，在同一时间、不同的空间上进行施工。派出了测量工、拌合设备操作人员、摊铺机操作人员、压路机操作人员、边缘修饰人员、普工和指挥人员。

2. 问题：

（1）在组织若干个施工工区段进行施工时，可以采用的施工组织形式有哪几种？根据背景材料，本项目宜采用哪种形式？

（2）补充路面施工还需要投入施工现场的劳动力。哪两种工种在所有的工程中必须配置？

【案例 64】

1. 背景材料：

某公路工程所需的主要建材有路基土方填料、砂石材料、水泥、沥青材料、沥青混合料和钢材等。所有材料均由项目部自己采购和组织运输。项目部材料采购部门拟按工程量清单→材料供应计划→材料用量计划→材料用款计划→材料采购计划的顺序进行材料计划管理，并对几种材料的主要工程指标及工程特性提出了如下要求（摘要）：

（1）对于碎石提出了可松散性要求。

（2）为区分砂的粗细度，提出了砂的平均密度和湿度要求。

（3）对于水泥，提出了针入度的要求。

该项目在施工过程中，项目部有关部门通过资料分析，发现混凝土工程的实际成本比计划成本增加较多，主要原因是砂、碎石材料成本的增加。但有关资料表明，砂、碎石的购入原价与施工预算时的价格一致。

在工程施工中还发生了如下事件：

事件1：水泥混凝土结构局部出现了蜂窝、麻面，项目部认为并未影响结构，因此未做任何处理。

事件2：在路基施工放样时，由于工期紧，项目部新购了一台全站仪后立即投入使用，并将一台超过规定周检确认时间间隔的仪器也投入使用，使路基工程按时完工。

2. 问题：

（1）背景材料中的材料计划管理程序是否合理？说明理由。

（2）逐条判断对材料工程指标及工程特性的要求是否合理？说明理由。

（3）从"价差"方面分析材料成本增加的可能原因，并提出通过物耗管理控制成本的方法。

（4）事件1中，项目部的做法是否正确？如不正确，提出正确的处理办法。

（5）分析事件2中存在的仪器管理问题，并提出正确的处理方法。

【案例65】

1. 背景材料：

某高速公路路基工程，路线全长12km，包含土方填筑1342549m³，沿线地表为高、低液限黏土及低液限黏土夹粉细砂层。根据总体施工计划，有效利用施工期为300d。某施工企业承担了该项工程，其企业设备管理统计，机械利用率为90%，其拥有的部分碾压设备及其生产率见下表：

项目	羊足碾		光轮压路机		振动压路机		轮胎压路机	双轮双振压路机	
	功率（kW）		自重（t）		自重（t）		9～16t	自重（t）	
	60内	75内	12～15	18～21	12	18		11	13
台班（m³）	360	425	126	161	200	257	40	40	40

2. 问题：

（1）该企业哪些碾压设备适于该项目？

（2）以使用光轮压路机（18～21t）为例，计算完成该工程需要配置的碾压设备台班。

【案例66】

1. 背景材料：

某公司承建一段环城高速公路沥青混凝土路面工程，路线长16km，路面结构形式为双幅，上中下层厚度分别为4cm、5cm、6cm，每幅宽18.5m，下面层试验段铺筑长度为150m，消耗沥青混合料399.6t。

2. 问题：

（1）试计算需要配置沥青混凝土摊铺机的数量。

（2）试计算试验段摊铺完成后的平均厚度。

【案例 67】

1. 背景材料：

某沥青混凝土路面工程，路面结构形式自上而下依次为：上面层 4cm AC-16（Ⅰ）中粒式沥青混凝土、中面层 6cm AC-25（Ⅰ）粗粒式沥青混凝土、下面层 8cm AC-25（Ⅰ）粗粒式沥青混凝土，工程量为：上面层 482200m²、中面层 484200m²、下面层 470100m²，施工有效工期为 200d。某企业准备使用一台 3000 型沥青混凝土拌合站进行拌合，拌合站的有关参数为：搅拌器每次搅拌量 3000kg，加料时间 6s；混合料搅拌时间 41s；成品料卸料时间 5s。一台摊铺宽度为 12m 的超大型摊铺机进行摊铺。

2. 问题：

（1）分析沥青混凝土拌合站是否能满足施工要求？

（2）分析沥青混凝土摊铺机是否能满足施工要求？

【案例 68】

1. 背景材料：

某一高速公路第八施工合同段长 12km，有特大跨河桥，桥梁工程涉及转体施工，有深度 4m 的基坑开挖，还有隧道穿越岩溶发育区、高风险断层、沙层、踩空区等工程地质复杂的地质环境。针对该工程的项目情况编制了施工方案。

2. 问题：

（1）哪些分项工程需要编制专项施工方案？

（2）哪些分项需要专家论证审查？

（3）专项施工方案应包括哪些内容？

【案例 69】

1. 背景材料：

某路桥公司承包了某高速公路标段路面工程的施工任务，在施工过程中，沥青混凝土摊铺机连续发生机械设备事故，导致该标段没有按合同规定的日期完成施工任务。

2. 问题：

（1）承包工程后，应如何编制施工机械设备计划？

（2）机械设备事故的预防措施要点是什么？

（3）发生机械设备事故后，应按怎样的程序进行处理？

1B430000 公路工程项目施工相关法规及标准

【案例1】

1. 背景材料：

A 路桥公司承担一座 8×30m 的 C40 预应力混凝土简支 T 型梁桥的施工。桥位地质为较密实的土层，且无地下水，基础采用人工挖孔灌注桩。由于工期较紧，A 公司经业主和监理同意，将挖孔桩施工分包给某基础工程施工公司（B 公司），双方签订了分包合同，合同中规定了双方在安全生产管理方面的权利和义务。B 公司在桩基开挖过程中发现现场地质条件与设计图纸不符，B 公司直接向监理单位提交了变更申请，要求加深桩基。

A 公司利用桥台附近的一块空地布设混凝土搅拌站、钢筋加工房以及 T 梁预制场，采用后张法进行 T 梁预制。在预制施工中，A 公司制订严格的施工技术方案，现对部分施工要点摘录如下：

（1）台座上铺钢板底模，预制台座均按规定设置反拱。

（2）T 梁的振捣以紧固安装在侧模上的附着式振捣器为主，插入式振捣器为辅。

（3）混凝土浇筑时，先浇肋板再浇翼缘。

（4）张拉时，按设计提供的应力控制千斤顶张拉油压，按理论伸长量进行校核，张拉到设计应力相应油表刻度时立即锚固。

（5）张拉过程中的断丝、滑丝数量不得超过设计规定，否则要更换钢筋或采取补救措施。

（6）压浆使用压浆泵从梁最高点开始。

为确保工程顺利进行，A 公司在 T 梁预制场施工中投入了测量工、试验工、混凝土工、模板工、电工、起吊工、张拉工等技术工种。

2. 问题：

（1）分包工程在开工前 A 公司应该履行哪些开工申请手续？

（2）逐条判断 T 梁预制施工组织要求的正确性，并改正错误之处。

（3）B 公司处理桩基变更的方式是否正确？如不正确，改正错误之处。

（4）补充 T 梁预制施工中还需的技术工种。

【案例2】

1. 背景材料：

某公路工程施工总承包二级企业承包了单跨跨度为120m，桥梁总长800m的桥梁工程项目，桥梁上部结构施工中出现垮塌事故。监理工程师立即报告建设单位，施工单位着手事故处理。

2. 问题：

（1）该总承包二级企业能承包该工程吗？说明理由。

（2）该质量事故的调查处理由谁负责？

（3）该质量事故由谁负责报告？

【案例3】

1. 背景材料：

某公路工程施工单位承包了一座5×30m后张法预应力混凝土T梁桥，施工单位虽然按照设计文件和相关施工技术规范的要求进行施工，并作了主要检验内容。由于施工现场管理人员质量安全意识淡薄，T梁平移中出现死亡6人，伤2人，经济损失重大的事故。交通主管部门调查人员询问施工单位项目经理时，该项目经理认为事故不可避免，对公路工程质量事故分类分级标准、质量事故分级管理规定等一问三不知。

2. 问题：

（1）公路工程质量事故分为几类？

（2）公路工程质量事故分级标准有哪些？

（3）公路工程质量事故分级管理是如何规定的？

【案例4】

1. 背景材料：

某公路工程施工总承包一级企业承包了长2650m的公路隧道施工任务，该隧道穿越的岩层主要由泥岩和砂岩组成，施工单位采用新奥法施工，台阶法开挖，复合式衬砌。施工中某段岩石裂隙发育，地表水从岩石裂隙中渗入洞内，导致该段冒顶、塌方。事故发生后，施工单位采取了积极措施，避免事故进一步发展。并按公路工程质量事故报告制度作了相关汇报。

2. 问题：

（1）公路工程质量事故报告有哪些规定？

（2）假设质量监督站初步确定质量事故为质量问题，事故发生单位应按什么要求进行报告？

（3）假设质量监督站初步确定质量事故为一般质量事故后，事故发生单位应按什么要求进行报告？

（4）假设质量监督站初步确定质量事故为重大质量事故后，事故发生单位应按什么要

214

求进行报告？

【案例 5】

1. 背景材料：

某公路隧道为浅埋隧道，设计净高 5.0m，净宽 14.0m，隧道长 280m。隧道区域内主要为中等风化岩石，隧道区域内地表水系较发育，区域内以基岩裂隙水为主，浅部残坡积层赋存松散岩类孔隙水，洞口围岩变化段水系较发达。施工单位针对隧道的特点，加强了浅埋段和洞口段的开挖施工，并根据地质条件、地表沉陷对地面建筑物的影响以及保障施工安全等因素选择了开挖方法，并做好喷射混凝土和锚杆支护的工作。

2. 问题：

（1）对于隧道浅埋段的施工，除背景中材料提到的注意事项外，还要注意哪些方面的问题？

（2）根据背景材料，喷射混凝土要注意哪些问题？

（3）根据背景材料，锚杆支护的施工要注意哪些事项？

【案例 6】

1. 背景材料：

某高速公路施工合同段全长 18km，合同段包含大桥 3 座，涵洞及通道 12 个，路堤填筑均为土方，路面基层为水泥稳定碎石基层，面层为沥青混凝土。施工单位进场后，项目部精心组织施工，认真履行合同。完工后施工单位和建设单位分别提出了交工、竣工验收要求。

2. 问题：

（1）公路工程交工、竣工验收的依据是什么？

（2）公路工程交工验收的范围是什么？

（3）公路工程竣工验收的范围是什么？

【案例 7】

1. 背景材料：

某高速公路施工合同段在建设单位、设计单位、施工单位、监理单位的共同努力下，施工单位精心组织施工，按质按量如期完成工程合同，符合交工验收条件后，经监理工程师同意，施工单位向项目法人提出了交工验收申请。

2. 问题：

（1）公路工程交工验收应具备哪些条件？

（2）交工验收有哪些主要工作内容？

（3）参加交工验收各单位的主要职责是什么？

【案例 8 】

1．背景材料：

某施工单位承接了一座 7×30m 后张法预应力混凝土简支 T 梁桥，施工单位严格按照设计文件和相关施工技术规范的要求进行施工，并作了以下主要检验内容：混凝土强度、T 梁的宽度和高度、梁长、支座表面平整度以及横系梁及预埋件位置。在质量控制方面，开展了主梁预制和现浇混凝土强度、支座预埋件位置、主梁高差、支座安装型号与方向等的控制。

2．问题：

（1）施工单位对预制 T 梁的实测项目是否完整？

（2）在质量控制方面，还应开展哪些质量控制？

【案例 9 】

1．背景材料：

某山区桥梁工程，桥梁墩高 110m。施工单位根据相关法规要求，对该项目进行了施工安全风险评估。首先进行了总体风险评估，评估结果显示桥梁总体风险评估等级为Ⅳ级。根据规定，进行了进一步的专项风险评估，并形成了风险评估报告，主要内容包括：评估依据、工程概况、评估方法等。

在实施中，施工单位应根据风险评估结论，完善施工组织设计和危险性较大工程专项施工方案，制定相应的专项应急预案，对项目施工过程实施预警预控，尤其针对桥墩施工的风险还采取了进一步的措施。监理也按照要求进行了监理工作。

2．问题：

（1）结合背景材料，分析和总结该桥施工安全风险评估的四大步骤。

（2）补充风险评估报告的内容。

（3）针对桥墩施工的风险，施工单位还应进一步采取哪些主要措施？

（4）开工后，监理单位应针对评估报告中的施工风险做哪些工作？

【案例 10 】

1．背景材料：

《公路建设市场管理办法》规定：公路建设项目依法实行施工许可制度。国家和国务院交通主管部门确定的重点公路建设项目的施工许可由国务院交通主管部门实施，其他公路建设项目的施工许可按照项目管理权限由县级以上地方人民政府交通主管部门实施。

项目法人在申请施工许可时应当向相关的交通主管部门提交材料。

公路建设从业单位应当按照合同约定全面履行义务。

2．问题：

（1）公路建设项目依法实行施工许可制度，项目施工应当具备哪些条件？

（2）项目法人申请施工许可时应当向相关的交通主管部门提交哪些材料？

（3）公路建设各从业单位应当按照合同约定全面履行哪些义务？

【案例 11】

1. 背景材料：

公路工程质量监督，是指依据有关法律、法规、规章、技术标准和规范，对公路工程质量进行监督的行政行为。为加强公路工程质量监督，保证公路工程质量，保护人民生命和财产安全，《公路工程质量监督规定》明确了公路工程质量监督主要包括的内容、交通主管部门对公路工程质量监督的主要职责等。

2. 问题：

（1）公路工程质量监督主要包括哪些内容？

（2）交通主管部门对公路工程质量监督有哪些主要职责？

（3）建设单位办理公路工程质量监督手续，应当向工程项目所在地的质监机构提交哪些材料？

【案例 12】

1. 背景材料：

公路工程设计变更，指工程初步设计批准之日起至竣工验收正式交付使用之日止，对已批准的初步设计文件、技术设计文件或施工图设计文件所进行的修改、完善等活动。

为加强公路工程建设管理，规范公路工程设计变更行为，保证公路工程质量，保护人民生命及财产安全，《公路工程设计变更管理办法》要求各级交通主管部门应当加强对公路工程设计变更活动的监督管理，明确了不同类型公路工程设计变更的具体要求。

2. 问题：

（1）何谓公路工程设计变更？公路工程设计变更分为几类？

（2）公路工程设计变更中哪些属于重大设计变更？

（3）公路工程设计变更中哪些属于较大设计变更？

（4）公路工程设计变更中哪些属于一般设计变更？

【案例 13】

1. 背景材料：

为加强对公路工程设计变更的管理，《公路工程设计变更管理办法》规定：重大设计变更由交通运输部负责审批。较大设计变更由省级交通运输主管部门负责审批。

项目法人负责对一般设计变更进行审查，并应当加强对公路工程设计变更实施的管理。

对一般设计变更建议，由项目法人根据审查核实情况或者论证结果决定是否开展设计变更的勘察设计工作。

对较大设计变更和重大设计变更建议，项目法人经审查论证确认后，向省级交通主管部门提出公路工程设计变更的申请。

2. 问题：

（1）对较大设计变更和重大设计变更，项目法人应做哪些工作？并提交哪些材料？

（2）项目法人在报审设计变更文件时，应当提交哪些材料？

【案例 14】

1. 背景材料：

某公路施工公司在进行公路施工时，由于隧道塌方，当场有 8 个工人受伤，在送往医院的过程中，有 2 人伤势过重死亡。事故发生后，质量监督站初步确定该事故为重大质量事故。

2. 问题：

（1）事故发生单位应如何上报？

（2）发生重大质量事故的现场应该采取怎样的保护措施？

【案例 15】

1. 背景材料：

《公路工程建设项目招标投标管理办法》规定，公路工程建设项目履行项目审批或者核准手续后，方可开展勘察设计招标；初步设计文件批准后，方可开展施工监理、设计施工总承包招标；施工图设计文件批准后，方可开展施工招标。施工招标采用资格预审方式的，在初步设计文件批准后，可以进行资格预审。同时规定，招标人不得在招标文件中设置对分包的歧视性条款。

评标方法关系到招标投标活动各方当事人合法权益，《公路工程建设项目招标投标管理办法》对评标方法作出了相关规定。

2. 问题：

（1）根据《公路工程建设项目招标投标管理办法》，招标人哪些行为属于分包歧视性条款？

（2）公路工程施工招标的评标方法有哪些？

（3）简述公路工程施工招标的评标方法。

【案例 16】

1. 背景材料：

根据《公路工程建设项目招标投标管理办法》，投标人应当具备招标文件规定的资格条件，具有承担所投标项目的相应能力。投标人应当按照招标文件的要求编制投标文件，并对招标文件提出的实质性要求和条件作出响应。招标文件中没有规定的标准和方法，不得作为评标的依据，并对招标人不合理的条件限制和应当依法重新招标的情况，以及公路施工招标条件作出了明确规定。

2. 问题：

（1）招标人的哪些行为属于以不合理的条件限制、排斥潜在投标人或者投标人？

（2）投标中哪些情形招标人应当依法重新招标？

（3）《公路工程建设项目招标投标管理办法》在公路施工招标条件方面对《公路工程施工招标投标管理办法》做了哪些修改？

【案例 17】

1. 背景材料：

某施工单位承接了一条二级公路的路基、路面及部分桥涵施工。在施工中由于多种原因发生了几次质量事故。

事故 1：某现浇混凝土结构由于模板施工问题，出现较多的蜂窝、麻面，质量较差，监理要求修复，造成直接经济损失（包括修复费用）计 2 万元。

事故 2：由于某混凝土结构施工完成后，经取样检验达不到合格标准，需加固补强，从而造成直接经济损失 25 万元。

事故 3：在架梁过程中由于操作失误，造成梁落地，并致 1 人死亡。

2. 问题：

（1）公路工程质量事故分为哪几类？

（2）分别分析背景材料中的三个事故属于哪种质量事故？

【案例 18】

1. 背景材料：

某施工项目由 A 公司施工，建设单位为 B 投资公司，监理为 C 监理公司。在施工时发生了一起死亡 12 人的重大质量事故。

2. 问题：

（1）哪个单位为事故报告单位？

（2）对于重大质量事故的报告有何要求？事故书面报告内容有哪些？

（3）应如何保护现场？

【案例 19】

1. 背景材料：

某工程项目有一段 3.1km 长的土方路基施工，为了控制好施工质量，编写了施工方案，设置了项目控制的关键点、施工参数及质量控制的关键指标。

2. 问题：

（1）土方路基施工控制的关键点有哪些？

（2）测定土的最佳含水量的试验方法有哪些？

（3）现场测试路基压实度的方法有哪些？

【案例 20】

1. 背景材料：

某施工单位中标承担了某路段高速公路收费系统的施工，该路段设计车速为 100km/h，有 8 处互通立交，其中 2 处互通立交连接其他高速公路，其余 6 处连接地方道路。全线设一个监控、通信、收费分中心，6 个收费站，采用封闭式半自动收费方式，并且纳入全省高速公路联网收费。

收费车道计算机系统具有按车道操作流程正确工作、对车道设备的管理与控制、设备状态自检并将故障信号实时上传等功能。设计文件要求货车不称重而按载重吨位分型收费，但是在招标文件中要求收费应用软件应满足货车计重收费的需要。签订合同 10 天后，业主正式书面告知施工单位，本路段要增加货车计重收费系统，并且提供了原设计单位收费系统变更的相应图纸和说明，其涉及的变更未超过批准的建设规模。业主请施工单位组织实施。

2. 问题：

（1）施工企业应具备何种企业资质才能承担该收费系统的施工任务？

（2）收费车道计算机系统除背景材料中提及的功能外，还有哪些功能？

（3）说明本工程新增货车计重收费系统的变更依据和变更确认过程。

（4）项目变更为采用货车计重收费方式时，出口车道应增加哪些设备？

实务操作和案例分析题参考答案

1B410000　公路工程施工技术

【案例 1】

（1）工序 A 是边沟开挖。

（2）第（1）条正确。

第（2）条错误。路线主体尽量采用深孔爆破方法，局部采用钢钎炮等方法，遇软石或夹理发育的次坚石，可采用松动爆破开挖。

第（3）条正确。

第（4）条错误。注重路基边坡开口线的测量放样、复测开钻、标高及开挖深度的控制，边坡坡率的控制等工作，满足规范及设计要求。施工过程中，每挖深 3～5m 应复测一次边坡。

第（5）条正确。

（3）地表监测有水平位移监测、垂直变形监测、裂缝监测。

（4）施工单位处理方法不正确。采用排水管只能将少量裂隙水排出，不能汇集水，排水效果不好，应设置渗沟进行排导，渗沟宽度应满足要求，并不宜小于 30cm，横坡度应保证排水要求，渗沟应采用硬质碎石回填。

【案例 2】

（1）事件 1 中不宜冬期施工的项目是铲除原地面的草皮、挖掘填方地段的台阶。

（2）错误做法是采用平地机整平。因含石量为 66%，整平应采用大型推土机辅以人工进行。

（3）土石混合料中石料强度大于20MPa时，石块的最大粒径不得超过压实层厚的2/3，超过的石料应清除或打碎。

【案例3】

（1）该合同段有高路堤。因为规范规定，当边坡高度超过20m的路堤时即属于高路堤，本合同段部分路堤边坡高度已达到23.50m。

（2）"填料的松铺厚度根据压路机型号确定"错误。根据《公路路基施工技术规范》JTG F10—2006，每种填料的松铺厚度应通过试验确定。

"采用光轮压路机进行压实"错误。砂性土采用光轮压路机压实效果较差，应该采用振动压路机。

（3）灌砂法、环刀法、核子密度湿度仪法。

【案例4】

（1）该挡土墙是修建在路基前进方向的右侧。因为在立面图上其里程从左到右是逐步增大的。

（2）工程数量表中$\phi50$PVC管用于泄水孔排水。

（3）施工工序的正确顺序：②施工准备；③基坑开挖；⑦基坑验收；①基础砌筑；④墙身砌筑；⑧勾缝抹面；⑤养护；⑥墙后路基填筑。

（4）解决方案①：采用碎石土换填或打桩作为挡墙基础。

解决方案②：采用扩大基础。

【案例5】

（1）不符合。本变更因超过施工图设计批准预算，属于较大设计变更。对较大设计变更，正确的做法是：建议建设单位经审查论证确认后，向省级交通主管部门提出公路工程设计变更的申请，省级交通主管部门自受理申请之日起15日内作出是否同意开展设计变更的勘察设计工作的决定，并书面通知申请人。

较大设计变更文件经建设单位审查确认后报省级交通主管部门审查。较大设计变更文件由省级交通主管部门批准，并报交通部备案。

（2）不应采用平地机整平。因含石量为67%，整平应采用大型推土机辅以人工进行。

不应采用竖向填筑法。土石路堤只能采用分层填筑，分层压实。

（3）不应该实测弯沉值，还应实测平整度。

【案例6】

（1）不合理。原因有：

①软基深度较深、面积大（工程经济性较差）。

②地表无常年积水、土质呈软塑～可塑状态（施工速度慢）。

（2）整平原地面→机具定位→桩管沉入→加料压实→拔管。

（3）还应考虑：土质的工程特性；机械运行情况；运距和气象条件；相关工程和设备的协调性。不妥当，不应选择布料机和滑模摊铺机。

【案例7】

（1）路堤填筑方法有水平分层填筑法和纵向分层填筑法。本工程采用水平分层填筑法合理。

（2）取土→运输→推土机初平→平地机整平→压路机碾压。

（3）不合适。松铺厚度应控制在 40cm 以内。

【案例 8】

（1）基底开挖深度超过 2m 时，要由端部向中央，分层挖除，并修筑临时运输便道，由汽车运载出坑，而不是 3m；路基穿过沼泽地需要清除路基坡角范围以内的软土包含护坡道。

（2）软土在路基坡脚范围以内全部清除。边部挖成台阶状再回填。

【案例 9】

（1）必须设置透层。水泥、石灰、粉煤灰等无机结合料稳定土基层上必须浇洒透层沥青，以使沥青面层与非沥青材料基层结合良好。

（2）做法第（2）点中"最好在表面形成油膜"不正确，应该是"不得在表面形成油膜"。做法第（6）点中"用轮胎压路机稳压"不正确，应该是"用钢筒式压路机稳压"。

【案例 10】

（1）试验段铺筑的主要目的有两类，一是为控制指标确定相关数据，如：松铺系数、机械配备、压实遍数、人员组织、施工工艺等；二是检验相关技术指标，如：沥青含量、矿料级配、沥青混合料马歇尔试验、压实度等。

（2）出厂时混合料出现白花料，拌合中可能存在油料偏少；拌合时间偏短；矿粉量过多等。

（3）沥青混凝土路面施工中压实度是一重要控制指标，温度低是造成压实度不足的原因之一，随时检查并做好记录是保证沥青路面压实度的重要手段之一。

（4）碾压进行中压路机要运行均匀，不得中途停留、转向或制动；也不能随意改变碾压速度；不允许在新铺筑路面上停机加油、加水。

【案例 11】

（1）A：土路肩；B：硬路肩（或应急停车带）；C：路缘带。

（2）通过试验路段确定的参数还有：施工配合比，材料的松铺系数。

（3）按技术规范养护期应不小于 7d。

该路面养护的方法还有：土工布覆盖养护、铺设湿砂养护、草帘覆盖养护、洒铺乳化沥青养护等方法。

【案例 12】

（1）本项目路拌法施工水泥稳定土基层的准备中少了非常重要的一个环节，即下承层的检查。无机结合料稳定基层施工前，必须检查下承层的压实度、平整度、高程、横坡度、平面尺寸。若下承层是土基，必须用 12～15t 压路机进行碾压检查，如有表面松散、弹簧等问题必须进行处理。

（2）该项目水泥稳定土基层具体施工过程中存在下列问题：

① 第（3）点中摊铺土的进度与摊铺水泥的进度不符合，进度太快。按背景材料相关要求摊铺土每天应为 1.5km（单向）为宜，这样保持在摊铺水泥的前一天完成。

② 第（6）点稳定土拌合机械的拌合深度有问题，拌合深度应达到稳定层底并宜侵入下承层5～10mm，以利上下层粘结。

③ 第（7）点平地机全路段均由两侧路肩向路中心刮平不对，直线段应这样施工，但在曲线段应由内侧向外侧进行刮平。

④ 第（8）点超高的平曲线段的碾压不对，应该由内侧路肩向外侧路肩碾压。

【案例13】

（1）工艺流程中A是填缝。

（2）第（1）条正确。

第（2）条错误。搅拌楼的配备，应优先选配间歇式搅拌楼，也可使用连续搅拌楼。

第（3）条错误。水泥混凝土面层采用滑模摊铺机进行铺筑不需要安装模板。

第（4）条正确。

（3）切缝时间较迟，应在路面混凝土强度达到40%时进行切缝。切缝深度不足，无拉杆、传力杆时槽口深度宜为面板厚度的1/4～1/3，最浅60mm；设拉杆、传力杆时槽口深度宜为面板厚度的1/3～2/5，最浅80mm。

【案例14】

（1）在条件限制时可以在现场用人工拌制。乳化沥青碎石混合料最适宜采用拌合机拌合。

（2）施工人员拌合混合料的时间不符合规定。混合料的拌合时间应保证乳液与集料拌合均匀，机械拌合不宜超过30s，人工拌合不宜超过60s。

（3）不合理。因为为了保证混合料具有充分的施工和易性，混合料的拌合、运输和摊铺应在乳液破乳前结束。

（4）混合料的碾压方法不正确。正确方法：混合料摊铺后，先采用6t左右的轻型压路机初压，宜碾压1～2遍，使混合料初步稳定，再用轮胎压路机或轻型筒式压路机碾压1～2遍。初压时应匀速进退，不得在碾压路段上紧急制动或快速启动。当乳化沥青开始破乳，混合料由褐色转变成黑色时，用12～15t轮胎压路机或10～12t钢筒式压路机复压。复压2～3遍后，立即停止，待晾晒一段时间，水分蒸发后，再补充复压至密实为止。碾压时发现局部混合料有松散或开裂时，应立即挖除并换补新料，整平后继续碾压密实。

【案例15】

（1）该混凝土路面施工方式需要安装模板。

（2）构造物A是拉杆，构造物B是传力杆。接缝布置示意图中还有横向胀缝、纵向缩缝。

（3）工艺流程中C是密集排振。

（4）轴前料位过高时应铲除，过低则采取补料处理。

【案例16】

（1）① 可能发生在10m处，吸泥机清理不彻底时，形成灌注桩中断或混凝土中夹有泥石。

② 可能发生在 27m 处，采取强制提升而造成导管脱节。

（2）进水、塞管、埋管。

（3）可采用拔抽抖动导管（不可将导管口拔出混凝土面）。当所堵塞的导管长度较短时，也可以用型钢插入导管内来疏通导管，或在导管上固定附着式振捣器进行振动。

【案例 17】

（1）存在问题有：

① 在钢筋笼制作时，一般要采用对焊，以保证焊口平顺。当采用搭接焊时，要保证焊缝不要在钢筋笼内形成错台，以防钢筋笼卡住导管。

② 对导管进行接头抗拉试验，并用 1.5 倍的孔内水深压力的水压进行水密承压试验，试验合格之后，才可以使用安装导管。导管口不能埋入沉淀的淤泥渣中。

③ 进行混凝土灌注，混凝土坍落度 16cm，存在问题。混凝土的坍落度要控制在 18～22cm，要求和易性好。

④ 施工单位考虑到灌注时间较长，在混凝土中加入缓凝剂，须征得监理工程师的许可。

⑤ 当灌注到 27m 时，导管挂在钢筋骨架上，施工人员采取了强制提升的方法。这是不对的。当钢筋笼卡住导管后，可设法转动导管，使之脱离钢筋笼。

（2）当混凝土堵塞导管时，可采用拔插抖动导管（注意不可将导管口拔出混凝土面）处理，当所堵塞的导管长度较短时，也可以用型钢插入导管内来疏通导管，也可以在导管上固定附着式振动器进行振动来疏通导管内的混凝土。

（3）埋设护筒，制备泥浆，钻孔，清底，钢筋笼制作与吊装，灌注水下混凝土。

（4）冲击法、冲抓法、旋转法。

【案例 18】

（1）钻孔灌注桩的工艺流程顺序：② 埋设护筒；① 制备泥浆；④ 钻孔；③ 清底；⑤ 钢筋笼制作与吊装；⑥ 灌注水下混凝土。

（2）施工单位配置的钻机类型不恰当。因为桩要嵌入弱风化层砂岩，而旋转钻机适合土层中钻进，还应配置冲击钻机。

（3）套箱围堰封底混凝土厚度应根据桩周摩擦阻力、浮力、套箱及混凝土重力等计算确定。

（4）针对本项目承台基坑中出现的地下水，可采取基底四周设排水沟的做法，然后设一集水井，用潜水泵将水排出，保持基坑无积水。

【案例 19】

（1）不正确。应在内外模之间的腹板部位设置支撑。

（2）不正确。应该两侧对称进行振捣。

（3）宜两端张拉。后张法预应力筋张拉程序为：$0 \rightarrow$ 初应力 $\rightarrow 1.05\sigma_{con}$（持荷 2min）$\rightarrow \sigma_{con}$（锚固）。

（4）"锚固完毕并经检验合格后用电弧焊切割端头多余的预应力筋"错误，应为："锚固完毕并经检验合格后用砂轮机切割端头多余的预应力筋"。

【案例 20】

（1）不正确，应该先对支座作临时固结。

（2）还应测出挂篮在不同荷载下的实际变形量，供挠度控制中修正立模标高。

（3）不能，因为还需对管道进行压浆。

【案例 21】

（1）

桥梁施工装备	适用桥梁
骑缆吊机	
挂篮	悬臂施工混凝土连续梁桥
架桥机	预应力混凝土（后张法）小箱梁
缆索吊装系统	装配式混凝土拱桥

（2）工序 A 是安装内外模，工序 B 是预应力张拉。

（3）"跨中设 2cm 的预拱度，采用悬链线"错误，应为"跨中设 2cm 的预拱度，采用二次抛物线"。

【案例 22】

（1）设备 A 是龙门吊，设备 B 是龙门吊，设备 C 是 30m T 梁模板，设备 D 是 40m T 梁模板。

（2）第一次是肋板内预应力管道安装完后，将锚垫板与端模板用螺栓固定，端模板安装就位；第二次是安装侧模，由中间向两端对称安装。

（3）拆模先后顺序为：拆除立杆、横隔板端模、T 梁侧模、端模和翼缘板模板。

【案例 23】

（1）现场出现问题的主要原因是由施工挂篮底模与模板的配置不当造成施工操作困难引起的，具体有：

① 挂篮底模架的平面尺寸未能满足模板施工的要求。

② 底模架的设置未按箱梁断面渐变的特点采取措施，使梁底接缝不平，漏浆，梁底线形不顺。

③ 侧模的接缝不密贴，造成漏浆，墙面错缝不平。

④ 挂篮模板定位时，抛高值考虑不够，或挂篮前后吊带紧固受力不均。

⑤ 挂篮的模板未按桥梁纵轴线定位。

⑥ 挂篮底模架的纵横梁连接失稳引起的几何变形。

（2）为防止上述现象的发生，可采取如下预防措施：

① 底模架的平面尺寸，应满足模板安装时支撑和拆除以及浇筑混凝土时所需操作宽度。

② 底模架应考虑箱梁断面渐变和施工预拱度，在底模架的纵梁和横梁连接处设置活动钢铰，以便调节底模架，使梁底接缝和顺。

③底模架下的平行纵梁以及平行横梁之间应用钢筋或型钢采取剪刀形布置牢固连接纵横梁，以防止底模架变形。

④挂篮就位后，在校正底模架时，必须预留混凝土浇筑时的抛高量（应经过对挂篮的等荷载试验取得），模板安装时应严格按测定位置核对标高，校正中线，模板和前一节段的混凝土面应平整密贴。

⑤挂篮就位后应将支点垫稳，收紧后吊带、固定后锚，再次测量梁端标高，在吊带收放时应均匀同步，吊带收紧后，应检查其受力是否均衡，否则就重新调整。

【案例24】

（1）属于原招标文件和工程量清单中未包括的"新增工程"的变更（或设计变更），工程变更确认过程和环节包括：提出工程变更→分析提出的工程变更对项目目标的影响→分析有关的合同条款和会议、通信记录→初步确定处理变更所需的费用、时间范围和质量要求→确认工程变更。

（2）不完善。设置预拱度时还应考虑支架在荷载作用下的非弹性沉陷和张拉上拱的影响。支架预压的目的是为了收集支架地基的变形数据，作为设置预拱度的依据。

（3）预应力筋宜使用砂轮锯（砂轮切割机）下料，预应力张拉过程中应控制张拉应力和伸长值两项指标，以张拉应力控制为主（以伸长值作为校核）。

（4）不能满足要求，压浆应使孔道另一端饱满和出浆，并使排气孔排出与规定稠度相同的水泥浓浆为止。

（5）避免出现支架下沉；避免脱模过早，以及模板的不均匀沉降；加强箱梁混凝土浇筑后的养护工作。

【案例25】

（1）"垫块的间距在竖向为4m"错误。改正为"垫块的间距在竖向不应大于2m"。

"安装钢筋骨架时，将钢筋骨架支承在孔底，并采取措施保持其平稳"错误。改正为"安装钢筋骨架时，应将其吊挂在孔口的钢护筒上，或在孔口地面上设置扩大受力面积的装置进行吊挂，不得直接将钢筋骨架支承在孔底"。

（2）模板超出允许偏差变形的主要原因有地基处理不彻底，支架未进行预压。

（3）盖梁施工中还可采用立柱穿孔式支架和钢抱箍支架。

【案例26】

（1）错误之处：采用环形开挖留核心土法施工，开挖进尺为3m。

正确的做法：隧道软弱围岩施工应遵循"超前探、管超前、短进尺、弱（不）爆破、强支护、勤量测、紧衬砌"的原则，施工组织围绕这一原则开展施工。开挖进尺应为0.5～1.0m，确保施工安全。

（2）⑥为喷射混凝土。

初期支护是④⑤⑥⑦；防水层是②③；二次衬砌是①。

（3）系统锚杆应与④⑤⑥彼此牢固连接。

（4）边墙灌注施工错误是：先浇筑一边，再浇筑另一边。

正确的做法应为：灌注边墙混凝土时，要求两侧混凝土保持分层对称地均匀上升，以免两侧边墙模板受力不均匀而倾斜或移位。

【案例 27】

（1）"工作空间较小"错误，应为：工作空间较大。"全断面开挖法具有较小的断面进尺比"错误，应为：全断面开挖法具有较大的断面进尺比。

（2）本项目施工监控量测的必测项目还有：净空变化与拱顶下沉。其对应方法和工具分别是各种类型收敛计、全站仪；水准测量的方法，水准仪、钢尺。

（3）①"电钻工应戴棉纱手套"错误，应戴绝缘胶皮手套。

②"炸药和雷管分别装在带盖的容器内用汽车一起运送"错误，应改为：炸药和雷管分别装在带盖的容器内用汽车分别运送。

③"隧道开挖及衬砌作业地段的照明电器电压为110～220V"错误，应改为：隧道开挖及衬砌作业地段的照明电器电压为12～36V。

④"通风设施由专职安全员兼管"错误，应改为：通风设施由专人管理。

【案例 28】

（1）判断隧道各段围岩的级别如下：

① K68＋238～K68＋298 段以及 K69＋498～K69＋538 段应为 V 级围岩（洞口浅埋段，地下水不发育，出露岩体极破碎，呈碎、裂状）；

② K68＋298～K68＋598 段和 K69＋008～K69＋498 段应为 IV 级围岩（地下水不发育，岩体为较坚硬岩，岩体较破碎，裂隙较发育且有夹泥）；

③ K68＋598～K69＋008 段应为 III 级围岩（地下水不发育，岩体为较坚硬岩，岩体较为完整，呈块状体或中厚层结构，裂隙面内夹软塑状黄泥）。

比选出的施工方法为：环形开挖留核心土法，因为核心土法比双侧壁导坑法经济，比全断面法安全。

（2）①事件二中必测项目为：洞内外观察、地表下沉、拱顶下沉、周边位移。

②拱顶下沉量测方法为水准测量，工具为水准仪和钢尺等。

（3）事件三中的错误有采用干喷技术，采用挂模的方式喷射混凝土。隧道喷射混凝土不得采用干喷工艺。喷射混凝土的实测项目有喷射混凝土强度、喷层厚度、空洞检测。

（4）①事件四中喷射混凝土掉落的原因为喷射混凝土前没有对岩面清理干净，喷射混凝土因残留黄泥不能和围岩很好地结合而掉落；②施工单位应将原来喷射混凝土凿除，并清理清洗岩面，再按设计要求喷射混凝土。

（5）①本项目需要编制专项施工方案，因属于不良地质隧道；②不需要专家论证。

【案例 29】

（1）衬砌开裂原因：

①施工时，由于先拱后墙法施工时拱架支撑变形下沉，造成拱部衬砌产生不均匀下沉，拱腰和拱顶发生施工早期裂缝。

②由于施工测量放线发生差错、欠挖、模板拱架支撑变形、塌方等原因，而在施工中又未能妥善处理，造成局部衬砌厚度偏薄。

③施工质量管理不善，混凝土材料检验不力，施工配合比控制不严，水灰比过大等造成衬砌质量不良，降低承载能力。

（2）隧道衬砌裂缝病害的防治

① 设计时应根据围岩级别、性状、结构等地质情况，正确选取衬砌形式及衬砌厚度，确保衬砌具有足够的承载能力。

② 施工过程中发现围岩地质情况有变化，与原设计不符时，应及时变更设计。

③ 钢筋保护层必须保证不小于3cm，钢筋使用前应做除锈、清污处理。

④ 混凝土强度必须符合设计要求，宜采用较大的骨灰比，降低水胶比，合理选用外加剂。

⑤ 衬砌背后如有可能形成水囊，应对围岩进行止水处理，根据设计施作防水隔离层。

⑥ 衬砌施工时应严格按要求正确设置沉降缝、伸缩缝。

（3）隧道衬砌裂缝的治理措施

可总结为加强衬砌自身强度和提高围岩稳定性两种。对于隧道衬砌裂缝的治理一般会采用锚杆加固、碳纤维加固、骑缝注浆、凿槽嵌补、直接涂抹工艺中的一种或数种相结合的措施。

加强衬砌自身强度可通过对隧道衬砌结构混凝土施工材料进行加固以及通过对衬砌结构的裂缝进行碳纤维加固等措施提升结构自身的承载能力。提高围岩稳定性能够有效地保证隧道衬砌结构施工的安全性，可通过锚固注浆、深孔注浆等措施对围岩进行加固。

【案例30】

（1）收费站计算机系统包括服务器、计算机工作站、数据存储备份设备、打印机、IC卡读写器、三层以太网交换机或路由器、不间断电源、系统软件以及收费应用软件等。这些设备与收费站监控室的以太网交换机相连，收费车道的以太网交换机与收费站监控室的以太网交换机相连形成一个收费站的局域网。

（2）计重收费系统的功能有：① 有效防止超重车辆对高速公路的破坏，保护道路，延长高速公路的使用寿命。② 净化货物运输市场，维护守法者的利益。③ 减少高速公路的维护保养费用。④ 减少道路交通事故，提高道路服务水平。

（3）车牌自动识别系统的功能有：① 防止不同车辆之间的换卡。② 防止通行卡流失。③ 防止收费员利用车种或降档车型进行营私舞弊。④ 自动放行，提高通行能力，减少通行券的投资。⑤ 稽查黑名单。通过车牌号和黑名单库比较，可对收费员的分型进行核查。

【案例31】

（1）根据"治塌先治水"的原则，在处理隧道塌方前应采取的技术措施有：

① 地表沉陷和裂缝，应采用注浆填充和加固，或采用不透水土壤夯填紧密，开挖截水坑，防止地表水下渗进入塌体。

② 通顶陷穴口的地表四周应挖沟排水，搭设防雨棚遮盖穴顶；洞内衬砌通过塌方后，

陷穴应及时回填，回填应高出原地面，并用黏土或浆砌片石封闭穴口，做好排水。

③塌体内有地下水活动时，采用管、槽引至排水沟排出，无法进行引排时可采用注浆堵水。

（2）为防止隧道塌方，施工现场管理应符合的要求有：

①严格按照设计文件及施工组织设计要求进行施工，未经批准，不得擅自改变开挖方法及支护形式。

②认真进行支护作业，确保支护参数和质量达到设计要求。

（3）隧道施工时，应该做好四个方面的防尘工作：

①湿式凿岩标准化。

②机械通风正常化。

③喷雾洒水正规化。

④个人防护普遍化。

【案例32】

（1）开挖施工方法是台阶分部法即留核心土法，是合理的。留核心土法开挖面小，便于支撑和稳定；如果施工单位采用上下台阶法则不合理，因为背景材料中提及"隧道开挖过程中，由于地下水发育，洞壁局部有股水涌出，特别是大型断层地带岩石破碎，裂隙发育，涌水更为严重"，所以不宜采用全断面或台阶法。

（2）超前钻孔或辅助坑道排水；超前小导管预注浆堵水；超前围岩预注浆堵水；轻型井点降水及深井降水。

（3）应进行监控量测的必测项的前三个项目，分别是洞内外观察、周边位移、拱顶下沉，而地表下沉可以不测，因为最大埋深1049m，所以只要洞口段埋深大于2倍的洞宽就可以不测。

（4）根据背景材料，公路隧道地质超前预报的内容有地质构造和地下水。背景材料中隧道地质超前预报的最严重灾害的级别是A级，因为有"大型断层地带岩石破碎"。对应灾害采用的超前地质预报方式有（选其中2种）：地质调查法、地震波反射法、超声波反射法、陆地声呐法、地质雷达法、瞬变电磁法、红外探测法、超前水平钻探法等进行综合预报。

（5）事件一按照预警分级管理实行Ⅰ级管理。建议"暂停施工，采取相应工程对策"。

（6）事件二按照预警分级管理实行Ⅱ级管理。建议"综合评价设计施工措施，加强监控量测，必要时采取相应工程对策"。

【案例33】

（1）合适。光面爆破是通过调整周边眼的各爆破参数，使爆炸先沿各孔的中心连线形成贯通的破裂缝，然后内围岩体裂解，并向临空面方向抛掷。这种爆破在围岩中产生的裂缝较少，使爆破后的岩石表面能按设计轮廓线成型，表面较平顺，超欠挖很小。

（2）光面爆破的技术要求：根据围岩特点合理选择周边眼间距和周边的最小抵抗线。严格控制周边眼的装药量，应使用药量沿炮眼全长合理分布，并合理选择炸药品种和装药结构。采用周边同时起爆。

（3）掏槽眼、辅助眼、周边眼的作用

① 掏槽眼（掏槽炮）的作用：将开挖面上适当部位先掏出一个小型槽口，以形成新的临空面，为后爆的辅助炮开创更有利的临空面，以达到提高爆破效率的目的。

② 辅助眼的作用是进一步扩大槽口体积和爆破量，并逐步接近开挖断面形状，为周边眼创造有利的条件。

③ 周边眼是一种辅助炮眼，目的是成型作用。周边眼爆破后使坑道断面达到设计的形状和尺寸。

【案例34】

（1）监控量测的目的：掌握围岩和支护的动态信息并及时反馈，指导施工作业；通过对围岩和支护的变位、应力量测，修改支护系统设计；分析各项量测信息，确认或修正设计参数。

（2）根据背景材料，洞内涌水采用井点降水施工应符合的要求有：

① 根据降水要求，选择降水形式、降水设备，编制降水施工方案。

② 在隧道两侧地表面布置井点，间距宜为25～35m。井底应在隧底以下3～5m。

③ 应设水位观测井，及时测定动水位，调整降水参数，保证降水效果。

④ 重视降水范围内地表环境的保护，制订包括监控量测、回灌等措施，预防地表水超限下沉。

（3）二次衬砌的施作应在满足下列要求时进行：

① 各测试项目的位移速率明显收敛，围岩基本稳定。

② 已产生的各项位移已达预计总位移量的80%～90%。

③ 周边位移速率或拱顶下沉速率小于规定值。

【案例35】

（1）除背景材料中提到的注意事项外，还应该注意以下问题：

① 根据围岩及周围环境条件，可优先采用单侧壁导坑法、双侧壁导坑法或留核心土开挖法；围岩的完整性较好时，可采用多台阶法开挖。严禁采用全断面法开挖。

② 开挖后应尽快施作锚杆、喷射混凝土、敷设钢筋网或钢支撑。当采用复合衬砌时，应加强初期锚喷支护。Ⅴ级以下围岩，应尽快施作衬砌，防止围岩出现松动。

③ 锚喷支护或构件支撑，应尽量靠近开挖面，其距离应小于1倍洞跨。

④ 浅埋段的地质条件很差时，宜采用地表锚杆、管棚、超前小导管、注浆加固围岩等辅助方法施工。

（2）喷射混凝土的注意事项：

① 喷射作业应分段、分片由下而上顺序进行，每段长度不宜超过6m。一次喷射厚度应根据设计厚度和喷射部位确定，初喷厚度不得小于4～6cm。

② 喷射混凝土作业需紧跟开挖面时，下次爆破距喷混凝土作业完成时间的间隔，不得小于4h。

（3）锚杆支护的施工的注意事项：

①锚杆安设作业应在初喷混凝土后及时进行。

②钻孔前应根据设计要求定出孔位，钻孔方向宜尽量与岩层主要结构面垂直。

③灌浆作业：注浆开始或中途暂停超过30min时，应用水润滑灌浆罐及其管路。注浆孔口压力不得大于0.4MPa。

【案例36】

（1）

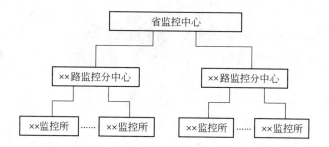

（2）具备交通工程专业收费系统分项资质。

（3）该高速公路收费系统中还需要的系统有：内部对讲系统、安全报警系统、电源系统等，并可根据需要增加计重系统、车牌自动识别装置等。

【案例37】

（1）此路的监控系统按其功能可分为10个子系统：交通信号监控系统、视频监视系统、紧急电话系统、火灾报警系统、隧道通风控制系统、隧道照明控制系统、供配电监控系统、调度指令电话系统、有线广播系统、专用车辆监视系统。

（2）此路的监控系统的主要功能为：

①信息采集功能。

②实时数据处理和监视功能。

③视频监视功能。

④事件与故障报警功能。

⑤事件输入记录功能。

⑥信息发布控制功能。

⑦报表统计与打印功能。

⑧查询功能。

⑨自动数据备份和系统恢复功能。

⑩系统具有自诊断功能。

⑪安全和系统管理功能。

⑫时间统一功能。

⑬提供内部其他系统相关信息。

⑭向公众提供对外界的服务功能。

【案例38】

（1）由于此项目包括的摄像机较齐全，相应的收费视频监视子系统的功能也较全面。

收费视频监视子系统的功能为：

①便于收费时的交通管理。

②实时监视收费车道通过车辆的类型、车牌号通行券的发放与收回、收费员操作及收费过程，并进行有效的监督，防止收费员发生差错，漏收、逃费、贪污等现象。

③实时监视金库情况，保证金库的安全。

④实时监视收费站监控室监控员的工作情况，实现多级监视，防止监控员与收费员勾结进行集体贪污等。

⑤收到车道报警信号，自动切换图像，便于重点监控。

⑥实时记录图像资料，为进行收费工作的动态分析、随机管理、善后处理和稽查等提供正确依据。

（2）广场摄像机的具体安装要求：

①安装在立柱上，使得摄像机的可视半径≥2km。

②避雷针均安装在立柱顶端。

③防雷接地电阻≤10Ω，安全接地电阻≤4Ω。两个接地的距离≥20m。

④由电、光缆分支到摄像机之间应加光、电缆保护钢管。

【案例39】

（1）油浸变压器安装前，应检查油箱密封情况，做油的绝缘测试，并注以合格油。"电缆敷设在沟内时遵循了低压在上、高压在下的原则"错误，应遵循低压在下，高压在上的原则。

（2）隧道通风控制系统、紧急电话系统、火灾报警系统。

【案例40】

（1）交通工程的施工组织设计还应重点考虑：机电设备的测试、各（子）系统的调试及联动调试、缺陷责任期内的服务计划。

（2）到场设备开箱的检查应由业主、承包方和监理共同参加。开箱时除对规格、数量检查外，还要检查其外观、型号、备品、备件及随机资料，做好详细记录，并签字认可。设备安装完毕后，应重点检查电源线、地线接线，正确无误后方可进行通电试验和测试。

（3）收费系统可以分成：收费车道计算机系统、收费站计算机系统、收费分中心计算机系统。

（4）集成后的收费系统应进行如下内容系统调（测）试：网络测试、功能测试、性能测试、可靠性测试、安全性测试、可维护性测试、易用性测试。

1B420000 公路工程项目施工管理

【案例1】

（1）本工程总体施工网络图计划中的关键线路是：①—②—③—④—⑤—⑥—⑧—⑨和①—②—③—④—⑤—⑥—⑦—⑧—⑨。

（2）本工程总体施工网络计划改成横道图如下：

分部分项	持续时间		时间进度（旬＝10d）														
	北幅	南幅	10	20	30	40	50	60	70	80	90	100	110	120	130	140	150
准备	7		▬														
雨水管	56	—		▬▬▬▬▬▬▬▬▬▬▬													
路基垫层基层	37	37							▬▬▬▬▬			▬▬▬▬					
路面	5	5											▬				▬
人行道	5	5											▬				▬
清场		2															▬

（3）根据总体施工网络图，可采用流水施工压缩工期的分项工程是：雨水管施工，北半幅路基垫层基层施工，南半幅路基垫层基层施工。

（4）补全本工程 SMA 改性沥青面层碾压施工的要求是：

①振动压路机应紧跟摊铺机，采取高频、低振幅的方式慢速碾压。

②防止过度碾压。

【案例2】

（1）对填筑粉质土的施工方案的评价：

①粉质土是属于细粒土组，但不是较好的填筑材料，而是较差的填筑材料。

②土体静压后，要进行振压，选用的压路机组合正确。在振压时，应注意振压力不应超过土的承受极限，避免土体遭受破坏，并不是压力越大越好，压力太大可能会损坏土体。

③压实路基时的压实顺序错误，应该是先两边后中间。

（2）从表格中的试验数据反映出最佳含水量为13.4%，松铺厚度选用30cm较好。原因：

①路基的压实度标准，根据离路床顶面的不同高度分别为96%、94%、93%。40cm松铺厚度振压4遍时为91%，第5、6遍与第4遍相比提高甚少，相差无几，所以要达到压实的标准有一定的难度。40cm的松铺厚度不合理。

②松铺厚度为20cm时，振压4遍，压实度为96%，压实厚度平均为15cm左右。而松铺厚度30cm时，振压5遍，压实度达到96%，压实平均厚度为23cm。从施工组织角度分析每遍压实厚度效率，20cm为15/4＝3.75，而30cm为23/6＝4.33，效率和效果上30cm松铺厚度高于20cm松铺厚度；而且还减少了平地机的遍数。所以选用30cm松铺厚度进度快、设备效率高并且更经济。

【案例3】

（1）施工组织设计一般还应包含：

①施工总体部署。

②大型临时工程。

③主要分项工程施工工艺。

④质量管理与质量控制的保证措施。

⑤安全管理与安全保证措施。

⑥项目职业健康安全管理措施。

⑦环境保护和节能减排的措施及文明施工。

⑧本工程需研究的关键技术课题及需进行总结的技术专题。

（2）桥梁施工方案和施工方法的描述中正确与错误的评价如下：

①桥台基础施工中的施工顺序是错误的，正确的施工顺序为：

围堰施工→基础开挖→基础排水→安装模板→绑扎钢筋→浇筑混凝土。

②1号墩和6号墩的桩基础与承台的施工顺序是错误的，正确的施工顺序为：

筑捣→钻孔桩施工→围堰施工→水中基坑开挖→封底→抽水→安装模板→绑扎钢筋→浇筑混凝土。

③2～5号墩的桩基础的施工方法的正确与错误逐点评价如下：

A．沉入钢管桩作为施工平台的支撑，用贝雷梁片组成平台骨架，上铺方木形成平台。是正确的。

B．冲击钻孔桩的护筒内径比桩径大25cm，是错误的，应改为：护筒内径比桩径大30～40cm。

C．安装钻孔设备后，进行钻孔。对于河床的淤泥覆盖层用冲抓钻的抓斗清除，而岩层则用轻型冲击钻机成孔。正确。

D．终孔检查合格后，应迅速清孔，是正确的；采用清水换浆法是错误的，应改为：掏渣法。清孔时必须保持孔内的水头，提管时避免碰孔壁，是正确的。

E．在钢筋笼的吊装工作中，钢筋笼接长时每根钢筋应在同一横截面，是错误的，应改为：相邻的钢筋接长错开，不能全部在一个横截面内，按规范要求的搭接长度进行焊接。钢筋笼安放应牢固，以防止在混凝土浇筑过程中钢筋笼浮起，可在钢筋笼周边安放圆形混凝土保护层垫块，是正确的。

F．钢筋笼安放完成后，进行混凝土灌注。水下混凝土采用导管法进行灌注，导管使用前应进行闭水试验（水密、承压、接头抗拉），是正确的。施工中导管内应始终充满混凝土，是正确的。随着混凝土的不断浇入，应及时测量并提拔拆除导管，是正确的。使导管埋入混凝土中的深度保持在2m以内，是错误的，应改为：导管埋入混凝土中的深度保持在2m以上6m以内。

④2～5号墩的承台施工的相关工序的施工顺序是：

沉放钢套箱→封底→抽水→安装模板→绑扎钢筋→浇筑混凝土。

⑤桥梁下部墩身施工顺序是错误的，正确的施工顺序为：

下节钢筋绑扎→下节模板安装→下节混凝土浇筑→上节钢筋绑扎→上节模板安装→上节混凝土浇筑。

⑥对后张法预应力T梁预制要点逐点评价如下：

A．T梁预制台座的建造

根据地形选择 0 号桥台这侧河岸的一块高地整平压实后作为 T 梁的预制场，是正确的。台座用表面压光的梁（板）筑成，台座应坚固不沉陷，是正确的，但是，以保证底模不沉降，是错误的，应改为：底模沉降不大于 2mm。台座上铺钢板底模并考虑与侧模的连接，是正确的，但是，钢板底模和台座应保持水平，是错误的，应改为：要按规定设置反拱，因为桥跨已超过 20m。

B. 钢筋骨架制作、预应力孔管道的固定和压浆孔的设置

在绑扎工作台上将钢筋绑扎焊接成钢筋骨架，把预应力孔管道按坐标位置固定，并用龙门吊机将钢筋骨架吊装入模，是正确的。在孔道两端设置压浆孔，在最低处设置排气孔，是错误的，应改为：在最低处和孔道两端设置压浆孔，在最高处设置排气孔。

C. 混凝土浇筑、预应力张拉和压浆

混凝土浇筑达到强度后，按规范要求进行预应力张拉，是正确的。张拉控制应力达到设计要求后立即进行预应力钢筋锚固，是错误的，应改为：张拉控制应力达到设计要求处于稳定状态时再进行预应力钢筋锚固。从梁两端压浆孔各压浆一次，是错误的，应改为：在孔道冲洗干净吹干后，用压浆泵，从最低处开始，在梁的两端压浆孔各压浆一次，直到水泥浆充满整个孔道为止。

⑦ T 梁吊装采用双导梁架桥机架设法是正确的，因为 45m 是重型梁。

【案例 4】

（1）Ⅲ级围岩长 ＝ 970＋880 ＝ 1850m，占 67.9%。

Ⅳ级围岩长 ＝ 210＋150＋120＋170 ＝ 650m，占 23.9%。

Ⅴ级围岩长 ＝ 60＋100＋65 ＝ 225m，占 8.3%。

（2）Ⅲ级围岩采用全断面法、台阶法；Ⅳ级围岩采用台阶法。

（3）左洞进口工区开挖支护所需工期：970/135＋（210＋150）/95＋60/50 ＝ 12.2 个月。

左洞出口工区开挖支护所需工期：880/135＋（120＋170）/95＋（100＋65）/50＝12.9 个月。

施工工期：以右洞为控制工期，准备 2＋滞后 1＋12.9＋二衬 1＋沟槽路面 3 ＝ 19.9 个月。

搭接关系，参见以下横道图。

工作内容		时间（月）																				
		1	2	3	4	5	6	7	8	9	10	11	12	13	14	15	16	17	18	19	20	21	22
准备		■	■																				
左洞出口	开挖一衬			━	━	━	━	━	━	━	━	━	━	━	━	━							
	二衬																*FTF*						
	沟槽路面																	━	━	━			
右洞出口	开挖一衬			*STS* ━	━	━	━	━	━	━	━	━	━	━	━	━							
	二衬																*FTF*						
	沟槽路面																	━	━	━			

（4）

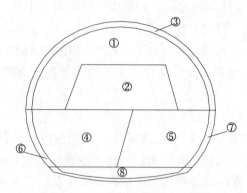

各工序正确排序为：①→③→②→④→⑥→⑤→⑦→⑧。

【案例5】

（1）补充施工方案的优化内容：施工顺序的优化、施工机械组织优化等。

（2）针对平均运距3000m的土方宜配置的挖运施工机械为：推土机、铲运机、挖掘机、装载机和自卸汽车等。

（3）全标段土方的平均运距

＝（50×150000＋200×100000＋3000×80000）÷（150000＋100000＋80000）＝811m。

【案例6】

（1）网络计划中，E工作的自由时差为0，总时差为1个月。

（2）C工作计量程序不正确。计量程序是除非监理人另有准许，一切计量工作都应在监理人在场情况下，由承包人测量、记录。有承包人签名的计量记录原本，应提交给监理人审查和保存，再由承包人向监理人提交进度付款申请，监理人审核通过后再报业主（发包人）批准，由监理人出具业主（发包人）付款证书。

监理审查内容有：一是计量的工程质量是否达到合同标准；二是计量的过程是否符合合同条件。

（3）H工作各月（即实际5、6、7三个月）的已完工作预算费用和已完实际费用的计算：

5月已完预算：（5400÷3）×1000＝1800×1000＝180万元

5月已完实际：1800×120/100×1000＝216万元

6月已完预算：1800×1000＝180万元

6月已完实际：1800×120/100×1000＝216万元

7月已完预算：1800×1000＝180万元

7月已完实际：1800×110/100×1000＝198万元

（4）计算2014年5月末费用偏差（CV）和进度偏差（SV）

①5月末累计计划工作预算费用BCWS计算：

1月的BCWS＝（3000＋2800）×1000＝580万元

2月的BCWS＝（2700＋3200＋2600）×1000＝850万元

3月的BCWS＝（2700＋3200＋2600）×1000＝850万元

4 月的 $BCWS = (3200 + 2000) \times 1000 = 520$ 万元

5 月的 $BCWS = (2100 + 2800 + 2000) \times 1000 = 690$ 万元

5 月末累计 $BCWS = 580 + 850 + 850 + 520 + 690 = 3490$ 万元

②5 月末累计已完工作预算费用 $BCWP$ 计算:

1 月的 $BCWP = (3000 + 2800) \times 1000 = 580$ 万元

2 月的 $BCWP = (2700 + 3000 + 2400) \times 1000 = 810$ 万元

3 月的 $BCWP = (2700 + 3000 + 2400) \times 1000 = 810$ 万元

4 月的 $BCWP = (3000 + 0) \times 1000 = 300$ 万元

5 月的 $BCWP = (1900 + 2800 + 1800) \times 1000 = 650$ 万元

5 月末累计 $BCWP = 580 + 810 + 810 + 300 + 650 = 3150$ 万元

③5 月末累计已完工作实际费用 $ACWP$ 计算:

1 月的 $ACWP = (3000 + 2800) \times 1000 \times 1.15 = 667$ 万元

2 月的 $ACWP = (2700 + 3000 + 2400) \times 1000 \times 1.10 = 891$ 万元

3 月的 $ACWP = (2700 + 3000 + 2400) \times 1000 \times 1.10 = 891$ 万元

4 月的 $ACWP = (3000 + 0) \times 1000 \times 1.05 = 315$ 万元

5 月的 $ACWP = (1900 + 2800 + 1800) \times 1000 \times 1.20 = 780$ 万元

5 月末累计 $ACWP = 667 + 891 + 891 + 315 + 780 = 3544$ 万元

④5 月末费用偏差 $CV = BCWP - ACWP = 3150 - 3544 = -394$ 万元

⑤5 月末进度偏差 $SV = BCWP - BCWS = 3150 - 3490 = -340$ 万元

【案例 7】

（1）施工平面布置图所反映的内容中的不妥是：应反映"原有地形地物"而不是"原有地形和地貌"。在施工平面布置图中不需要反映地貌。

（2）以上施工平面布置图所反映的内容中，一般还应反映：

①基本生产、辅助生产、服务生产设施的平面布置。

②安全消防设施。

③控制测量的放线标桩位置。

（3）施工平面布置图一般应遵循的设计原则有：

①在保证施工顺利的前提下，充分利用原有地形、地物，少占农田，因地制宜，以降低工程成本。

②充分考虑水文、地质、气象等自然条件的影响，尤其要慎重考虑避免自然灾害（如洪水、泥石流）的措施，保护施工现场及周围生态环境。

③场区规划必须科学合理，应以生产流程为依据，并有利于生产的连续性。

④场内运输形式的选择及线路的布设，应力求材料直达工地，尽量减少二次倒运和缩短运距。

⑤一切设施和布局，必须满足施工进度、方法、工艺流程、机械设备及科学组织生产的需要。

⑥必须符合安全生产、保安防火和文明施工的规定和要求。

【案例 8 】

（1）计算排架施工的流水工期（列出计算过程），并绘制流水横道图。

① 累加数列：一般按照 1～3 号排架的顺序施工。

扩大基础施工 A：10，22，37

墩身施工 B：15，35，50

盖梁施工 C：10，20，30

② 错位减取大差：

$$
\begin{array}{r}
10,\ 22,\ 37 \\
-)\quad 15,\ 35,\ 50 \\
\hline
\end{array}
\qquad
\begin{array}{r}
15,\ 35,\ 50 \\
-)\quad 10,\ 20,\ 30 \\
\hline
\end{array}
$$

$$K_{AB} = \max\{10,\ 7,\ 2,\ -50\} \qquad K_{AB} = \max\{15,\ 25,\ 30,\ -30\}$$
$$= 10 \qquad\qquad\qquad\qquad = 30$$

③ 流水工期 $T = (K_{AB} + K_{BC})$ + 最后工序的流水节拍和 + 间歇和

$$= (10 + 30) + (10 + 10 + 10) + 10 = 80$$

④ 绘制流水横道图

工序	时间（d）															
	5	10	15	20	25	30	35	40	45	50	55	60	65	70	75	80
扩大基础施工 A	1号			2号		3号										
墩身施工 B						1号			2号				3号			
盖梁施工 C											1号		2号		3号	

（2）流水作业的时间参数有：流水节拍、流水步距、技术间歇、组织间歇、搭接时间。

【案例 9 】

（1）平行施工（作业）方式的主要特点是进度快，所需的资源量大。采用两个路面施工队的前提条件是该施工单位要有足够的专业设备和人员（即足够资源量）。从背景材料的描述，该施工单位具备此条件。采用平行施工方式能达到缩短工期的要求，两个路面施工队平行施工的组织方式能达到预期效果。

（2）在工作（工序）持续时间计算和进度计划安排方面：

① 工序的持续时间的计算是正确的。

② 底基层与基层之间的搭接关系选择正确的 STS，因为底基层快于基层。

③ 底基层与基层之间的搭接时距计算方面是正确的。

④ 基层与面层之间搭接关系的分析是错误的，因为面层速度快于基层不应选择 STS（开始到开始）的搭接关系，应该为 FTF（完成到完成）搭接关系。

⑤ 搭接时距计算是错误的，应该除以两者中较快的速度 = 1200/160 = 7.5d，取 8d。

考虑到养护至少7d，所以$FTF = 8 + 7 = 15d$。

⑥路面工程总工期的计算错误；在考虑搭接类型和搭接时距情况下应改为，总工期$= STS +$基层持续时间$+ FTF = 5 + 80 + 15 = 100d$。

进度计划横道图的表示是错误的；进度计划横道图的正确表示应为：

施工队	工作内容	时间（d）																			
		5	10	15	20	25	30	35	40	45	50	55	60	65	70	75	80	85	90	95	100
第一路面队	底基层																				
	基层																				
	面层																				
第二路面队	底基层																				
	基层																				
	面层																				

【案例10】

（1）图中E表示预制场的存梁区，F表示材料加工区。

（2）根据背景材料，参考下列的流水工期横道图：

台座	2	4	6	8	10	12	14	16	18	20	22	24	…	…	…
1号	A	B		C		A6	B6		C6				…	…	
2号		A	B		C		A7	B7		C7			…	…	
3号			A	B		C		A8	B8		C8		…	…	
4号				A	B		C		A9	B9		C9	…	…	
5号					A	B		C		A10	B10		C10	…	…

根据背景材料有5个台座的流水工期横道图

$120 ÷ 5 = 24$次周转，$T = （5 - 1）×2 + 24×10 = 8 + 240 = 248d$。

（3）如果预制梁台座只有4座，参考下列的流水工期横道图：

台座	2	4	6	8	10	12	14	16	18	20	22	24	…	…	…
1号	A	B		C		A5	B5		C5				…	…	
2号		A	B		C		A6	B6		C6			…	…	
3号			A	B		C		A7	B7		C7		…	…	
4号				A	B		C		A8	B8		C8			

只有4个台座的流水工期横道图

239

$120 \div 4 = 30$ 次周转，$T = (4-1) \times 2 + 30 \times 10 = 6 + 300 = 306d$，如果不做流水工期横道图，乱套公式计算的结果，则与背景材料5个预制台座的结果 $= \sum L + \sum t_{最后一个段} = (120-1) \times 2 + 10 = 248d$ 相同，无法得到 306d 的结果。

（4）如果预制梁台座有 6 座，参考下列的流水工期横道图：

台座	2	4	6	8	10	12	14	16	18	20	22	24	...	...	...	...
1号	A	B		C			A7	B7		C7			...			
2号		A	B		C			A8	B8		C8			...		
3号			A	B		C			A9	B9		C9		...	...	
4号				A	B		C			A10	B10	C10			...	...
5号					A	B		C			A11	B11	C11		...	...
6号						A	B		C			A12	B12	C12	...	...

6个台座的流水工期横道图

$120 \div 6 = 20$ 次周转，$T = (6-1) \times 2 + 19 \times (10 + 2) + 10 = 10 + 228 + 10 = 248d$。

在预制梁台座有 6 座情况下，如果是参考下列的另外一种流水工期横道图，则与套公式计算相同。

台座	预制梁	时间（d）																			
		2	4	6	8	10	12	14	16	18	20	22	24	26	28	30	32	34	36	38	... ...
1	第1片	A	B		C																
2	第2片		A	B		C															
3	第3片			A	B		C														
4	第4片				A	B		C													
5	第5片					A	B		C												
6	第6片						A	B		C											
1	第7片																				
2	第8片																				
3	第9片																				
4	第10片																				
5	第11片																				
6	第12片																				
	...												...								
	...														...						
	第120片																				

6个台座的另外一种流水工期横道图

240

则：6个预制台座的结果$= \sum L + \sum t_{最后一个段} = （120-1）\times 2 + 10 = 248d$，与5个预制台座的结果相同。这说明6个台座，在流水工期方面是浪费了一个台座。台座周转，在理论上相当于空间有节拍流水，该问题的所需施工段（即台座）＝扩展后的工序个数＝10/统一流水步距＝10/2＝5个施工段（台座）。

通过5个台座与4个台座、6个台座的流水工期计算，建议读者采用第一种流水工期横道图的形式绘制，通过计算周转次数再观察流水横道图，判断其能否实现周转；最后，根据横道图的最后一行，计算得：

流水工期＝前半部分的空格时间值＋后半部分的连续横线长度时间值

【案例11】

（1）如下表：

序号	单价（元）	工程量	合计（元）
1	631.31	1800	1136358.0
2	5.743	1800	10337.4
3	0.5	10800	5400
4	13.84	1800	24912.0
5			0
直接费总计			1177007.4

注：$3000 \times 15 \times 0.04 = 1800m^3$；$3000 \times 15 \times 0.04 \times 6 = 10800m^3$；$（3.98-1） \div 0.5 = 6$。

（2）不调整单价。

理由：$1000/11000 = 0.0909 < 10\%$

结算工程款＝$10000 \times 20 = 200000$元＝20万元

（3）工期＝$5 + 25 + 8 + 5 + 7 + 5 = 55$天，关键线路①②⑥⑦⑧⑨⑩。

（4）针对事件2，施工单位主要问题是关键设备（发电机组）无备用。

（5）针对事件2，桩基质量不合格。理由是因为混凝土灌注间歇时间超过水泥初凝时间会造成断桩。

（6）针对事件3，工期索赔8d和费用索赔＝$25 + 1 = 26$万元。因为图纸设计方案不完善而引起工期延误属于业主原因和责任，工期和费用都应索赔，设计原因对东桥台施工影响时间＝$5 + 10 = 15d$，但是东桥台总时差＝7d，所以$15-7=8d$，索赔8d。

（7）针对事件4，施工单位停工的做法不正确。理由：施工单位应当继续施工，双方应暂时按照总监确定的价格进行中间结算，如果双方在交工结算时仍然达不成一致按争议解决处理。

【案例12】

（1）A为横梁，预制工期＝$2 + 22 \times 7 = 156d$。

（2）此题中平行流水的平行含义是指第1个两道中8片梁预制之间的平行，或者第2个两道中8片梁预制之间的平行。要进行流水的原因是模板只有8套，资源受限才需要流水。流水是指第1个两道与第2个两道8片梁的模板安装→浇筑混凝土→拆除模板之间1

天的流水。

（3）如果这5座桥是共22跨简支梁桥，那么这5座简支梁桥的上部结构空心板安装是采用顺序作业。因为一般一跨预制梁的时间大于一跨梁的安装，一跨梁的安装设备顺序逐跨安装能满足要求。

（4）如果第一跨预制完成马上就安装梁3d，势必窝工等待4d才能安装第二跨。为保证安装空心板连续施工，参考下图，则台座的最后4片预制完成与空心板安装之间的流水步距 $K_{4片预制,安装}=22\times7-21\times2=91d$，$91\div7=13$跨，13跨$\times20$片$=260$片。所以为保证安装空心板连续施工存放空心板的梁区至少需要容下260片空心板。

施工过程	时间（d）																						
	1	2	3	4	5	6	7	8	9	10	11	12	13	14	15	16							
8片			第1跨																				
8片								第2跨											第21跨			第22跨	
4片																							
安装																				……			

（5）有人计算该题所有空心板预制完成的工期为：$35\times20\div8=87.5$施工段，取88个施工段，工期$=（88-1）\times1+7=94d$。如果要94d完成所有空心板预制，在只有8套模板不变的情况下，从下图可以看出7个8片过后第一个8片预制台座将可以腾空第8个8片就可以进行预制，所以预制场应满足2道$\times7=14$道预制台座。

预制量 \ 时间	1	2	3	4	5	6	7	8	9	10	11	12	13	14	15	16	17	18	19	20	21	22	23	24	25	…	…
8片																											
8片																											
8片																											
8片																											
8片																											
8片																											
8片																											
8片																											
8片																											
8片																											
…											…																
…															…												
8片																											
4片																											

【案例13】

（1）技术策划由项目总工负责组织，而不是项目经理组织。其中主要施工技术方案应按工程项目类别制订施工中所采取的主要技术方案、工艺标准，并提出技术交底要求。

（2）交桩应在现场进行。项目接受导线控制点、水准控制点的桩位后，要及时对这些控制点进行复测，并将复测的结果报监理工程师审核批准，为下一步的控制测量做好准备。

【案例14】

（1）技术交底分三级进行，另外两级分别是：

第二级：项目分部分项工程技术交底应分别进行，由各分部分项主管工程师向现场技术人员和班组长进行交底。

第三级：现场技术员负责向班组全体作业人员进行技术交底。

（2）第一级交底还包括：施工技术方案、工程的重难点、施工主要使用的材料标准和要求；主要施工设备的能力要求和配置；主要危险源、质量保证措施、安全技术措施、季节性施工措施以及有关四新技术要求等。

（3）技术交底应采用书面交底的方法。主要要求有：

施工技术交底以书面的形式进行，可采取讲课、现场讲解或模拟演示的方法；项目总工在交底前应按照交底内容写出书面材料，交底后应由接受交底的人员履行签字手续；各分部分项主管工程师在交底前应写出书面材料，并经项目总工审核，交底后应由接受交底的人员签认。

【案例15】

（1）补充公路工程施工测量管理的其他内容：

① 施工监测中的测量工作。

② 施工测量复核、交底管理。

③ 测量记录管理。

④ 测量仪器、工具的保养和使用管理。

⑤ 测量人员的培训和考核，建立明确的责任制度。

（2）施工放样测量的具体内容有：

① 施工放样测量主要包括路基施工放样测量、路面施工测量、涵洞工程施工测量、桥梁施工测量、隧道施工测量等。

② 工序放样须引用经审批的复测和控制网测量成果。测量的外业工作必须构成闭合检核条件，控制测量、定位测量和重要的放样测量必须坚持采用两种不同方法（或不同仪器）或换人进行复核测量。内业工作应坚持两组独立平行计算并相互校核。

【案例16】

（1）第（1）条不妥，项目在采购材料之前，材料采购部门应填写《材料试验检验通知单》交项目实验室，由实验室派人配合材料采购人员到货源处取样，进行性能试验，经检验合格的材料，方可与供应方签订合同。

第（2）条不妥，除接受监理工程师监督和检查外，还有业主、质量监督站的监督检查。

第（3）条正确。

第（4）条不妥，抽检频率应为20%。

第（5）条不妥，试验报告还应有复核人签字，并加盖试验专用章。

（2）检验后加盖检验合格章。安装后，在合格证上注明使用部位。

【案例17】

（1）测量管理制度第（1）条不正确。前半句改正为：测量队应核对有关设计文件和监理签认的控制网点测量资料，应由两人独立进行，核对结果应作记录并进行签认……

测量管理制度中第（2）、（3）、（4）条正确。

（2）测量管理制度第（5）条中作为竣工文件的其他测量归档资料如下：

①测量内业计算书，测量成果数据图表。

②测量器具周期检定文件。

【案例18】

（1）①路基原地面处理，按施工技术合同或规范规定要求处理，并认真整平压实；②每层的松铺厚度，横坡；③分层压实，控制填土的含水量，确保压实度达到设计要求。

（2）使用适宜材料，必须采用设计和规范规定的适用材料，保证原材料合格，正确确定土的最大干密度和最佳含水量。

【案例19】

（1）现场质量检查控制制度中，工序交接检查制度不完整，对关键工序或对工程质量有重大影响的工序，要经过自检、互检、交接检的程序。另外，还应增加开工前检查，隐藏工程检查，分项、分部工程完工后的检查，成品、材料、机械设备的检查。

（2）钻孔桩的质量控制点还有：孔径的控制，钢筋笼接头控制，水下混凝土的浇筑质量控制。

【案例20】

（1）质量控制关键点按以下原则分级设置：

①施工过程中的重要项目、薄弱环节和关键部位。

②影响工期、质量、成本、安全、材料消耗等重要因素的环节。

③新材料、新技术、新工艺的施工环节。

④质量信息反馈中缺陷频数较多的项目。

（2）该技术人员所列的质量控制点不妥当，支架施工及后浇段收缩控制不是简支梁桥的质量控制点。简支梁桥的质量控制点除背景材料中提及的（3）、（4）、（5）外，还有以下几个方面：

①简支梁混凝土的强度控制。

②预拱度的控制。

③大梁安装梁与梁之间高差控制。

④梁板之间现浇带混凝土质量控制。

【案例21】

（1）①不应采用平地机整平。因含石量为71%，整平应采用大型推土机辅以人工进行。②不应采用竖向填筑法。土石路堤只能采用分层填筑，分层压实。

（2）①实测弯沉值不正确；②还需补充实测平整度。

【案例22】

（1）不全面。还应实测压实度、弯沉值。

（2）①用平整度仪按全线每车道连续检测，每100m计算标准偏差σ、国际平整度指数IRI；②中线平面偏位用经纬仪进行检测，每200m测4点。

【案例23】

（1）对于重大事故方案，应由项目技术负责人进行编制，施工单位技术管理部门组织审核，必要时组织相关专家进行论证，由施工单位技术负责人进行审批。

（2）施工技术交底必须在相应工程内容施工前分级进行。

第一级：项目总工程师向项目各部门负责人及全体技术人员进行交底。

第二级：项目技术部门负责人或分部分项工程主管工程师向现场技术人员和班组长进行交底。

第三级：现场技术员负责向班组全体作业人员进行技术交底。

（3）技术交底的主要内容有：

第一级交底主要内容为实施性施工组织设计、技术策划、总体施工方案、重大事故方案等。

第二级交底内容为分部工程施工方案等。

第三级交底主要内容为分部分项工程的施工工序等。

（4）明挖扩大基础施工质量检验的基本要求如下：①基底平面位置、尺寸大小和基底标高。②基底地质情况和承载力是否与设计资料相符。③地基所用材料是否达到设计标准。④不得出现露筋和空洞现象。⑤严禁超挖回填虚土。

【案例24】

（1）有孔深、孔底沉淀厚度、钢筋骨架底面高程等。

（2）不合理，应检测混凝土的强度，以及凿除桩头后有无残缺的松散混凝土。

【案例25】

（1）不完备，还应检测跨径（支座中心至支座中心）。

（2）预拱度和伸缩缝安装质量控制。

【案例26】

（1）扩大基础主要的质量控制点有：

①基底地基承载力的确认，满足设计要求；②基底表面松散层的清理；③及时浇筑垫层混凝土，减少基底暴露时间；④大体积混凝土的防裂。

（2）钻孔灌注桩主要的质量控制点有：①桩位坐标控制；②垂直度的控制；③孔径的控制，防止缩径；④清孔质量；⑤钢筋笼接头质量；⑥水下混凝土的灌注质量。

（3）明挖地基的主要检验内容如下：①基底平面位置、尺寸大小和基底标高；②基底地质情况和承载力是否与设计资料相符；③地基所用材料是否达到设计标准。

【案例27】

（1）质量控制点有错误和遗漏：柱身钢筋骨架质量控制应该是柱身锚固钢筋预埋质量控制，墩身模板强度、刚度和支撑定位控制应该是墩身模板接缝错台控制。应当增加墩身垂直度控制。

（2）按给定条件，不能进行其分项工程质量评定，因为主要检测内容中没有混凝土强度检验。

【案例 28】

（1）内容不完善，还需要对桥梁的总长度进行检测。

（2）检测要求中对引道中心线与桥梁中心线的衔接检查描述有误，要求引道中心线与桥梁中心线的平面位置允许偏差不超过 ±20mm。

【案例 29】

（1）沥青混凝土面层的实测项目有：厚度（Δ）、平整度、压实度（Δ）、弯沉值、渗水系数、抗滑（含摩擦系数和构造深度）、中线平面偏位、纵断面高程、路面宽度及路面横坡。

（2）涉及结构安全和使用功能的重要实测项目为关键项目，其合格率不得低于 90%，且检测值不得超过规定的极值，否则必须进行返工处理。

（3）沥青面层施工质量控制要求有：①沥青混合料的矿料质量及矿料级配应符合设计要求和施工规范的规定。②严格控制各种矿料和沥青用量及各种材料和沥青混合料的加热温度，沥青材料及混合料的各项指标应符合设计和施工规范要求。沥青混合料的生产，每日应做抽提试验、马歇尔稳定度试验。矿料级配、沥青含量、马歇尔稳定度等结果的合格率应不小于 90%。③拌合后的沥青混合料应均匀一致，无花白，无粗细颗粒分离和结团成块的现象。④基础必须碾压密实，表面干燥，清洁，无浮土，其平整度和路拱度应符合要求。⑤摊铺时应严格控制摊铺厚度和平整度，避免离析，注意控制摊铺。碾压要稳定，碾压至要求的密实度。

【案例 30】

（1）①铺装层的厚度每 100m 检查 5 处；②平整度应用平整度仪检测：全桥每车道连续检测，每 100m 计算 IRI 或 σ；③抗滑构造深度用砂铺法每 200m 检查 3 处。

（2）不完善，还需要检测桥面横坡。

（3）关键项有：铺装层的强度或压实度、厚度及平整度。

【案例 31】

（1）不应口头技术交底。

正确做法：技术交底应书面进行，技术交底资料应办理签字手续并归档。

（2）桩身混凝土灌注过程中拔管指挥人员离开现场是错误的，正确的做法是：拔管应有专人负责指挥。

导管埋深保持在 0.5～1.0m 也不正确，正确的做法是：导管埋置深度宜控制在 2～6m，并经常测探井孔内混凝土面的位置，及时调整导管埋深。

（3）第（1）条应修改为：泵送混凝土应选用硅酸盐水泥、普通硅酸盐水泥，不宜使用火山灰质硅酸盐水泥。

第（2）条中，泵送混凝土中应掺入泵送剂或减水剂。

第（3）条中，泵送混凝土试配时要求的坍落度值应为：入泵时的坍落度加从拌合站至入泵前的预计经时损失值。

（4）不正确，因为张拉机具应与锚具配套使用，并应在进场时进行检查和校验。

【案例 32】

（1）由面层、基层、底基层、垫层组成。

（2）15年，大于400万次/车道。

（3）沥青碎石混合料分为5个种类：特粗式、粗粒式、中粒式、细粒式、砂粒式；沥青混凝土分为4个种类：粗粒式、中粒式、细粒式、砂粒式。

【案例33】

（1）公路工程设计变更分为重大设计变更、较大设计变更和一般设计变更。事件1中的设计变更属于较大设计变更。因为单项变更金额达到720万元［2400000×（19-16）=7200000元］，超过500万元的规定。

（2）不应采用平地机整平。因含石量为66%，整平应采用大型推土机辅以人工进行。不应采用竖向填筑法。土石路堤只能采用分层填筑，分层压实。

（3）不应该实测弯沉值，还应实测平整度。

（4）土石混合料中石料强度大于20MPa时，石块的最大粒径不得超过压实层厚的2/3，超过的石料应清除或打碎。

【案例34】

（1）弯沉测试除贝克曼梁法外还有自动弯沉仪法和落锤弯沉仪法。

（2）第一步在测试路段布置测点，测点应在轮迹带上；第二步将试验车后轮对准测点后约3～5cm处位置上；第三步将弯沉仪插入汽车后轮之间的缝隙处与汽车方向一致，梁臂不能碰到轮胎，弯沉仪测头置于测点上（轮隙中心前方3～5cm）。

【案例35】

（1）施工过程中出现情况的不妥之处：

第（1）条不妥。正确做法：做好配合比设计后报监理工程师审批。

第（2）条不妥。正确做法：试验段开工前28d安装好试验仪器和设备，配备好试验人员后报请监理工程师审核。

第（3）条不妥。正确做法：混合料的表面层采用平衡梁法施工，底、中、面层采用走线法施工。

第（4）条不妥。正确做法：碾压应顺纵向由低边向高边按规定要求的碾压速度均匀进行。

（2）对沥青路面混合料的运输要求：

① 根据拌合站的产量、运距合理安排运输车辆。

② 运输车的车厢内保持干净，涂防黏薄膜剂。运输车配备覆盖棚布以防雨和热量损失。

③ 已离析、硬化在运输车箱内的混合料，低于规定铺筑温度或被雨淋的混合料予以废弃。

【案例36】

（1）不正确，因为施工配料应该采用"施工配合比"。

（2）搅拌楼搬迁后，在投入使用前都应该重新进行标定。

（3）还应该进行水泥混凝土抗折（抗弯拉）强度试验。

（4）第六步中，高速公路路面不能采用小型机具铺筑进行施工，应该改用滑模施工机械施工。第十步中，钢纤维水泥混凝土路面养护后不能使用软拉毛机械，应该采用硬刻槽机进行抗滑沟槽施工。

（5）水泥混凝土路面的接缝类型有：纵缝、横缝、胀缝以及施工缝。

【案例 37】

（1）不合适，应使用冲击钻。因为泥岩为较软岩石，冲爪钻不适用，但冲击钻适用。

（2）还应进行导管的承压和接头抗拉试验；导管应居中稳步沉放；导管底部距桩底的距离一般为 0.25～0.4m。

【案例 38】

（1）此大桥墩台基础施工更适合草（麻）袋堰。

（2）①在黏土地基中不宜使用射水法，可使用锤击法或振动法；②将钢板桩拔出的顺序应为：从上游附近易于拔出的一根或一组钢板桩开始。

（3）是为了利用围堰内水压力抵消围堰外挤压力，使桩壁与水下混凝土脱离从而减小拔出钢板的摩阻力。

【案例 39】

（1）不正确。对地质不明确的地段应进行地质补钻，应根据地质补钻所得岩石厚度、硬度，在能满足桩的承载力时，才能进行终孔。

（2）不正确。回填后，应等待数日待填土沉实后，再重新钻孔。

【案例 40】

（1）合理，适用于该桥墩基坑开孔的措施还有混凝土护壁、钢板桩、锚杆支护和地下连续壁等。

（2）施工方为保证承台立模及混凝土浇筑所采取的措施还应包括在基坑底部设排水沟和集水井。

（3）合理。除此之外还有：

① 敷设冷却水管。

② 分层浇筑，以通过增加表面系数，利于混凝土的内部散热。

【案例 41】

（1）主筋下料长度相同，不能满足规范同一截面接头不超过 50% 的规定。

（2）有些墩柱太高，起重臂长度不够，模板不能整体吊装，只能分节段整体拼装就位。

（3）只在顶部箍筋四周插入木楔，不能有效控制钢筋保护层厚度，应按要求系好保护层垫块。

【案例 42】

（1）基坑边坡不稳时，可采取加固坑壁措施，如挡板支撑、混凝土护壁、钢板桩、锚杆支护、地下连续壁等。如有渗水时，基坑底部应设排水沟和集水井，及时排除基坑积水。

（2）挖除承台底层松软土，在基坑底部设排水沟和集水井，换填砂砾土垫层，使其符合基底的设计标高并整平，即立模灌筑承台混凝土。

（3）模板一般采用组合钢模，纵、横楞木采用型钢，在施工前必须进行详细的模板设计，以保证使模板有足够的强度、刚度和稳定性，能可靠地承受施工过程中可能产生的各项荷载，保证结构各部形状、尺寸的准确。模板要求平整、接缝严密、拆装容易、操作方便。一般先拼成若干大块，再由吊车或浮吊（水中）安装就位，支撑牢固。

【案例 43】

（1）分部开挖法的优缺点：

① 分部开挖因减少了每个坑道的跨度（宽度），能显著增强坑道围岩的相对稳定性，且易于进行局部支护，因此它主要适用于围岩软弱破碎严重的隧道或设计断面较大的隧道。分部开挖由于作业面较多，各工序相互干扰较大，且增加了对围岩的扰动次数，若采用钻爆掘进，则更不利于围岩的稳定，施工组织和管理的难度亦较大。

② 导坑超前开挖，有利于提前探明地质情况，并予以及时处理。但若采用的导坑断面过小，则施工速度就较慢。

（2）分部开挖时应注意以下事项：

① 因工作面较多，相互干扰大，应注意组织协调，实行统一指挥。

② 由于多次开挖对围岩的扰动大，不利于围岩的稳定，应特别注意加强对爆破开挖的控制。

③ 应尽量创造条件，减少分部次数，尽可能争取用大断面开挖。

④ 凡下部开挖，尤其是边帮部位开挖时应注意上部支护或衬砌的稳定，减少对上部围岩及支护、衬砌的扰动和破坏。

（3）锚喷支护的质量还要做如下检查：

① 当发现锚喷混凝土表面有裂缝、脱落、露筋、渗透漏水等情况时，应予修补，凿除喷层重喷或进行整治。

② 锚杆安设后每 300 根至少选择 3 根作为 1 组进行抗拔力试验，围岩条件或原材料变更时另作 1 组。同组锚杆 28d 的抗拔力平均值应满足设计要求；每根锚杆的抗拔力最低值不得小于设计值的 90%。

【案例 44】

（1）项目技术负责人在桩身混凝土浇筑前技术交底中，不应口头技术交底。技术交底应书面进行，技术交底资料应办理签字手续并归档。

（2）桩身混凝土浇筑过程中存在错误之处：桩身混凝土灌注过程中拔管指挥人员不能离开现场，拔管应有专人负责指挥；导管埋深保持在 0.5~1.0m 左右也不正确，而宜控制在 2~6m，并经常测探井孔内混凝土面的位置，及时调整导管埋深。

（3）① 桩位坐标与垂直度控制。

② 护筒埋深。

③ 泥浆指标控制。

④ 护筒内水头高度。

⑤ 孔径的控制，防止缩径。

⑥ 桩顶、桩底标高的控制。

⑦ 清孔质量（嵌岩桩与摩擦桩要求不同）。

⑧ 钢筋笼接头质量。

⑨ 导管接头质量检查与水下混凝土的灌注质量。

【案例 45】

（1）事故原因分析

技术方面：

作业人员未支搭拆除工程施工脚手架，站在被拆除建筑物上进行拆除作业，违反了拆除工程施工操作规程，是导致此次事故发生的直接原因。

管理方面：

① 建设单位未在拆除工程施工前向建设行政主管部门报送材料和备案。

② 在资质管理上存在一系列的不规范行为。从建设单位到施工项目到民工作业队都视国家关于拆除工程的资质要求于不顾，任意委托或分包。

③ 在没有厂房图纸及技术资料的情况下，该项目负责人就允许拆除工程开工，未对拆除工程进行专门的书面的安全技术交底，未以书面形式明确拆除方案。

④ 该工程处及其第三项目经理部的安全教育、安全检查制度不落实，对主体工程以外的部位和民工作业队的安全管理中，存留死角，连续 20 多天的典型严重违章作业没有被发现、没有被制止。

（2）如何制定事故的预防对策

① 建设、施工单位等各方都应当加强对相关安全法律、法规的学习并严格执行。按照《建筑法》《建设工程安全管理条例》等规定该建设单位负责的工作，不能转嫁给施工单位，施工单位要合法分包，拆除工程施工要履行严格的手续，制定安全可行的拆除方案。

② 施工单位必须加强全员、全过程、全方位的安全管理，认真落实包括劳务队伍在内的各类人员的安全教育培训，落实安全技术交底工作，并保证现场安全监控不留死角。

【案例 46】

（1）该施工企业对"四不放过"的原则表述不正确，"四不放过"的原则正确的表述是：

① 事故原因没有查清不放过。

② 有关人员未受教育不放过。

③ 事故责任者没有受到处理不放过。

④ 防范措施未落实不放过。

（2）项目主要负责人的职责还应包括如下内容：

① 按规定配足项目专职安全生产管理人员。

② 结合项目特点，组织制订项目安全生产规章制度和操作规程。

③ 组织制订项目安全生产教育和培训计划。

④ 督促项目安全生产费用的规范使用。

⑤ 依据风险评估结论，完善施工组织设计和专项施工方案。

⑥ 建立安全预防控制体系和隐患排查治理体系，督促、检查项目安全生产工作，确认重大事故隐患整改情况。

⑦ 组织制订本合同段施工专项应急预案和现场处置方案，并定期组织演练。

【案例 47】

（1）该施工单位为了赶施工进度，将约 40t 的构件吊运集中堆放在有严重安全问题的脚手架上，导致脚手架因负荷严重超载而坍塌，是造成事故发生的直接原因，在这起事故中负有主要责任。

（2）该脚手架安装公司在脚手架搭设作业中，未严格执行有关规定，在脚手架未完工的情况下就同意并协助施工单位吊运杆件，是造成这起事故的重要原因，对这起事故负有重要责任。

（3）该监理公司负责该工程质量、安全的全程监理。但该监理公司未能严格遵守监理规范的要求，没有严格审核施工单位提出的脚手架施工组织设计和脚手架安装公司施工组织方案；在脚手架搭设过程中，未对其进行监督检查，在脚手架尚未完成、未办理验收移交的情况下，对杆件历时数天的两次吊装作业，未提出制止指令，失去监理应尽的职责，对这起事故负有次要责任。

【案例 48】

（1）① 属于高处作业特级。

② 高血压、心脏病、精神病、恐高症、癫痫病、严重贫血、严重关节炎等。

③ 系安全带、戴安全帽、穿软底鞋。

（2）高处作业时，如因工作需要对安全防护设施部分移位，部分进行拆除时必须征得项目负责人同意，不允许载人电梯搭载货物。

【案例 49】

（1）处理索赔事件应依据以下原则：

① 索赔必须以合同为依据。

② 必须注意资料的积累。

③ 及时、合理地处理索赔。

④ 加强索赔的前瞻性，有效地避免过多索赔事件的发生。

索赔的基本程序及其规定有：

① 索赔事件发生后在合同规定的期限内，向工程师发出索赔意向通知；

② 发出索赔意向通知后在合同规定的期限内，向工程师提出补偿经济损失和（或）延长工期的索赔报告及有关资料；

③ 工程师在收到承包商送交的索赔报告和有关资料后，于合同规定的期限内给予答复，或要求承包商进一步补充索赔理由和证据；

④ 工程师在收到承包商送交的索赔报告和有关资料后在合同规定的期限内未予答复或未对承包商作进一步要求，视为该项索赔已经认可；

⑤ 当索赔事件持续进行时，承包商应当阶段性向工程师发出索赔意向，在索赔事件终了后合同规定的期限内，向工程师送交索赔的有关资料和最终的索赔报告，索赔答复程序同以上所述。

（2）承包人可以从以下两个方面向业主提出索赔：

① 由于不利的实物障碍和不利的自然条件引起索赔。

② 承包商根据监理工程师指示，进行额外钻孔及勘探工作引起索赔。

（3）项目部与当地有资质的一家公司签订的合同为劳务分包合同。人员报酬通过劳务公司支付给民工个人，承包人有监管劳务公司支付民工工资的义务。该合同订立有不妥之处，因为即使是劳务分包合同，分包人不仅要具有劳务资质，而且合同的另一方不能是项目部必须是公司法人（即承包人）。

【案例50】

（1）事件1中的错误，不应该由合同预算员组织编制施工成本计划，而应该由项目经理组织才对。成本计划编制程序的前三步是：

① 按照施工方案，计算各分部分项工程的计划工程量。

② 按照企业施工定额，计算各分部分项工程的计划人工、材料、机械使用量。

③ 按照企业内部或市场生产要素价格信息，计算各分部分项工程的施工预算成本。

（2）针对事件2，补充完善成本控制的方法还有：

① 人工费的控制。

② 材料费的控制。

（3）中标后预算中项目预算总成本的组成：

项目预算总成本＝∑（标后预算清单单价 × 清单工程量）＋现场管理费

标后预算清单单价＝某工程细目（单位直接工程费＋单位其他工程费）

【案例51】

（1）施工成本核算的内容有：

① 人工费的核算。

② 材料费核算。

③ 机械使用费的核算。

④ 其他直接费的核算。

⑤ 间接费用的核算。

（2）项目部制订的降低施工项目成本的主要方法和途径包括：

① 进行合同交底，使项目经理部全面了解投标报价、合同谈判、合同签订过程中的情况。

② 项目经理部应认真研读合同文件，对设计图纸进行会审，对合同协议、合同条款、技术规范进行精读，结合现场的实际情况，对可能变更的项目、可能上涨的材料单价等进行预测，对项目的成本趋势做到心中有数。

③ 企业根据项目编制的实施性施工组织设计、材料的市场单价以及项目的资源配置编制并下达标后预算；项目经理部根据标后预算核定的成本控制指标，预测项目的阶段性目标，编制项目的成本计划，并将成本控制指标和成本控制责任分解到部门班组和个人，做到每个部门有责任，人人肩上有担子。

④ 制订先进的、经济合理的施工方案。施工方案主要包括四项内容：施工方法的确定、施工机具的选择、施工顺序的安排和流水施工的组织。

⑤ 落实技术组织措施。落实技术组织措施，走技术与经济相结合的道路，以技术优势来取得经济效益，是降低项目成本的又一个关键。

⑥ 组织均衡施工，加快施工进度。

⑦ 降低材料成本。

⑧ 提高机械利用率。

【案例52】

（1）标后预算中其他工程费具体包括：冬期施工增加费、雨期施工增加费、夜间施工增加费、特殊地区施工增加费、临时设施费、行车干扰工程施工增加费、施工辅助费等。

（2）材料成本在整个项目中的比重最大，一般可达70%左右，而且有较大的节约潜力，往往在其他成本项目（如人工费、机械费等）出现亏损时，要靠材料成本的节约来弥补。因此，应做好材料的采购计划，采取招标采购的形式，降低材料的采购单价。同时，做好混合料配合比的优化设计，加强施工过程控制，降低各类材料的生产消耗量和不必要的损耗。

【案例53】

（1）工程计量的方法有：断面法、图纸法、钻孔取样法、分项计量法、均摊法、凭证法、估价法。

（2）工程变更价款的计算方法有：

① 合同中已有适用于变更工程的价格，按合同已有的价格计算变更合同价款。

② 合同中有类似于变更工程的价格，可以参照此价格确定变更价格，变更合同价款。

③ 合同中没有适用或类似于变更工程的价格，由承包人提出适当的变更价格，经工程师确认后执行。

（3）直接费（注：以下都是单价）：120工 + 310料 + 240机 = 670元/m³

定额直接费：150 + 300 + 260 = 710元/m³

措施费 = 定额直接费 × 施工辅助费费率 + 定额人工费和定额施工机械使用费之和 × 其余措施费费综合率 = 710×0.05 + 410×0.07 = 64.20元/m³

企业管理费：710定额直接费 ×0.1企业管理费率 = 71元/m³

规费：（120 + 40）人工费含机械人工 ×0.35规费综合费率 = 56元/m³

利润：（710定额直接 + 64.2措施 + 71企管）×0.07 = 59.16元/m³

税金：（670直 + 0设备 + 64.2措施 + 71企管 + 56规 + 59.16利）×0.09 = 82.83元/m³

建筑安装工程费（单价）：670 + 64.2 + 71 + 56 + 59.16 + 82.83 = 1003.19元/m³

【案例54】

（1）A为土路肩，B为硬路肩，C为路缘带。

（2）所需数量：0.15×22300 = 3345m³

材料费：22300/1000×（16.755×400 + 21×4 + 220.32×80）= 544378.68元

机械费：22300/1000×（0.48×1200 + 0.24×1500）= 20872.80元

（3）冬期施工增加费、高原地区施工增加费要计取，行车干扰工程增加费不需要计取。

冬期施工增加费计算基数为直接工程费；高原地区和行车干扰费计算基数为人工费加机械费之和。

【案例55】

（1）方案计算和选择

方案一：4挖装费 + 7运1km + 增运费1×（9.3 + 0.5 + 0.5 − 1）/0.5 = 11 + 1×19 =

$30 \, 元/m^3$。

注：两个中心桩分别是K15＋500和K6＋500，便道9.3加两500m还要扣除第1公里已经计了7元。

方案二：含借土场（4＋7＋4＋3）＋借方超运费1×1（平均运距250m＋竖直线1.1km扣1km后超了100m＝350＞250算1级）＋挖方段挖装费4＋弃方运费［7＋1×（15.5－14.3）/0.5］＝18＋1＋4＋7＋1×2＝32元/m³。（注：借土还要考虑弃方费）

注：线性连续平均运距＝1/2×（左边长度²＋右边长度²）/总长度L，中点分界的平均运距＝1000÷4＝250m。

所以选择方案一（即调运）。

（2）根据《公路工程标准施工招标文件》（2018年版）的计量规则405的规定，计量桩长为桩底高程至系梁底面。

单根桩最终计量支付长度为：系列地面高程（14－1）－桩底高程（－33）＋变更增长15＝61m。

（3）①错误。应配备专职安全生产管理人员至少5名，且按专业配备。

②正确。

（4）①索赔工期计算即工期延长时间

如果钻机钻孔完成可以移位，例如冲击钻、旋挖钻，则20根增加15m可以按照流水作业，计算如下：

拖延12＋增加（20×15/2＋15/3）/24－总时差8＝10.5d。

如果钻机钻孔完成后待浇筑混凝土后才可以移位，例如回旋钻，则20根增加15m按照顺序作业计算如下：

拖延12＋增加（20×15/2＋20×15/3）/24－总时差8＝12＋10.4－8＝14.4d。

②索赔费用计算

窝工费：8×12×80＋1000×12＝19680元。（注：索赔费用12d拖延不扣8d总时差）

用工费：10×100×（1＋20%）＝1200元。

【案例56】

（1）开工预付款金额＝2000×10%＝200万元

（2）开工预付款的起扣月是第3个月。

因为第2个月的累计支付＝200（开工预付款）＋100＋150＝450万＜30%×2000＝600万

第3个月的累计支付＝450＋250＝700万＞600万，700/2000＝35%

（3）计算从起扣月开始每个月应扣回的金额。

第3个月的开工预付款扣回＝［（700－600）/2000］×2×200＝20万，累计700，35%

第4个月的开工预付款扣回＝（300/2000）×2×200＝60万，累计1000，50%

第5个月的开工预付款扣回＝（400/2000）×2×200＝80万，累计1400，70%

到第6个月的累计支付＝1400＋300＝1700万，累计85%＞80%

所以第6个月的开工预付款扣回＝200－20－60－80＝40万

计算过程也可参考以下计算表（单位：万元）：

月份	1	2	3	4	5	6	7	8	9
实际完成的进度款	100	150	250	300	400	300	300	100	50
未扣预付款的累计	200 + 100	450	700	1000	1400	1700			
未扣预付款的累计	15%	22.5%	35%	50%	70%	85%			
开工预付款扣回	0	0	20	60	80	40	0	0	0
预付款累计扣回	0	0	20	80	160	200			
实际财务支付	200 + 100	150	230	240	320	260	300	100	50
实际财务支付累计	300	450	680	920	1240	1500	1800	1900	1950
实际支付累计百分数	15%	22.5%	34%	46%	62%	75%	90%	95%	97.5%

释义：应正确理解"在进度付款证书的累计金额未达到签约合同价的30%之前不予扣回。全部金额在进度付款证书的累计金额达到签约合同价的80%时扣完。"这段话中的"付款证书的累计金额"，正确理解为不含各种扣款的应付款金额，如果累计金额一旦包含扣款，从计算表中可以发现在第6月全部预付款已经扣回后实际的财务支付累计才达到75%，完全违背了到累计80%时全部扣回预付款的约定。分析计算表第4行和第9行第6月的百分数也不难理解85%和75%相差的10%正好就是预付款总额为签约合同价的10%。同理在计算开工预付款扣回时每月的质保金（保留金）也不应扣除。

【案例57】

$$P = 4338 \times (0.3 + 0.35 \times 4280/3800 + 0.15 \times 6.13/5.9 + 0.2 \times 215/200)$$
$$= 4338 \times 1.065 = 4619.97 \text{ 万元}。注：0.3 不调因子和价格表示是重点。$$

【案例58】

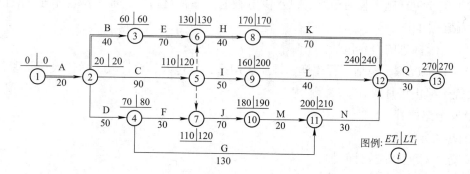

（1）·⑤：$\underline{110|120}$；⑥：$\underline{130|130}$；⑦：$\underline{110|120}$；关键线路是①②③⑥⑧⑫⑬；计划工期为270d。

（2）

$$本工程预付款 = 4000 \times 10\% = 400 \text{ 万}$$
$$起扣点金额 = 4000 \times 60\% = 2400 \text{ 万}$$

工程在达到 $400 + 100 + 200 + 350 + 600 + 800 = 2450$ 万元的第5月开始扣回，即在5月和6月这两个月扣回。平均每月扣回200万元。

（3）4月份的工程进度款＝600（1－0.05）＝570万元

5月份的工程进度款＝（800）（1－0.05）－200＝760－200＝560万元

（4）6月份的应付款＝800（0.6＋0.2×1.1＋0.1×1＋0.1×1）＝816万元

6月份的调价款＝816－800＝16万

（5）3月末进度检查结果E工作延误20d，C工作延误10d，F工作按计划进行，G工作提前10d。因为E是关键工作所以工程工期将拖20d。

（6）① 处理硬质岩石导致G工作延误20d提出的工期索赔不合理。因为原计划G工作有10d总时差（210－70－130＝10d），在3月末时G工作提前了10d，因此相对于270d的工期有20d的总时差。处理硬质岩石的时间大约是70＋65＝135d，在3月末以后发生，所以20d的延误有20d的总时差可以消化，不会造成工程工期（总工期）拖延，不能索赔工期。

② 处理硬质岩石导致增加费用20万元，施工单位可以索赔。因为合同未标明硬质岩石属于业主方的责任，所造成的费用增加理应获得补偿。

【案例59】

（1）不正确。应报项目建设单位审批。

（2）还应考虑安装方法、工期及机械设备情况等因素。

（3）先张法施工的张拉台座不得采用重力式台座，应采用钢筋混凝土框架式台座。底模宜采用通长钢板，不得采用混凝土底模。

（4）梁场布置方案内容应包含各类型梁板的台座数量、模板数量、生产能力、存梁区布置及最大存梁能力等。

【案例60】

（1）主要指规范场容和抓好安全两个方面。

（2）主要包括施工临时道路、供水供电管道、施工材料制品堆场及仓库等临时设施的阶段性施工平面图。

（3）公示标志的内容包括：

① 工程概况牌，包括工程规模、性质、用途，发包人、设计人、承包人和监理单位的名称及施工起止年月等。

② 安全纪律牌。

③ 防火须知牌。

④ 安全无重大事故计时牌。

⑤ 安全生产、文明施工牌。

⑥ 施工总平面图。

⑦ 项目经理部组织架构的主要管理人员名单图。

【案例61】

（1）根据给出的定额表可知人工定额为339.2工日/1000m²

整个项目劳动力数量：

$$D＝Q×S＝50000÷1000×339.2＝16960工日$$

（2）所需劳动力数量：

$$R = \frac{D}{t \times n} = \frac{16960}{150 \times 1} = 113.1 \text{ 人，取 } R = 114 \text{ 人}$$

【案例 62】

（1）有混合工作队式、部门控制式和矩阵式管理组织形式。根据材料中上级公司的要求宜采用混合工作队式。

（2）施工人员管理的方法有：按劳动效率确定；按设备确定；按岗位确定；按比例确定（根据生产工人的比例，确定服务人员和辅助生产人员的数量）；按组织机构的职责、范围和业务分工确定。

【案例 63】

（1）在组织若干个施工工区段进行施工时，可以采用依次施工、平行施工和流水施工三种组织形式。根据背景材料本项目宜采用平行施工。

（2）还需要：实验工、装载机操作人员、运输车辆司机和交通管理人员。

实验工和测量工在所有的工程中必须配置。

【案例 64】

（1）不合理。应按工程量清单→材料需用量计划→材料供应计划→材料采购计划→材料用款计划。

（2）第（1）条不合理。因为碎石应提出强度和耐磨性要求。

第（2）条不合理。因为应采用细度模数和平均粒径区分砂的粗细度。

第（3）条不合理。因为水泥应提出化学性质、物理性质（抗压强度和抗折强度）要求。

（3）因为材料原价未变，所以从"价差"分析，材料成本增加可能是因为运杂费、场外运输损耗率、采购及保管费的增加而引起。物耗管理的办法有：量差控制、量差考核和推行限额领料制度。

（4）不正确。应采用整修的办法进行处理。

（5）新购仪器在使用前应到国家法定计量技术检定机构检定，而不能直接使用。当仪器超过了规定的周检确认时间间隔而未检定，则视为不合格，必须停止使用，隔离存放，并做明显标记，须再次检定确认合格，并经项目技术部门主管验证签认后，方可使用。

【案例 65】

（1）由于沿线地表土为高、低液限黏土及低液限黏土夹粉细砂层，根据该企业拥有设备情况，宜采用光轮压路机及轮胎压路机进行碾压，羊足碾由于功率太小不适于高速公路施工。

（2）根据 $N = \dfrac{P}{W_1 Q k_B} = \dfrac{1342549}{300 \times 161 \times 90\%} = 31$ 台

【案例 66】

（1）根据沥青路面施工技术规范，沥青路面摊铺宽度不宜超过 7.5m。

根据公式：$n = \dfrac{B-x}{b-x} = \dfrac{18.5 - (0.025 + 0.08)/2}{7.5 - (0.025 + 0.08)/2} = 2.55$

所以，应配置 3 台大型（摊铺宽度 6~10m）摊铺机。

（2）根据公式：$h = \dfrac{100G}{r \times A} = \dfrac{100 \times 399.6}{2 \times 18.5 \times 150} = 6.1$cm

【案例 67】

（1）沥青混凝土的密度一般在 2.35~2.4t/m³ 之间，取 2.375t/m³。

则该工程沥青混凝土总重：

（482200×0.04 ＋ 484200×0.05 ＋ 470100×0.06）×2.375 ＝ 170297t

根据公式 $Q_j = \dfrac{nG_jK_B}{1000} = \dfrac{3600 \div (6 + 41 + 5) \times 3000 \times 0.85}{1000} = 176.54$t/h

200d 的有效工期，可以生产沥青混凝土：177×200×8 ＝ 283200t。

生产能力大于实际生产量，所以该沥青混凝土拌合站满足施工要求。

（2）根据公式 $Q = hBv_o\rho K_B$（t/h）

摊铺机摊铺上面层的生产能力：摊铺机的行驶速度 2~6m/min。

$Q = 0.04 \times 12 \times (4 \times 60) \times 2 \times 0.8 = 184.32$t/h

摊铺机摊铺下面层的生产能力：

$Q = 0.06 \times 12 \times (4 \times 60) \times 2 \times 0.8 = 276.48$t/h

摊铺机摊铺能力大于沥青混凝土拌合站拌合能力，满足施工要求。

【案例 68】

（1）桥涵工程中涉及转体施工、开挖深度大于 4m 的基坑、隧道穿越岩溶发育区、高风险断层、沙层、采空区等地质条件复杂的地质环境均需要编制专项技术方案。

（2）桥梁工程中的转体施工、隧道穿越岩溶发育区、高风险断层、沙层、采空区等地质条件复杂的地质环境需要编制专项技术方案并需要专家论证、审查。

（3）专项施工方案应包括下列主要内容：

① 工程概况。包括工程基本情况，施工平面布置，施工要求和技术保证条件。

② 编制依据。包括相关法律、法规，规范性文件，标准，规范及图纸（国标图集），施工组织设计等。

③ 施工计划。包括施工进度计划，材料与设备计划。

④ 施工工艺技术。包括技术参数，工艺流程，施工方法，检测验收等。

⑤ 施工安全保证措施。包括组织保障，技术措施，应急预案，监测监控等。

⑥ 劳动力计划。包括专职安全管理人员，特种作业人员等。

⑦ 计算书及图纸。

【案例 69】

（1）项目经理部负责施工计划的安排，确定工程配备的机种、机型和数量，做出投入工程的主要施工机械计划表，供上级管理部门进行机械资源的汇总、协调和配置。当自有机械不能满足需要时，还需做出租赁机械计划。

（2）机械设备事故的预防措施：

① 建立安全管理制度。

②做好冬期前机械防冻工作。

③做好机械的防洪工作。

④做好机械的防火工作。

（3）机械设备事故的处理程序：

①机械事故发生后进行妥善处理。

②肇事者和肇事单位均应如实上报，并填实"机械事故报告单"。

③机械事故发生后，必须按照"三不放过"的原则进行批评教育。

④在处理过程中，对责任者要追究责任，对非责任事故也要总结教训。

⑤单位领导忽视安全，追究领导责任。

⑥在机械事故处理完毕后，将事故详细情况记录。

1B430000　公路工程项目施工相关法规及标准

【案例1】

（1）分包工程在开工前承包人必须填报开工报审表，并附有监理人审批并取得发包人同意的书面文件，由监理人审查其是否具备开工条件，确定是否批复其开工申请。

为规范公路工程施工分包活动，加强公路建设市场监管，交通运输部组织制定了《公路工程施工分包管理办法》，办法自2012年1月1日起施行。

分包工程的管理：

①严格履行开工申请手续

分包工程在开工前承包人必须填报开工报审表，并附有监理人审批并取得发包人同意的书面文件，由监理人审查其是否具备开工条件，确定是否批复其开工申请。

②将分包工程列入工地会议议程

每次工地会议，将分包工程作为一个议题进行研究，承包人必须详细介绍分包工程实施的情况，就分包工程实施中的有关问题进行讨论，制订解决问题的措施和方法，必要时，可邀请分包人参加工地会议。

③检查核实分包人实施分包工程的主要人员与施工设备

在分包工程实施中，监理人应检查核实分包人实施分包工程的主要技术、管理人员及主要施工设备是否与资格审查时所报的情况相符，如发现分包人的人员、施工设备、技术力量等难以达到工程要求时，应要求承包人采取措施处理。

④对分包工程实施现场监督检查

监理人应对分包工程实施现场监管，及时发现分包工程在质量、进度等方面的问题，由承包人采取措施处理。

（2）第1条正确。

第2条正确。

第3条正确。

第4条错误，应按实际伸长量校核，张拉到设计应力相应油表刻度时，应稳压一段时间后再锚固。

第 5 条正确。

第 6 条错误，压浆使用压浆泵从梁最低点开始。

值得注意的两点是：其一按设计要求在两端同时对称张拉，张拉时千斤顶的作用线必须与预应力轴线重合，两端各项张拉操作必须一致。预应力张拉采用应力控制，同时以伸长值作为校核。实际伸长值与理论伸长值之差应满足规范要求，否则要查明原因采取补救措施。张拉过程中的断丝、滑丝数量不得超过设计规定，否则要更换钢筋或采取补救措施。

其二压浆使用压浆泵从梁最低点开始，在梁两端压浆孔各压浆一次，直至规定稠度的水泥浆充满整个孔道为止。

（3）不正确，B 公司作为分包人，不能直接向监理单位提出分包工程的变更要求，分包人应该报告承包人，由承包人向监理单位提出变更要求。

分包工程的变更管理：承包人接到监理人依据合同发布的涉及发包工程的变更指令后，以书面确认方式通知分包人执行。承包人也有权根据工程的实际进展情况通过监理人向发包人提出有关变更建议。

监理人一般不能直接向分包人下达变更指令，必须通过承包人。分包人不能直接向监理人提出分包工程的变更要求，也必须由承包人提出。

分包工程的索赔管理：分包合同履行过程中，当分包人认为自己的合法权益受到损害，无论事件起因于发包人或监理人，还是承包人的责任，他都只能向承包人提出索赔要求。如果是因发包人或监理人的原因或责任造成了分包人的合法利益的损害，承包人应及时按施工合同规定的索赔程序，以承包人的名义就该事件向监理人提交索赔报告。

对于由承包人的原因或责任引起分包人提出索赔，这类索赔产生于承包人与分包人之间，双方通过协商解决。监理人不参与该索赔的处理。

（4）还需钢筋工、电焊工。

首先要熟悉梁厂的工作内容和工序安排。背景材料中提到了"测量工、试验工、混凝土工、模板工、电工、起吊工、张拉工"，考虑到 T 梁的钢筋骨架的绑扎、焊接作业，必须补充钢筋工和电焊工。

【案例 2】

（1）该总承包二级企业能承包该工程。

因为总承包二级企业承包工程范围是：可承担单跨跨度 150m 以下的桥梁，单座桥长 1000m 以下的桥梁。

（2）该质量事故的调查处理由国务院交通主管部门会同省级交通主管部门负责调查处理。

（3）该质量事故应由施工单位报告。

【案例 3】

（1）公路工程质量事故分为质量问题、一般质量事故及重大质量事故三类。

第一类：质量问题。质量较差、造成直接经济损失（包括修复费用）在 20 万元以下。

第二类：一般质量事故。质量低劣或达不到合格标准，需加固补强，直接经济损失

（包括修复费用）在 20 万～300 万元之间的事故。

第三类：重大质量事故。由于责任过失造成工程倒塌、报废和造成人身伤亡或者重大经济损失的事故。

（2）一般质量事故分三个等级。

一级一般质量事故：直接经济损失在 150 万～300 万元之间。

二级一般质量事故：直接经济损失在 50 万～150 万元之间。

三级一般质量事故：直接经济损失在 20 万～50 万元之间。

重大质量事故分为三个等级。

具备下列条件之一者为一级重大质量事故：

① 死亡 30 人以上。

② 直接经济损失 1000 万元以上。

③ 特大型桥梁主体结构垮塌。

具备下列条件之一者为二级重大质量事故：

① 死亡 10 人以上，29 人以下。

② 直接经济损失 500 万元以上，不满 1000 万元。

③ 大型桥梁主体结构垮塌。

具备下列条件之一者为三级重大质量事故：

① 死亡 1 人以上，9 人以下。

② 直接经济损失 300 万元以上，不满 500 万元。

③ 中小型桥梁主体结构垮塌。

（3）国务院交通运输主管部门归口管理全国公路工程质量事故，省级交通运输主管部门归口管理本辖区内的公路工程质量事故。质量事故的调查处理实行统一领导、分级负责的原则。重大质量事故由国务院交通运输主管部门会同省级交通运输主管部门负责调查处理；一般质量事故由省级交通运输主管部门负责调查处理；质量问题原则上由建设单位或企业负责调查处理。

【案例 4】

（1）① 任何单位和个人均有权利和义务将工程质量事故的情况及时报告有关部门。公路工程在建项目，施工单位为事故报告单位；交付使用的工程，接养单位为事故报告单位。

② 质量事故发生后，事故发生单位必须以最快的方式，将事故的简要情况同时向建设单位、监理单位、质量监督站报告。在质量监督站初步确定质量事故的类别后，再按要求进行报告。

（2）质量问题：问题发生单位应在 2d 内书面上报建设单位、监理单位、质量监督站。

（3）一般质量事故：事故发生单位应在 3d 内书面上报质量监督站，同时报企业上级主管部门、建设单位、监理单位和省级质量监督站。

（4）重大质量事故：事故发生单位必须在 2h 内速报省级交通主管部门和国务院交通主管部门，同时报告省级质量监督站和部质监总站，并在 12h 内报出《公路工程重大质量事故快报》。

【案例 5】

（1）除背景材料中提到的注意事项外，还应该注意以下问题：

① 根据围岩及周围环境条件，可优先采用单侧壁导坑法、双侧壁导坑法或留核心土开挖法；围岩的完整性较好时，可采用多台阶法开挖。严禁采用全断面法开挖。

② 开挖后应尽快施作锚杆、喷射混凝土、敷设钢筋网或钢支撑。当采用复合衬砌时，应加强初期锚喷支护。Ⅴ级以下围岩，应尽快施作衬砌，防止围岩出现松动。

③ 锚喷支护或构件支撑，应尽量靠近开挖面，其距离应小于 1 倍洞跨。

④ 浅埋段的地质条件很差时，宜采用地表锚杆、管棚、超前小导管、注浆加固围岩等辅助方法施工。

（2）喷射混凝土的注意事项如下：

① 喷射作业应分段、分片由下而上顺序进行，每段长度不宜超过 6m。一次喷射厚度应根据设计厚度和喷射部位确定，初喷厚度不得小于 4～6cm。

② 喷射混凝土作业需紧跟开挖面时，下次爆破距喷混凝土作业完成时间的间隔，不得小于 4h。

（3）锚杆支护施工的注意事项如下：

① 锚杆安设作业应在初喷混凝土后及时进行。

② 钻孔前应根据设计要求定出孔位，钻孔方向宜尽量与岩层主要结构面垂直。

③ 灌浆作业：注浆开始或中途暂停超过 30min 时，应用水润滑灌浆罐及其管路。注浆孔口压力不得大于 0.4MPa。

【案例 6】

（1）公路工程交工、竣工验收的依据是：

① 批准的工程可行性研究报告。

② 批准的工程初步设计、施工图设计及变更设计文件。

③ 批准的招标文件及合同文本。

④ 行政主管部门的有关批复、指示文件。

⑤ 交通运输部颁布的公路工程技术标准、规范、规程及国家有关部门的相关规定。

（2）交工验收检查施工合同的执行情况，评价工程质量是否符合技术标准及设计要求，是否可以移交下一阶段施工或者是否满足通车要求，对各参建单位工作进行初步评价。

（3）竣工验收是综合评价工程建设成果，对工程质量、参建单位和建设项目进行综合评价。

【案例 7】

（1）公路工程交工验收应具备下列条件：

① 合同约定的各项内容已完成。

② 施工单位按交通运输部制定的《公路工程质量检验评定标准》及相关规定的要求对工程质量自检合格。

③ 监理工程师对工程质量的评定合格。

④ 质量监督机构按交通运输部规定的公路工程质量鉴定办法对工程质量进行检测（必要时可委托有相应资质的检测机构承担检测任务），并出具检测意见。

⑤ 竣工文件已按交通运输部规定的内容编制完成。

⑥ 施工单位、监理单位已完成本合同段的工作总结。

公路工程各合同段符合交工验收条件后，经监理工程师同意，由施工单位向项目法人提出申请，项目法人应及时组织对该合同段进行交工验收。

（2）交工验收的主要工作内容是：

① 检查合同执行情况。

② 检查施工自检报告、施工总结报告及施工资料。

③ 检查监理单位独立抽检资料、监理工作报告及质量评定资料。

④ 检查工程实体，审查有关资料，包括主要产品质量的抽（检）测报告。

⑤ 核查工程完工数量是否与批准的设计文件相符，是否与工程计量数量一致。

⑥ 对合同是否全面执行、工程质量是否合格作出结论，按交通主管部门规定的格式签署合同段交工验收证书。

⑦ 按交通运输部规定的办法对设计单位、监理单位、施工单位的工作进行初步评价。

（3）项目法人负责组织各合同段参建单位完成交工验收工作的各项内容，总结合同执行过程中的经验，对工程质量是否合格作出结论。

设计单位负责检查已完成的工程是否与设计相符，是否满足设计要求。

监理单位负责完成监理资料的汇总、整理，协助项目法人检查施工单位的合同执行情况，核对工程数量，科学公正地对工程质量进行评定。

施工单位负责提交竣工资料，完成交工验收准备工作。

【案例8】

（1）不完备，还应检测跨径（支座中心至支座中心）。

（2）预拱度和伸缩缝安装质量控制。

【案例9】

（1）该桥施工安全风险评估的四大步骤为：开展总体风险评估、确定专项风险评估范围、开展专项风险评估和确定风险控制措施。

（2）报告内容还应包括评估步骤、评估内容、评估结论及对策建议等。

（3）针对桥墩施工的风险，施工单位还应进一步采取的主要措施有：

① 重大风险源的监控与防治措施、应急预案经施工企业技术负责人和项目总监理工程师审批后，由建设单位组织论证或复评估。

② 施工单位应建立重大风险源的监测及验收、日常巡查、定期报告等工作制度，并组织实施。

③ 施工项目经理或技术负责人在工程施工前应对施工人员进行安全技术教育与交底；施工现场应设立相应的危险告知牌。

④ 适时组织对典型重大风险源的应急救援演练。

⑤当专项风险等级为Ⅳ级（极高风险）且无法降低时，必须提高现场防护标准，落实应急处置措施，视情况开展第三方施工监测；未采取有效措施的，不得施工。

（4）工程开工后，监理单位应督查施工单位安全风险控制措施的落实情况，并予以记录。对施工中存在的重大隐患应及时指出并督促整改，对施工单位拒不整改的，应及时向建设单位及公路工程安全生产监督管理部门报告。

【案例10】

（1）项目施工应当具备以下条件：

①项目已列入公路建设年度计划。

②施工图设计文件已经完成并经审批同意。

③建设资金已经落实，并经交通主管部门审计。

④征地手续已办理，拆迁基本完成。

⑤施工、监理单位已依法确定。

⑥已办理质量监督手续，已落实保证质量和安全的措施。

（2）项目法人在申请施工许可时应当向相关的交通主管部门提交以下材料：

①施工图设计文件批复。

②交通运输主管部门对建设资金落实情况的审计意见。

③自然资源部门关于征地的批复或者控制性用地的批复。

④建设项目各合同段的施工单位和监理单位名单、合同价情况。

⑤应当报备的资格预审报告、招标文件和评标报告。

⑥已办理的质量监督手续材料。

⑦保证工程质量和安全措施的材料。

（3）公路建设从业单位应当按照合同约定全面履行义务：

①项目法人应当按照合同约定履行相应的职责，为项目实施创造良好的条件。

②勘察、设计单位应当按照合同约定，按期提供勘察设计资料和设计文件。工程实施过程中，应当按照合同约定派驻设计代表，提供设计后续服务。

③施工单位应当按照合同约定组织施工，管理和技术人员及施工设备应当及时到位，以满足工程需要。要均衡组织生产，加强现场管理，确保工程质量和进度，做到文明施工和安全生产。

④监理单位应当按照合同约定配备人员和设备，建立相应的现场监理机构，健全监理管理制度，保持监理人员稳定，确保对工程的有效监理。

⑤设备和材料供应单位应当按照合同约定，确保供货质量和时间，做好售后服务工作。

⑥试验检测单位应当按照试验规程和合同约定进行取样、试验和检测，提供真实、完整的试验检测资料。

【案例11】

（1）公路工程质量监督主要包括以下内容：

①工程质量管理的法律、法规、规章、技术标准和规范的执行情况。

②从业单位的质量保证体系及其运转情况。

③勘察、设计质量情况，工程质量情况，使用的材料、设备质量情况。

④工程试验检测工作情况。

⑤工程质量资料的真实性、完整性、规范性、合法性情况。

⑥从业单位在工程实施过程中的质量行为。

（2）交通运输主管部门对公路工程质量监督的职责主要是：

①监督检查从业单位是否具有依法取得的相应等级的资质证书，从业人员是否按照国家规定经考试合格，取得上岗资格。

②监督检查建设、勘察、设计单位、施工和监理单位质量保证体系的针对性、严密性和运行的有效性，以及各单位质量保证体系之间的协调性和一致性。

③监督检查勘察、设计文件是否符合国家规定的技术标准和规范要求，设计文件是否达到国家规定的编制要求。

④监督检查施工、监理和设备、材料供应单位是否严格按照有关质量标准和技术规范进行施工、监理和供应设备、材料。

⑤监督检查监理单位的质量管理和现场质量控制情况，以及对公路工程关键部位和隐蔽工程的旁站情况、对各施工工序的质量检查情况。

⑥监督检查试验检测设备是否合格，试验方法是否规范，试验数据是否准确，试验检测频率是否符合有关规定。

⑦监督检查材料采购、进场和使用等环节的质量情况，并公布抽查样品的质量检测结果，检查关键设备的性能情况。

⑧对公路工程质量情况进行抽检，分析主要质量指标的变化情况，评估总体质量状况和存在的主要问题，提出加强质量管理的政策措施和指导性意见，定期发布质量动态信息。

⑨对完工项目进行质量检测和质量鉴定。

（3）建设单位办理公路工程质量监督手续，应当向公路工程项目所在地的质监机构提出申请，并提交以下材料：

①公路工程质量监督申请书。包括公路工程项目名称及地点、建设单位、联系方式、提出工程质量监督的申请等。

②公路工程项目审批文件。

③公路工程项目设计、施工、监理等合同文件。

④公路工程项目从业单位的资质证明材料。

⑤交通运输主管部门要求的其他相关材料。

【案例 12】

（1）公路工程设计变更是指自公路工程初步设计批准之日起至通过竣工验收正式交付使用之日止，对已批准的初步设计文件、技术设计文件或施工图设计文件所进行的修改、完善等活动。

公路工程设计变更分为重大设计变更、较大设计变更和一般设计变更。

（2）有下列情形之一的属于重大设计变更：

① 连续长度 10km 以上的路线方案调整的。

② 特大桥的数量或结构形式发生变化的。

③ 特长隧道的数量或通风方案发生变化的。

④ 互通式立交的数量发生变化的。

⑤ 收费方式及站点位置、规模发生变化的。

⑥ 超过初步设计批准概算的。

（3）有下列情形之一的属于较大设计变更：

① 连续长度 2km 以上的路线方案调整的。

② 连接线的标准和规模发生变化的。

③ 特殊不良地质路段处置方案发生变化的。

④ 路面结构类型、宽度和厚度发生变化的。

⑤ 大中桥的数量或结构形式发生变化的。

⑥ 隧道的数量或方案发生变化的。

⑦ 互通式立交的位置或方案发生变化的。

⑧ 分离式立交的数量发生变化的。

⑨ 监控、通信系统总体方案发生变化的。

⑩ 管理、养护和服务设施的数量和规模发生变化的。

⑪ 其他单项工程费用变化超过 500 万元的。

⑫ 超过施工图设计批准预算的。

（4）一般设计变更是指除重大设计变更和较大设计变更以外的其他设计变更。

【案例 13】

（1）对较大设计变更和重大设计变更的建议，项目法人经审查论证确认后，向省级交通运输主管部门提出公路工程设计变更的申请，并提交以下材料：

① 设计变更申请书。包括拟变更设计的公路工程名称、公路工程的基本情况、原设计单位、设计变更的类别、变更的主要内容、变更的主要理由等。

② 对设计变更申请的调查核实情况、合理性论证情况。

③ 省级交通运输主管部门要求提交的其他相关材料。

（2）项目法人在报审设计变更文件时，应当提交以下材料：

① 设计变更说明。

② 设计变更的勘察设计图纸及原设计相应图纸。

③ 工程量、投资变化对照清单和分项概、预算文件。

【案例 14】

（1）对于重大质量事故，事故发生单位必须在 2h 内速报省级交通运输主管部门和国务院交通运输主管部门，同时报告省级质量监督站和交通运输部质量监督总站，并在 12h 内报出《公路工程重大质量事故快报》。质量事故书面报告如下：

① 工程项目名称，事故发生的时间地点，建设、设计、施工、监理等单位名称。

② 事故发生的简要经过、造成工程损伤状况、伤亡人数和直接经济损失的初步估计。

③事故发生原因的初步判断。

④事故发生后采取的措施及事故控制情况。

⑤事故报告单位。

（2）发生重大质量事故的现场保护措施

事故发生后，事故发生单位和该工程的建设、施工、监理单位应严格保护事故现场，采取有效措施抢救人员和财产防止事故扩大。

因抢救人员、疏导交通等原因，需要移动现场物件时，应当做出标志，绘制现场简图并做出书面记录，妥善保存现场重要痕迹、物证，并应采取拍照或录像等直录方式反映现场原状。

【案例 15】

（1）招标人有下列行为之一的，属于分包歧视性条款：

①以分包的工作量规模作为否决投标的条件；

②对投标人符合法律法规以及招标文件规定的分包计划设定扣分条款；

③按照分包的工作量规模对投标人进行区别评分；

④以其他不合理条件限制投标人进行分包的行为。

（2）公路工程施工招标的评标方法有综合评估法或者经评审的最低投标价法。综合评估法包括合理低价法、技术评分最低价法和综合评分法。

（3）合理低价法，是指对通过初步评审和详细评审的投标人，不对其施工组织设计、财务能力、技术能力、业绩及信誉进行评分，而是按招标文件规定的方法对评标价进行评分，并按照得分由高到低的顺序排列，推荐前 3 名投标人为中标候选人的评标方法。

技术评分最低标价法，是指对通过初步评审的投标人的施工组织设计、项目管理机构、技术能力等因素进行评分，按照得分由高到低排序，对排名在招标文件规定数量以内的投标人的报价文件进行评审，按照评标价由低到高的顺序推荐中标候选人的评标方法。招标人在招标文件中规定的参与报价文件评审的投标人数量不得少于 3 个。

综合评分法，是指对通过初步评审的投标人的评标价、施工组织设计、项目管理机构、技术能力等因素进行评分，按照综合得分由高到低排序，推荐中标候选人的评标方法。其中评标价的评分权重不得低于 50%。

经评审的最低投标价法，是指对通过初步评审的投标人，按照评标价由低到高排序，推荐中标候选人的评标方法。

【案例 16】

（1）除《中华人民共和国招标投标法实施条例》第三十二条规定的情形外，招标人有下列行为之一的，属于以不合理的条件限制、排斥潜在投标人或者投标人：

①设定的资质、业绩、主要人员、财务能力、履约信誉等资格、技术、商务条件与招标项目的具体特点和实际需要不相适应或者与合同履行无关；

②强制要求潜在投标人或者投标人的法定代表人、企业负责人、技术负责人等特定人员亲自购买资格预审文件、招标文件或者参与开标活动；

③通过设置备案、登记、注册、设立分支机构等无法律、行政法规依据的不合理条

件，限制潜在投标人或者投标人进入项目所在地进行投标。

（2）有下列情形之一的，招标人应当依照本办法重新招标：

① 通过资格预审的申请人少于3个的；

② 投标人少于3个的；

③ 所有投标均被否决的；

④ 中标候选人均未与招标人订立书面合同的。

（3）《公路工程建设项目招标投标管理办法》在公路施工招标条件方面明确规定："施工图设计文件批准后，方可开展施工招标。"而《公路工程施工招标投标管理办法》规定是"初步设计批准后就可以施工招标"。

【案例17】

（1）公路工程质量事故分质量问题、一般质量事故及重大质量事故三类。

（2）事故1属于质量问题；事故2属于三级一般质量事故；事故3属于三级重大质量事故。

【案例18】

（1）公路工程在建项目，施工单位为事故报告单位，所以为A公司。

（2）事故发生单位必须在2h内速报省级交通运输主管部门和国务院交通运输主管部门，同时报告省级质量站和部质监总站，并在12h内报出《公路工程重大质量事故快报》。

质量事故书面报告内容如下：

① 工程项目名称，事故发生的时间、地点，建设、设计、施工、监理等单位名称。

② 事故发生的简要经过、造成工程损伤状况、伤亡人数和直接经济损失的初步估计。

③ 事故发生原因的初步判断。

④ 事故发生后采取的措施及事故控制情况。

⑤ 事故报告单位。

（3）发生重大质量事故的现场保护措施

事故发生后，事故发生单位和该工程的建设、施工、监理等单位，应严格保护事故现场，采取有效措施抢救人员和财产，防止事故扩大。

因抢救人员、疏导交通等原因，需要移动现场物件时，应当做出标志，绘制现场简图并做出书面记录，妥善保存现场重要痕迹、物证，并应采取拍照或录像等直录方式反映现场原状。

【案例19】

（1）土方路基控制的关键点有：

① 施工放样与断面测量。

② 路基原地面处理，按施工技术合同或规范规定要求处理，并认真整平压实。

③ 使用适宜材料。必须采用设计和规范规定的适用材料，保证原材料合格，正确确定土的最大干密度和最佳含水量。

④ 压实设备及压实方案。

⑤路基纵横向排水系统设置。

⑥每层的松铺厚度、横坡及填筑速率。

⑦分层压实，控制填土的含水量，确保压实度达到设计要求。

（2）土的最佳含水量是土基施工的一个重要控制参数，是土基达到最大干密度所对应的含水量。根据不同的土的性质，测定最佳含水量的试验方法通常有：①轻型、重型击实试验；②振动台法；③表面振动击实仪法。

（3）压实度是路基质量控制的重要指标之一，是现场干密度和室内最大干密度的比值。压实度越高，路基密实度越大，材料整体性能越好。其现场密度的测定方法有：①灌砂法；②环刀法；③核子密度湿度仪法。

【案例20】

（1）应具备通信、监控、收费综合系统工程分项承包或收费系统工程分项承包资质。

（2）收费车道计算机系统的功能还有：

①将收费原始数据上传收费站（计算机系统）。

②接收收费站下传的收费运行参数（费率表、黑白名单、同步时钟、免费车、系统设置参数等）。

③可保存一定时间段收费原始数据，但不丢失数据。

④通信中断时具有独立工作能力，可降级使用。

⑤为车辆提供控制及收费信息。

⑥将各种违章报警信号实时上传给收费站。

（3）变更依据：

①工程变更对项目目标的影响。

②有关合同条款、会议和通信记录。

确认过程：

①首先应由一方提出工程变更。

②初步确定处理变更所需的费用、时间范围和质量要求。

③双方协商一致签署补充协议后确认变更。

（4）出口车道轴（称）重检测系统要增设：称重仪、轮胎识别器、红外线车辆分离器、称重数据（采集）处理器。

第三部分

综合测试题

综合测试题（一）

一、单项选择题（共20题，每题1分。每题的备选项中，只有一个最符合题意）

1. 袋装砂井处理软基的工艺流程中，"沉入砂袋"的后一道工序是（   ）。
   A. 拔出套管
   B. 机具定位
   C. 埋砂袋头
   D. 摊铺下层砂垫层

2. 当地下水埋藏较深或有固定含水层时，宜采用的地下水排除设施是（   ）。
   A. 渗沟
   B. 渗井
   C. 检查井
   D. 暗沟

3. 用于公路路基的填料要求挖取方便，压实容易，强度高，水稳定性好。其中强度要求是按CBR值确定，应通过取土试验确定填料（   ）。
   A. 最大强度和最大粒径
   B. 最小强度和最小粒径
   C. 最小强度和最大粒径
   D. 最大强度和最小粒径

4. 关于石灰稳定土基层施工备料的说法，正确的是（   ）。
   A. 当生石灰堆放时间较长时，应露天堆放，不得覆盖
   B. 消石灰应保持一定的湿度，但不可过湿成团
   C. 生石灰应在加水消解后马上使用，不得隔夜使用
   D. 消石灰无需过筛即可使用

5. 在旧水泥混凝土路面上加铺沥青混凝土结构层时，在两者之间应设置（   ）。
   A. 透层
   B. 粘层
   C. 封层
   D. 防水层

6. 钢筋混凝土拱桥、预应力混凝土连续桥、木桥是按（   ）来划分的。
   A. 承重结构的材料
   B. 桥梁用途
   C. 静力体系
   D. 跨越障碍的性质

7. 下列合同文件优先级最高的是（   ）。

A. 已标价工程量清单
B. 图纸
C. 项目专用合同条款
D. 技术规范

8. 适用于无水或浅水河滩，地形相对平坦，孔数较多的中型梁板安装的架设方法是（　　）。

A. 自行式吊机架设法
B. 简易型钢导梁架设法
C. 跨墩龙门架架设法
D. 联合架桥机架设法

9. 高速公路、一级公路、二级公路及有抗（盐）冻要求的三、四级公路混凝土路面使用的砂应不低于（　　）。

A. Ⅰ级
B. Ⅱ级
C. Ⅲ级
D. Ⅳ级

10. 适用于各类土（包括强风化岩）的水中基坑施工的围堰是（　　）。

A. 钢板桩围堰
B. 双壁钢围堰
C. 套箱围堰
D. 土围堰

11. 挡土墙墙背所受的土压力最小的是（　　）。

A. 俯斜墙背
B. 仰斜墙背
C. 垂直墙背
D. 凸折式墙背

12. 交通标线是主要的交通安全设施之一，其主要作用是管制和引导交通，下列设施中属于交通标线的是（　　）。

A. 指路标志
B. 指示标志
C. 路面突起路标
D. 防护栏

13. 不属于拱桥支架施工常见质量控制点的是（　　）。

A. 支架的沉降控制
B. 拱架加载控制
C. 卸架工艺控制
D. 砌体强度控制

14. 仪器设备使用状态标识为"准用"的用（　　）标签进行标识。

A. 绿色
B. 黄色
C. 蓝色
D. 红色

15. 关于技术档案制度的叙述，错误的是（　　）。

A. 基本建设档案资料是指在整个建设过程中形成的应当归档的文件
B. 基本建设档案资料包括计算材料、声像材料等

C. 项目竣工时应按有关办法将档案资料组卷归档装订

D. 装订好的档案资料应在六个月内向建设单位办理移交手续

16. 对于土方开挖工程，选择的机械与设备组合最好的是（   ）。

A. 挖掘机、推土机、移动式空气压缩机、凿岩机

B. 推土机、铲运机、挖掘机、装载机和自卸汽车

C. 推土机、挖掘机、装载机和平地机

D. 推土机、铲运机、羊足碾、压路机、洒水车、平地机和自卸汽车

17. 对风险等级为（   ）的分部分项工程编制专项施工方案，并附安全验算结果，经施工单位技术负责人签字后报监理工程师批准执行。

A. Ⅰ级   B. Ⅱ级

C. Ⅲ级   D. Ⅲ级以上

18. 属于自有机械费中不变费用的是（   ）。

A. 人工费   B. 车船使用税

C. 经常修理费   D. 动力燃料费

19. 钻孔灌注桩施工中，为满足混凝土和易性要求，坍落度应控制在（   ）cm 范围内。

A. 8～12   B. 10～15

C. 12～16   D. 18～22

20. 根据《公路水运工程质量监督管理规定》（交通运输部令 2017 年第 28 号），建设单位提交的材料符合规定的，交通运输主管部门或者其委托的建设工程质量监督机构应当在（   ）个工作日内为其办理工程质量监督手续，出具公路水运工程质量监督管理受理通知书。

A. 10   B. 15

C. 20   D. 30

二、多项选择题（共 10 题，每题 2 分。每题的备选项中，有 2 个或 2 个以上符合题意，至少有 1 个错项。错选，本题不得分；少选，所选的每个选项得 0.5 分）

21. 根据《公路水运工程安全生产监督管理办法》（交通运输部令 2017 年第 25 号），（   ）在投入使用前，应当组织有关单位进行验收，或者委托具有相应资质的检验检测机构进行验收，验收合格后方可使用。

A. 翻模   B. 施工测量仪器

C. 挂篮   D. 滑模

E. 爬模

22. 路基压实度的常用检测方法有（　　　）。

A. 贝克曼梁法   B. 灌砂法

C. 环刀法   D. 核子密度湿度仪法

E. 超声波检测

23. 下列无机结合料基层养护的说法，正确的是（　　　）。

A. 每一段碾压完成并经压实度检查合格后，应立即开始养护

B. 一级公路基层的养护期不宜少于 7d

C. 水泥稳定土基层不能用沥青乳液进行养护

D. 养护期间，稳定材料层表面应始终保持湿润

E. 石灰稳定土养护期间，不应过湿或忽干忽湿

24. 下列预应力张拉要求中，错误的是（　　　）。

A. 有几套张拉设备时，可根据现场情况随机组合使用

B. 进行张拉作业前，必须对千斤顶进行标定

C. 当梁体混凝土强度达到设计规定的张拉强度时，方可进行张拉

D. 预应力张拉以实际伸长量控制为主

E. 预应力钢筋张拉时，应先调整到初应力再开始张拉和量测伸长值

25. 隧道施工通风按照风道的类型和通风安装位置，通风方式有（　　　）。

A. 风管式通风   B. 射流机通风

C. 巷道式通风   D. 无风道通风

E. 风墙式通风

26. 交通安全设施主要包括（　　　）及里程标、百米标和公路界碑等。

A. 交通标志、交通标线   B. 防撞设施、隔离栅

C. 可变情报板   D. 桥梁防抛网

E. 防眩光设施

27. 用湿黏土、红黏土和中、弱膨胀土作为填料直接填筑时，应符合（　　　）。

A. 液限在 40%～70% 之间、塑性指数在 18～26 之间

B. 液限大于 50%、塑性指数大于 26

C. 采用湿土法制作试件，试件的 CBR 值满足规范的规定

D. 不得作为二级及二级以上公路路床、零填及挖方路基 0～0.80m 范围内的填料

E. 不得作为三、四级公路上路床、零填及挖方路基0～0.30m范围内的填料

28. 根据交通运输部颁布的《公路水运建设工程质量事故等级划分和报告制度》（交办安监〔2016〕146号），下列属于公路工程一般质量事故的是（　　）。

A. 特长隧道结构坍塌

B. 造成直接经济损失在100万元以上1000万元以下

C. 除高速公路以外的公路项目中桥或大桥主体结构垮塌

D. 造成直接经济损失在1000万元以上5000万元以下

E. 造成2人死亡的

29. 饮用水可直接作为混凝土搅拌和养护用水。对水质有疑问时，应检验（　　），合格者方可使用。

A. 硫酸盐含量（按SO_4^{2-}计）小于$0.0027mg/mm^3$

B. 含盐量不得超过$0.005mg/mm^3$

C. pH值不得小于4

D. 不得含有油污、泥和其他有害杂质

E. pH值不得小于5

30. 水泥混凝土路面填缝时应使用背衬垫条控制填缝形状系数。背衬垫条应具有（　　）等性能。

A. 高温软化　　　　　　　　　　B. 良好的弹性

C. 柔韧性　　　　　　　　　　　D. 不吸水

E. 耐酸碱腐蚀

三、实务操作和案例分析题（共5题，每题20分）

【案例一】

背景材料：

某施工单位承接了一段长30km的沥青混凝土路面施工，其中基层采用厂拌二灰稳定碎石，施工前选择了相应的施工机械并经计算确定了机械台数，施工工艺如下：

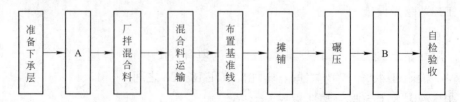

其中部分路段采用两幅施工，纵缝采用斜缝连接；同日施工的两个工作段接缝处，要求前一段拌合整修后，留5～8m不进行碾压，作为后一段摊铺部分的高程基准面，后段摊

铺完成后立即碾压以消除缝迹。

二灰基层施工完毕后，且在面层施工前，检测了如下项目：弯沉、压实度、平整度、纵断面高程、宽度、横坡、回弹模量，以评定该分项工程质量。

问题：

1. 二灰基层施工准备中，计算机械台数需要考虑哪些因素？
2. 补充方框 A、B 内的工序。
3. 改正接缝处理中错误的做法。
4. 指出二灰基层质量检测评定实测项目中的错项，并补充漏项。

【案例二】

背景材料：

某高速公路设计车速 120km/h，路面面层为三层式沥青混凝土结构。施工为大型公路专业施工企业，设施精良，技术力量雄厚。为保证工程施工质量，施工时作了如下控制：

（1）选用合格的石料进行备料，严格对下承层进行清扫，并在开工前进行试验段铺筑。

（2）沥青混合料的拌合站设置试验室，对沥青混合料及原材料及时进行检验，拌合中严格控制集料加热温度和混合料的出厂温度。

（3）根据拌合站的产量、运距合理安排运输车辆，确保运输过程中混合料的质量。

（4）设置两台具有自动调节摊铺厚度及找平装置的高精度沥青混凝土摊铺机梯进式施工，严格控制相邻两机的间距，以保证接缝的相关要求。

（5）主要压路机械采用两台双轮双振压路机及 2 台 16t 胶轮压路机组成，严格控制碾压温度及碾压重叠宽度。

（6）纵缝采用热接缝，梯进式摊铺，后摊铺部分完成，立即骑缝碾压，以除缝迹，并对接缝作了严格控制。

问题：

1. 施工准备中，对石料的堆放应注意哪些问题？
2. 沥青混合料铺筑试验段的主要目的是什么？
3. 若出厂的混合料出现白花料，请问在混合料拌合中可能存在什么问题？
4. 混合料的运输中应注意的主要问题是什么？
5. 沥青混合料摊铺过程中，为什么应对摊铺温度随时检查并作好记录？
6. 沥青混凝土路面的碾压过程中，除了应严格控制碾压温度和碾压重叠宽度外，还应注意哪些问题？
7. 请简述横接缝的处理方法。

【案例三】

背景材料：

某公路隧道最大埋深约 150m，设计净高 5.0m，净宽 14.0m，隧道长 940m。隧道区域内主要为微风化黑云母和长花岗岩，设计阶段对围岩定级为 Ⅱ／Ⅲ 级，施工过程中围岩发生了变化，需要重新评定。隧道区域内地表水系不发育，区域内以基岩裂隙水为主，浅部残坡积层赋存松散岩类孔隙水，洞口围岩变化段水系较发达。施工单位根据围岩情况拟分别采用全断面法和台阶法开挖施工。

问题：

1. 根据背景材料，围岩详细定级时，在哪些情况下，应对岩体基本质量指标进行修正？

2. 根据背景材料，光面爆破的分区起爆顺序是什么？

3. 根据背景材料，什么叫台阶法？台阶法有几种形式？

【案例四】

背景材料：

某高速公路 M 合同段（K17＋300～K27＋300）主要为路基土石方工程，本地区岩层构成为泥岩、砂岩互层，抗压强度 20MPa 左右，地表土覆盖层较薄。在招标文件中，工程量清单列有挖方 2400000m³（土石比例为 6∶4），填方 2490000m³，填方路段填料由挖方路段调运，考虑到部分工程量无法准确确定，因此采用单价合同，由监理工程师与承包人共同计量，土石开挖综合单价为 16 元/m³。施工过程部分事件摘要如下：

事件 1：施工单位开挖路基后，发现挖方土石比例与设计文件出入较大，施工单位以书面形式提出设计变更，后经业主、监理、设计与施工单位现场勘察、洽商，设计单位将土石比例调整为 3.4∶6.6，变更后的土石方开挖综合单价调整为 19 元/m³。经测算，变更后的项目总价未超过初步设计批准的概算。

事件 2：在填筑路堤时，施工单位采用土石混合分层铺筑，局部路段因地形复杂而采用竖向填筑法施工，并用平地机整平每一层，最大层厚 40cm，填至接近路床底面标高时，改用土方填筑。

事件 3：该路堤施工中，严格质量检验，实测了压实度、弯沉值、纵断高程、中线偏位、宽度、横坡、边坡。

问题：

1.《公路工程设计变更管理办法》将设计变更分为哪几种？事件 1 中的设计变更属于哪一种？说明理由。

2. 指出事件 2 中施工方法存在的问题，并提出正确的施工方法。

3. 指出事件 3 中路堤质量检验实测项目哪个不正确？还需补充哪个实测项目？

4. 针对该路段选择的填料，在填筑时，对石块的最大粒径应有何要求？

【案例五】

背景材料：

某二级公路的主要工序见下表：

工作代号	工作名称	备注
A	施工准备	
B	路基土石方开挖	其中部分石方需爆破施工

工作代号	工作名称	备注
C	挡墙基坑开挖	
D	涵洞施工	
E	桥梁基础施工	钻孔灌注桩基础
F	上边坡防护工程施工	分5级，平均高40m
……	……	……

施工单位编制了如下图网络计划：

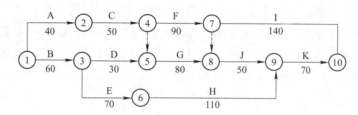

施工中发生了如下事件：

事件1：由于施工单位设备故障，导致 C 工作中断 4d。

事件2：由于百年一遇的冰雪灾害，导致 D 工作晚开工 15d。

事件3：由于图纸晚到，导致 E 工作停工 10d。

针对上述事件中的暂停施工，施工单位在合同规定时间内向监理提出了延期申请和费用索赔的要求。合同约定，成本损失费为人民币 1.5 万元 /d，利润损失费为人民币 0.2 万元 /d。

问题：

1. 计算图示网络工期，并指出关键线路。

2. 针对背景中的网络计划，分别分析 C、D、E 工作工期索赔和费用索赔的合理性。

3. 计算可索赔的费用。

4. 结合背景材料，分析施工单位应编制哪些安全生产专项施工方案？

综合测试题（一）答案与解析

一、单项选择题

1. A

【解析】 袋装砂井按整平原地面→摊铺下层砂垫层→机具定位→打入套管→沉入砂袋→拔出套管→机具移位→埋砂袋头→摊铺上层砂垫层的施工工艺流程进行。

2. B

【解析】 首先排除检查井，它一般设置在深而长的暗沟、渗沟及渗水隧洞，在直线段每隔一定距离及平面转弯、纵坡变坡点等处，它的主要作用是检查通道，不属于独立的地下水排水设施。暗沟（管）用于排除泉水或地下集中水流。本题最具干扰性的是渗沟，渗沟和渗井都用于降低地下水位或拦截地下水。当地下水埋藏浅或无固定含水层时，宜采用渗沟；当地下水埋藏较深或有固定含水层时，宜采用渗井。

3. C

【解析】 用于公路路基的填料要求挖取方便，压实容易，强度高，水稳定性好。其中强度要求是按 CBR 值确定，应通过取土试验确定填料最小强度和最大粒径。路床填料最大粒径应小于 100mm，路床填料应均匀。

4. B

【解析】 当石灰堆放时间较长时，应覆盖封存，故 A 是错误的。生石灰块应在使用前 7～10d 充分消除，故 C 是错误的。消石灰宜过孔径 10mm 的筛，故 D 是错误的。消除后的石灰应保持一定的湿度，不得产生扬尘，也不可过湿成团。所以本题的正确选项是 "B. 消石灰应保持一定的湿度，但不可过湿成团"。

5. B

【解析】 三个功能层的区别：透层，顾名思义是"透"入基层的功能层，它使沥青面层与基层结合良好，在基层上浇洒乳化沥青、煤沥青或液体沥青而形成的透入基层表面的薄层。粘层是使上下层沥青结构层或沥青结构层与结构物（或水泥混凝土路面）完全"粘"结成一个整体的功能层。封层的作用：一是封闭某一层起着保水防水作用；二是起基层与沥青表面层之间的过渡和有效联结作用；三是路的某一层表面破坏离析松散处的加固补强；四是基层在沥青面层铺筑前，要临时开放交通，防止基层因天气或车辆作用出现水毁。透层、粘层、封层都有一定的防水作用，一般不需要再专门施工防水层。本题题干是在旧水泥混凝土路面上加铺沥青混凝土结构层，旧水泥混凝土路面是刚性路面，只有水泥混凝土面板的接缝可能漏水，只需对接缝进行修补，更无需对整个水泥混凝土路面施工防水层。

6. A

【解析】 按主要承重结构所用的材料划分，有圬工桥（包括砖、石、混凝土桥）、钢筋混凝土桥、预应力混凝土桥、钢桥和木桥等。答案选 A。按用途划分，有公路桥、铁路桥、公路铁路两用桥、农桥、人行桥、运水桥（渡槽）及其他专用桥梁（如通过管路、电缆等）。按跨越障碍的性质，可分为跨河桥、跨线桥（立体交叉）、高架桥和栈桥。桥梁没有按静力体系的分类。

7. C

【解析】 合同文件的优先顺序是：①合同协议书；②中标通知书；③投标函及投标函附录；④项目专用合同条款；⑤公路工程专用合同条款；⑥通用合同条款；⑦技术规范；⑧图纸；⑨已标价工程量清单。

8. C

【解析】 跨墩龙门架架设法：预制梁由轨道平车或者平板拖车运至桥孔一侧，用两台同步运行的跨墩龙门吊将梁吊起再横移到设计位置落梁就位。适用条件：无水或浅水河滩，地形相对平坦，孔数较多的中型梁板安装。

9. B

【解析】 高速公路、一级公路、二级公路及有抗（盐）冻要求的三、四级公路混凝土路面使用的砂应不低于Ⅱ级，无抗（盐）冻要求的三、四级公路混凝土路面、碾压混凝土及贫混凝土基层可使用Ⅲ级砂。

10. A

【解析】 钢板桩围堰适用于各类土（包括强风化岩）的水中基坑。

11. B

【解析】 俯斜墙背土压力较大，仰斜墙背土压力较小，垂直墙背土压力介于俯斜和仰斜之间，凸折式墙背土压力大于垂直墙背。

12. C

【解析】 交通标线的主要作用是传递有关道路交通的规则、警告和指引交通。它是由施划或安装于道路上的各种线条、箭头、文字、图案、立面标记、实体标记、突起路标等构成的。所以答案选C。选项A、B，指路标志、指示标志均是交通标志；选项D防护栏是防撞设施。

13. D

【解析】 拱桥支架施工常见质量控制点：支架基础承载力控制、支架沉降量控制、拱架加载控制、卸架工艺控制。所以答案选D。

14. B

【解析】 仪器设备应实施标识管理，分为管理状态标识和使用状态标识，使用状态标识分为"合格""准用""停用"三种，分别用"绿""黄""红"三色标签进行标识。

15. D

【解析】 基本建设档案资料是指在整个建设过程中形成的、应当归档的文件，包括基本项目的提出、调研、可行性研究、评估、决策、计划、勘测、设计、施工、调试、生产准备、竣工、测试生产等工作活动中形成的文字材料、图纸、图表、计算材料、声像材料等形式与载体的文件材料。工程技术档案工作的任务是按照一定的原则和要求，系统地收集记述工程建设全过程中具有保存价值的技术文件材料，并按归档制度加以整理，以便完工验收后完整地移交给有关技术档案管理部门。

16. B

【解析】 对于土方开挖工程，选择的机械与设备主要有：推土机、铲运机、挖掘机、装载机和自卸汽车等。对于石方开挖工程，选择的机械与设备主要有：挖掘机、推土机、移动式空气压缩机、凿岩机、爆破设备等；对于清基和料场准备等路基施工前的准备工作，选择的机械与设备主要有：推土机、挖掘机、装载机和平地机等；对于土石填筑工程，选择的机械与设备主要有：推土机、铲运机、羊足碾、压路机、洒水车、平地机和自卸汽车等。

17. D

【解析】 考查专项施工方案审查制度。施工单位应当依据风险评估结论，对风险等级较高的分部分项工程编制专项施工方案，并附安全验算结果，经施工单位技术负责人签字后报监理工程师批准执行。

18．C

【解析】 施工机械台班预算价格应按交通运输部公布的现行《公路工程机械台班费用定额》JTG/T B06—03—2007 计算，台班单价由两类费用组成。第一类费用又称不变费用，包括折旧费、大修费、经常修理费、替换设备及工具附具费、润滑和擦拭材料费、安装费及辅助设施费、机械管理费；第二类费用又称可变费用，包括人工费、动力燃料费和养路费及车船使用税。所以，本题的正确选项是"C.经常修理费"。

19．D

【解析】 钻孔灌注桩浇筑时，如果混凝土坍落度小，离析或石料粒径过大，导管直径较小（一般为 25cm），在混凝土浇筑过程中堵塞导管，且在混凝土初凝前未能疏通好，当提导管时，容易形成断桩。所以，混凝土要求和易性好，坍落度要控制在 18～22cm，对混凝土方量大，浇筑时间长的大直径长桩，混凝土配合比中宜掺加缓凝剂。导管的直径应根据桩径和石料的最大粒径确定，尽量采用大直径导管。所以，本题的正确选项是"D.18～22"。

20．B

【解析】 根据《公路水运工程质量监督管理规定》（交通运输部令 2017 年第 28 号）第二十三条，建设单位提交的材料符合规定的，交通运输主管部门或者其委托的建设工程质量监督机构应当在 15 个工作日内为其办理工程质量监督手续，出具公路水运工程质量监督管理受理通知书。所以，本题的正确选项是"B.15"。

二、多项选择题

21．A、C、D、E

【解析】 考查设备进场验收登记制度。翻模、滑（爬）模等自升式架设设施，以及自行设计、组装或者改装的施工挂（吊）篮、移动模架等设施在投入使用前，施工单位应当组织有关单位进行验收，或者委托具有相应资质的检验检测机构进行验收。验收合格后方可使用。

22．B、C、D

【解析】 压实度是路基质量控制的重要指标之一，是现场干密度和室内最大干密度的比值。压实度越高、路基密实度越大，材料整体性能越好。其现场密度的测定方法如下：①灌砂法；②环刀法；③核子密度湿度仪法。所以答案选 B、C、D。

23．A、B、D、E

【解析】 考查无机结合料基层养护。①每一段碾压完成并经压实度检查合格后，应立即开始养护。②对于高速公路和一级公路，基层的养护期不宜少于 7d。对于二级和二级以下的公路，如养护期少于 7d 即铺筑沥青面层，则应限制重型车辆通行。③水泥稳定土基层也可采用沥青乳液进行养护。④养护期间，稳定材料层表面应始终保持湿润。⑤石灰稳定土养护期间，不应过湿或忽干忽湿。

水泥稳定土基层也可采用沥青乳液进行养护，选项 C 错误；选项 A、B、D、E 均符合规范规定。故本题正确选项为"A、B、D、E"。

24. A、D

【解析】 考查预应力的张拉。①在进行张拉作业前，必须对千斤顶、油泵进行配套标定，并每隔一段时间进行一次校验。有几套张拉设备时，要进行编组，不同组号的设备不得混合。②当梁体混凝土强度达到设计规定的张拉强度时，方可进行张拉。③预应力的张拉采用双控，即以张拉力控制为主，以钢束的实际伸长量进行校核，实测伸长值与理论伸长值的误差不得超过规范要求，否则应停止张拉，查找原因。预应力筋张拉时，应先调整到初应力，再开始张拉和量测伸长值。④张拉的程序按技术规范的要求进行。⑤张拉过程中的断丝、滑丝不得超过规范或设计的规定。

选项 B、C、E 符合张拉要求。有几套张拉设备时，要进行编组，不同组号的设备不得混合，选项 A 做法错误。预应力的张拉采用双控，即以张拉力控制为主，以钢束的实际伸长量进行校核，选项 D 作法错误。故本题正确选项为"A、D"。

25. A、C、E

【解析】 实施机械通风，必须具有通风机和风道，按照风道的类型和通风安装位置，有如下几种通风方式：风管式通风、巷道式通风、风墙式通风。

26. A、B、D、E

【解析】 交通安全设施主要包括交通标志、交通标线、防撞设施、隔离栅、轮廓标、防眩设施、桥梁护网、里程标、百米标、公路界碑等。

27. A、C、D、E

【解析】 用湿黏土、红黏土和中、弱膨胀土作为填料直接填筑时，应符合：①液限在 40%～70% 之间、塑性指数在 18～26 之间；②采用湿土法制作试件，试件的 CBR 值满足规范的规定；③不得作为二级及二级以上公路路床、零填及挖方路基 0～0.80m 范围内的填料；不得作为三、四级公路上路床、零填及挖方路基 0～0.30m 范围内的填料。

28. B、C

【解析】 一般质量事故，是指造成直接经济损失 100 万元以上 1000 万元以下，或者除高速公路以外的公路项目中桥或大桥主体结构垮塌、中隧道或长隧道结构坍塌，或者小型水运工程主体结构垮塌、报废的事故。

29. A、B、C、D

【解析】 饮用水可直接作为混凝土搅拌和养护用水。对水质有疑问时，应检验下列指标，合格者方可使用：

（1）硫酸盐含量（按 SO_4^{2-} 计）小于 0.0027mg/mm³。

（2）含盐量不得超过 0.005mg/mm³。

（3）pH 值不得小于 4。

（4）不得含有油污、泥和其他有害杂质。

30. B、C、D、E

【解析】 填缝时应使用背衬垫条控制填缝形状系数。背衬垫条应具有良好的弹性、柔韧性、不吸水、耐酸碱腐蚀和高温不软化等性能。

三、实务操作和案例分析题

【案例一】

参考答案:

1. 考虑因素:(1)计划时段内应完成的工程量。

(2)计划时段内的制度台班数(或:台班制度数)。

(3)机械台班生产率(或生产能力)。

(4)机械利用率。

2. A——施工放样(或测量,或放线);B——养护。

3. 两幅施工纵缝必须采用垂直接缝(或直接缝);后一段施工时,前一段未压部分,应加部分生石灰(或结合料)重新拌合(或与新料一起拌合),并与后段一起碾压。

4. 错项:弯沉、回弹模量。

漏项:厚度、强度。

【案例二】

参考答案:

1. 石料应分类堆放;石料堆放场地最好作硬化处理;石料堆放场地四周作好排水。

2. 试验段铺筑的主要目的有两个。一是为控制指标确定相关数据,如:松铺系数、机械配备、压实遍数、人员组织、施工工艺等;二是检验相关技术指标,如:沥青含量、矿料级配、沥青混合料马歇尔试验、压实度等。

3. 出厂时混合料出现白花料,拌合中可能存在油料偏少;拌合时间偏少;矿粉量过多等。

4. 沥青混合料运输应注意的问题是:保持车厢干净并涂防粘薄膜剂,运输时必须覆盖棚布以防雨水和热量损失。

5. 沥青混凝土路面施工中压实度是一重要控制指标,温度低是造成压实度不足的原因之一,随时检查并作好记录是保证沥青路面压实度的重要手段之一。

6. 碾压进行中压路机的运行应均匀,不得中途停留、转向或制动;也不能随意改变碾压速度;不允许在新铺筑路面上停机加油、加水。

7. 先用 3m 直尺检查端部平整度,垂直于路中线切齐清除,在端部涂粘层后继续摊铺,横向接缝的碾压先用双轮双振压路机进行横压,压路机位于压实的部分伸入新铺层的15cm,每压一遍向新铺层移动 15～20cm,直到压路机全部移到新铺层,再改为纵向碾压。

【案例三】

参考答案:

1. 围岩详细定级时,如遇下列情况之一,应对岩体基本质量指标进行修正:

(1)有地下水。

(2)围岩稳定性,受软弱结构面影响,且由一组起控制作用。

(3)存在高初始应力。

2. 光面爆破的分区起爆顺序:掏槽眼—辅助眼—周边眼—底板眼。辅助眼则应由里向外逐层起爆。

3.（1）台阶法是先开挖上半断面，待开挖至一定距离后再同时开挖下半断面，上下半断面同时并进的施工方法。

（2）台阶法分为二台阶法、三台阶法。

【案例四】

参考答案：

1.（1）公路工程设计变更分为重大设计变更、较大设计变更和一般设计变更。

（2）属于较大设计变更。因为单项变更金额达到 720 万元 [2400000×（19－16）＝7200000 元]，超过 500 万元的规定。

2.（1）不应采用平地机整平。因含石量为66%，整平应采用大型推土机辅以人工进行。

（2）不应采用竖向填筑法。土石路堤只能采用分层填筑，分层压实。

3. 不应该实测弯沉值。还应实测平整度。

4. 土石混合料中石料强度大于 20MPa 时，石块的最大粒径不得超过压实层厚的 2/3，超过的石料应清除或打碎。

【案例五】

参考答案：

1. 网络工期为 320d。

关键线路为：①→②→④→⑦→⑩（或：A → C → F → I）。

2. 事件 1 中，由于是施工单位的设备故障，属于施工单位应承担的风险，所以工期和费用索赔不合理。

事件 2 中，百年一遇的冰雪灾害属于双方共同的风险，可以考虑工期索赔，而不应有费用索赔。

事件 3 中，是由于业主迟交图纸引起的，为业主应承担的风险，可以考虑工期和费用的索赔，但不应考虑利润要求。

3. 可索赔的费用为：10×1.5 ＝ 15 万元

4. 应编写的专项施工方案有：高边坡处理方案，石方爆破方案，挡墙基础施工方案，桥梁中的梁、拱、柱等构件施工方案，钻孔灌注桩基础施工方案，高处作业施工方案，水上水下作业施工方案等。

综合测试题（二）

一、单项选择题（共 20 题，每题 1 分。每题的备选项中，只有一个最符合题意）

1. 利用爆破能将大量土石方按照制定的方向，搬移到一定的位置并堆积成路基的这种爆破称为（　　）。
   A. 光面爆破　　　　　　　　　　B. 微差爆破
   C. 预裂爆破　　　　　　　　　　D. 定向爆破

2. 在路基施工时，不宜冬期施工的项目是（　　）。
   A. 整修路基边坡
   B. 含水量高的流动土质开挖
   C. 岩石地段的路堑开挖
   D. 泥沼地带河湖冻结到一定深度后，如需要换土可趁冻结期挖去原地面淤泥换填

3. 下列属于直接防护的是（　　）。
   A. 护坝　　　　　　　　　　　　B. 丁坝
   C. 顺坝　　　　　　　　　　　　D. 抛石

4. 不能用作旧沥青混凝土路面现场冷再生胶粘剂是（　　）。
   A. 乳化沥青　　　　　　　　　　B. 水泥
   C. 石灰　　　　　　　　　　　　D. 泡沫沥青

5. 水泥混凝土路面的横向施工缝设在缩缝处应采用（　　）。
   A. 设传力杆假缝型　　　　　　　B. 设传力杆平缝型
   C. 不设传力杆假缝型　　　　　　D. 设拉杆企口缝型

6. 下列关于经纬仪的说法，错误的是（　　）。
   A. 经纬仪可以进行水平角测量和竖直角测量
   B. 经纬仪可以进行高精度距离测量和高差测量
   C. 经纬仪具有高精度定线的辅助功能
   D. 经纬仪的主要作用是进行角度测量

7. 路线平面测量宜采用（　　　）。

    A．GPS 测量   B．导线测量

    C．三角测量   D．三边测量

8. 塑料排水板施工中，插入套管的前一道工序是（　　　）。

    A．摊铺下层砂垫层   B．整平原地面

    C．塑料排水板穿靴   D．摊铺上层砂垫层

9. 用大功率路面铣刨拌合机将路面混合料在原路面上就地铣刨、翻挖、破碎，再加入稳定剂、水泥、水（或加入乳化沥青）和集料同时就地拌合，用路拌机原地拌合，最后碾压成型。该沥青路面的施工工艺是（　　　）。

    A．厂拌热再生法   B．现场热再生法

    C．厂拌热冷生法   D．现场冷再生法

10. 下列应洒布粘层的是（　　　）。

    A．半刚性机层上铺筑沥青层

    B．沥青混凝土面层与检查井侧面之间

    C．沥青混凝土面层的下面层和二灰稳定碎石基层之间

    D．多雨地区空隙较大的沥青面层下部

11. 渗沟的作用是（　　　）。

    A．降低地下水位   B．排除边沟水

    C．减少冰冻深度   D．连接排水沟与渗井

12. 适用于各种地质条件隧道地质超前预报的方法是（　　　）。

    A．超前钻探法   B．地质调查法

    C．物理勘探法   D．水力联系观测

13. 在桥梁基础分类中，将来自上部结构的荷载通过基础底板直接传递给承载地基的基础是（　　　）。

    A．扩大基础   B．桩基础

    C．地下连续墙基础   D．沉井基础

14. 地下连续墙的施工工艺有：①水下灌注混凝土；②导墙沟槽开挖；③导墙施工；④槽底清理；⑤拔接头管；⑥安放接头管；⑦地连墙沟槽分段开挖；⑧吊放钢筋笼。下列排序正确的是（　　　）。

    A．②①③⑥⑤⑦⑧④   B．②③⑦④⑥⑧①⑤

C. ②③⑦④⑧⑥①⑤   D. ⑦②①③④⑥⑦⑤

15. 桥梁钢筋骨架施焊顺序错误的是（   ）。
    A. 由中到边对称地向两端进行   B. 先焊骨架下部，后焊骨架上部
    C. 相邻的焊缝采用分区对称跳焊   D. 顺骨架轴线方向一次焊成

16. 在基坑施工中，坑壁边缘留有护道，静载距坑边缘不小于（   ）m。
    A. 0.2   B. 0.5
    C. 1   D. 1.5

17. 防眩设施关键实测项目是（   ）。
    A. 安装高度   B. 防眩板设置间距
    C. 竖直度   D. 防眩网网孔尺寸

18. 下列关于钢筋混凝土梁桥施工时对于预拱度偏差防治的说法，错误的是（   ）。
    A. 支架基础应符合设计要求
    B. 预应力波纹管管道的安装定位应准确
    C. 控制预应力张拉的混凝土试块应采取标准养护
    D. 预制梁存梁时间不宜过长

19. 下列设计变更属于重大设计变更范畴的是（   ）。
    A. 超过初步设计批准概算
    B. 连续长度 2km 以上（10km 以下）的路线方案调整
    C. 单项工程费用变化超过 500 万元的变更
    D. 变更路面结构类型、宽度和厚度

20. 某 3500m 长隧道出现坍塌，经济损失 4500 万，该事故属于（   ）。
    A. 特别重大质量事故   B. 重大质量事故
    C. 较大质量事故   D. 一般质量事故

二、多项选择题（共 10 题，每题 2 分。每题的备选项中，有 2 个或 2 个以上符合题意，至少有 1 个错项。错选，本题不得分；少选，所选的每个选项得 0.5 分）

21. 下列关于填石路堤填料要求的说法，正确的是（   ）。
    A. 硬质岩石、中硬岩石可用于路堤和路床填筑
    B. 软质岩石可用于路堤填筑，不得用于路床填筑
    C. 路基的浸水部位，应采用稳定性好、不易膨胀崩解的石料填筑

D. 路堤填料粒径应不大于 500mm，并宜不超过层厚

E. 路床底面以下 400mm 范围内，填料最大粒径不得大于 100m

22. 在道路改建过程中旧路路面的碎石材料，可加进（ ）作为路面的垫层。

A. 粉煤灰
B. 石灰

C. 天然沥青砂
D. 水泥灰

E. 沥青

23. 基层出现收缩裂缝，经过弯沉检测，结构层的承载能力满足设计要求，此时，处理裂缝可采取的措施有（ ）。

A. 在裂缝位置灌缝
B. 在裂缝位置铺设玻璃纤维格栅

C. 洒铺热改性沥青
D. 拉杆拉结

E. 翻挖重铺

24. 下列关于洞门和明洞施工的说法，正确的有（ ）。

A. 洞门端墙的砌筑与回填应两侧对称进行，不得对衬砌产生偏压

B. 洞口边坡、仰坡的开挖可采用大爆破

C. 明洞墙背回填应两侧对称进行

D. 明洞后背为土质地层，应将墙背坡面开凿成台阶状，用干砌片石分层码砌，缝隙用碎石填塞紧密，不得任意抛填土石

E. 明洞后背石质地层中墙背与岩壁空隙不大时，可采用与墙身同级混凝土回填

25. 防撞设施主要包括（ ）。

A. 桥梁护网
B. 隔离栅

C. 护栏
D. 突起路标

E. 防撞

26. 沥青路面的垫层是设置在底基层与土基之间的结构层，起（ ）等作用。

A. 排水
B. 防开裂

C. 隔水
D. 防冻

E. 防污

27. 计算设于水中的支架或拱架的强度和稳定时，应考虑的荷载有（ ）。

A. 风力
B. 水流压力

C. 流冰压力
D. 船只漂流物的冲击力

E. 土压力

28. 根据《公路桥梁和隧道工程施工安全风险评估指南（试行）》，应当进行施工安全风险评估的有（　　）。

　　A. 长度 200m 的钢筋混凝土拱桥

　　B. 跨径 350m 的斜拉桥

　　C. 特长隧道

　　D. 浅埋偏压隧道

　　E. V 级围岩净距小于 3B（跨度）的隧道

29. 工程变更包括（　　）。

　　A. 设计变更

　　B. 进度计划变更

　　C. 施工条件变更

　　D. 人员资质变更

　　E. 原招标文件和工程量清单中未包括的"新增工程"

30. 在生产事故应急救援预案中，应急响应分级的依据主要有（　　）。

　　A. 事故发生所在地行政区域　　　　B. 事故危害程度

　　C. 事故影响范围　　　　　　　　　D. 发生事故的工程合同金额

　　E. 单位控制事态的能力

三、实务操作和案例分析题（共 5 题，每题 20 分）

【案例一】

背景材料：

某路桥施工企业中标承包某二级公路的 H 合同段改扩建工程（K3＋000～K24＋000），项目区软土路基分布不均匀。原有的二级公路 K＋000～K12＋000、K18＋000～K24＋000 路段为沥青混凝土路面，K12＋000～K18＋000 为水泥混凝土路面，沿线城镇化比较严重，过境交通与城市内交通混行，交通量增加引起通行问题，需将其改扩建成一级公路。老路加铺部分路面结构采用上面层：5cm 细粒式沥青混凝土（AC-13C）；下面层：7cm 粗粒式沥青混凝土（AC-25c）；封层：乳化沥青稀浆封层（1cm）；调平层：16～36cm 厚水泥稳定碎石。

根据施工组织和技术要求，施工单位为保证施工质量，提出以下措施：

措施一：施工前对老路路面现况进行详细复核。K12＋000～K18＋000 段主要病害有横向裂缝、纵向裂缝、龟裂、断板等。施工单位对出现断板的原因进行调查分析，发现该段基层顶面标高比设计标高平均高出 5cm，而混凝土制备、浇筑工艺、养护都满足要求，切缝及时。

措施二：严格配置机械设备，沥青混合料拌合设备主产能力为 500t/h，摊铺宽度 6m，压实后，沥青混凝土密度为 2.35t/m³，运输车辆载重量为 15t，混合料运到摊铺现场时间为 13min，返回拌合场时间为 9min，在现场卸料及其他等待时间为 3min，车辆储备系数取 1.1。

措施三：旧沥青路面段采用现场热再生法重铺，其主要工艺包括：摊铺整形、加热、旧料再生、罩新面工艺。

措施四：场地建设按照标准化施工，满足安全、实用美观等要求，对自建房屋提出下列要求：

（1）最低标准为活动板房，建设宜选用阻燃材料，搭建不宜超过两层。

（2）每组不超过 10 栋，组与组之间的距离不小于 6m。

（3）栋与栋距离不小于 4m，房间净高不低于 2.5m。

（4）驻地办公区、生活区采用集中供暖设施，严禁电力取暖。

竣工完成后，竣工验收由批准工程设计文件的地方交通运输主管部门主持，主要是全面考核建设成果，对建设项目进行综合评价，确定工程质量等级。详细核查了交工验收的工程及竣工文件，该工程交工验收工程质量得分 85，质量监督机构工程质量鉴定得分 91，竣工验收委员会对工程质量评定得分 92。

问题：

1. AC-13C 按照组成结构、矿料级配分类分别属于哪种类型？
2. 背景材料措施一中产生病害的主要原因可能是什么？
3. 背景材料中旧沥青路面段现场热再生法重铺的施工流程是什么？
4. 逐条判断自建房屋要求是否正确？并改正错误。
5. 计算背景材料中沥青混合料运输车辆数。
6. 计算路面工程竣工验收工程质量评分，并评定其质量等级。

【案例二】

背景材料：

某二级公路全长 28km，路面结构形式为：级配碎石底基层、水泥稳定碎石基层、C30 水泥混凝土面层。该公路通车三年左右，全线较多路段的水泥混凝土路面均出现裂缝，裂缝以横向裂缝为主，部分水泥混凝土面板发生了断板现象。建设单位注意到，挖方路段比填方路段的裂缝及断板现象更加严重。建设单位立即成立了调查小组，对该项目设计图纸、施工过程、试验记录、监理日志等进行全面分析。经过分析总结，认为产生裂缝及断板的原因是：

（1）全线超载比较严重，尤其是运煤车较多。

（2）由于挖方多为石质挖方，路基多为坚硬的砂岩，根据设计图纸，为了节约造价，位于挖方路段的路面基层采用 15cm 厚的水泥稳定碎石，比填方路段的基层减薄了 10cm。基层的厚度及强度不足是造成断板及裂缝的原因之一。

（3）挖方路段地下水较丰富，且地下水的毛细现象严重。

（4）石质挖方路段多采用放炮施工，路基顶面没有形成平整的横坡。

（5）根据施工纪录，夏季施工时温度较高，加上施工单位切缝设备不足，导致切缝不及时。

（6）切缝深度过深，导致断板。

（7）由于该路段附近水源紧张，混凝土面层施工时，没有在基层上洒水，或洒水不够。

（8）进行混凝土面板灌缝处理的沥青热稳定性差，易流淌。

（9）基层标高控制不严，部分标高超过基层设计标高1.5cm。

（10）不同路段的集料的含水量不一致。施工时没有根据集料的含水量调整配合比。

（11）夏季施工没有进行覆盖养护。

问题：

1. 请分析建设单位关于水泥混凝土面板开裂和断板的原因，改正其中错误之处。

2. 请从混凝土强度、路面排水的角度进一步分析和阐述上面原因中第（7）、（8）、（9）、（10）条为什么是产生混凝土开裂或断板的原因？

3. 请列出水泥混凝土路面质量检测的项目。

【案例三】

背景材料：

某双车道公路隧道，全长620m，地层岩性为石灰岩，地下水较丰富，有一条F断层破裂带，隧道最大埋深490m，纵坡为−3%，其围岩级别及长度如下图所示。合同总工期为20个月。

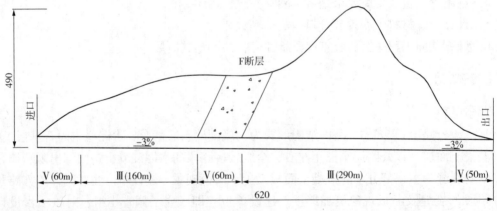

注：图中尺寸以m为单位。

根据以往施工经验及该项目实际情况，施工前，相关人员经讨论分析确定隧道主要施工内容的进度计划指标为：Ⅲ级围岩70～90m/月，Ⅳ级围岩50～70m/月，Ⅴ级围岩30～50m/月，施工准备3个月，隧道内沟槽、路面及附属设施施工3个月。

在开挖F断层带时，出现了围岩掉块、塌落的现象。

问题：

1. 从满足进度要求及经济性考虑，该隧道应布置几个工作面？工作面掘进方向如何设置较为合理？分别说明理由。

2. 按照《公路桥梁和隧道工程施工安全风险评估指南（试行）》，该隧道是否需要进行安全风险评估？说明理由。

3. 根据背景材料给出的地质条件，写出该隧道在地质方面存在的主要安全危险源以及可能造成的安全事故类别。

4. 从地质构造机理分析 F 断层施工出现围岩掉块、塌落的原因，并写出预测塌方常用的几种方法。

【案例四】

背景材料：

某高速公路第五施工合同段地处城郊，主要工程为路基填筑施工。其中 K48＋010～K48＋328 段原为路基土方填筑，因当地经济发展和交通规划需要，经各方协商，决定将该段路基填筑变更为 5×20m＋3×36m＋5×20m 预应力钢筋混凝土箱梁桥，箱梁混凝土标号为 C40。变更批复后，承包人组织施工，上部结构采用满堂式钢管支架现浇施工，泵送混凝土。支架施工时，对预拱度设置考虑了以下因素：

（1）卸架后上部构造本身及活载一半所产生的竖向挠度；

（2）支架在荷载作用下的弹性压缩挠度；

（3）支架在荷载作用下的非弹性压缩挠度；

（4）由混凝土收缩及温度变化而引起的挠度。

根据设计要求，承包人对支架采取了预压处理，然后立模、普通钢筋制作、箱梁混凝土浇筑，采用气割进行预应力筋下料。箱梁采用洒水覆盖养护。箱梁混凝土强度达到规定要求后，进行孔道清理、预应力张拉压浆，当灰浆从预应力孔道另一端流出后立即终止。箱梁现浇施工正值夏季高温，为避免箱梁出现构造裂缝，保证箱梁质量，施工单位提出了以下三条措施：

（1）选用优质的水泥和集料；

（2）合理设计混凝土配合比，水胶比不宜过大；

（3）严格控制混凝土搅拌时间和振捣时间。

问题：

1. 确定上述变更属于哪类变更？列出工程变更从提出到确认的几个步骤。

2. 上述施工预拱度设置考虑的因素是否完善？说明理由。支架预压对预拱度设置有何作用？

3. 预应力筋下料工艺是否正确？说明理由。说明预应力张拉过程中应控制的指标，并指出主要指标。

4. 上述预应力孔道压浆工艺能否满足质量要求？说明理由。

5. 除背景材料中提到的三条构造裂缝防治措施外，再列举两条防治措施。

【案例五】

背景材料：

某施工单位承接了某二级公路的施工，工程合同总价为 6758 万元。其工程划分见下表：

单位工程	分部工程（代号）	分项工程
路基工程	路基土石方工程（A）	土方路基、石方爆破路堑、软土路基
	排水工程（B）	浆砌排水沟、跌水、集水槽
	涵洞（C）	基础及下部结构、主要构件预制及安装、填土、总体
	砌筑防护工程（D）	锚喷防护、护坡
路面工程	路面工程（E）	底基层……
桥梁工程	基础及下部结构	桩基……
	（F）	……
	总体、桥面系及附属工程	……
	防护工程	……

本项目中的桥梁工程为一座 3×25m 简支梁桥，梁板采用预制构件。

根据施工组织安排，排水工程（B）开始施工 20d 后才能开始路基土石方工程（A）施工，涵洞（C）完成后 20d 后才能开始路基土石方工程（A）施工，而砌筑防护工程（D）与涵洞（C）、排水工程（B）同时开始施工，在路基工程全部完成后才能进行路面工程（E）施工。

在本项目施工组织设计中，项目机构组成人员中的主要领导包括：项目经理 1 名，项目副经理 1 名，总工 1 名，党支部书记 1 名，财务主管 1 名，技术主管 1 名。

为搞好廉政建设，在项目管理文件中还写明了廉政建设的具体措施。

问题：

1. 绘制分部工程中 A～E 工程的单代号网络计划图。

2. 写出 F 代表的分部工程名称。

3. 根据《公路水运工程安全生产监督管理办法》，指出表中已列出的分项工程中需要编制安全生产专项施工方案的工程。（如列出错误分项工程，要倒扣分，直到本小题得分扣完为止）

4. 根据《公路水运工程安全生产监督管理办法》，本项目哪些人员应该持有交通运输部颁发的安全生产三类管理人员上岗证书？最少有几人？

5. 为保证廉政建设措施的落实，一般情况下，按照招标文件要求，施工单位应与哪个单位签订什么文件？

综合测试题（二）答案与解析

一、单项选择题

1. D

【解析】 常用爆破方法：

（1）光面爆破。在开挖限界的周边，适当排列一定间隔的炮孔，在有侧向临空面的情况下，用控制抵抗线和药量的方法进行爆破，使之形成一个光滑平整的边坡。

（2）预裂爆破。在开挖限界处按适当间隔排列炮孔，在没有侧向临空面和最小抵抗线的情况下，用控制药量的方法，预先炸出一条裂缝，使拟爆体与山体分开，作为隔震减震带，起保护开挖限界以外山体或建筑物和减弱地震对其破坏的作用。

（3）微差爆破。两相邻药包或前后排药包以若干毫秒的时间间隔（一般为15～75ms）依次起爆，称为微差爆破，亦称毫秒爆破。

（4）定向爆破。利用爆能将大量土石方按照指定的方向，搬移到一定的位置并堆积成路堤的一种爆破施工方法，称为定向爆破。

（5）洞室爆破。为使爆破设计断面内的岩体大量抛掷（抛坍）出路基，减少爆破后的清方工作量，保证路基的稳定性，可根据地形和路基断面形式，采用抛掷爆破、定向爆破、松动爆破方法。

2．D

【解析】 （1）路基工程可冬期进行的项目

① 泥沼地带河湖冻结到一定深度后，如需换土时可趁冻结期挖去原地面的软土、淤泥层换填合格的其他填料。

② 含水率高的流动土质、流沙地段的路堑可利用冻结期开挖。

③ 河滩地段可利用冬期水位低，开挖基坑修建防护工程，但应采取加温保温措施，注意养护。

④ 岩石地段的路堑或半填半挖地段，可进行开挖作业。

（2）路基工程不宜冬期施工的项目

① 高速公路、一级公路的土路基和地质不良地区的二级以下公路路堤。

② 铲除原地面的草皮、挖掘填方地段的台阶。

③ 整修路基边坡。

④ 在河滩低洼地带将被水淹的填土路堤。

3．D

【解析】 直接防护：植物、砌石、石笼、浸水挡土墙等。

间接防护：丁坝、顺坝等导治构造物以及改移河道。

4．C

【解析】 本题考查的是路面改建施工。现场冷再生中关键技术是添加胶粘剂（如乳化沥青、泡沫沥青、水泥）。

5．B

【解析】 此题考查水泥混凝土路面的施工。横缝包括横向施工缝和横向缩缝两类。横向施工缝构造上分为设传力杆平缝型和设拉杆企口缝型；横向缩缝构造上分为设传力杆假缝型和不设传力杆假缝型。每日施工结束或因临时原因中断施工时，应设置横向施工缝，其位置尽可能选在胀缝或缩缝处。横向施工缝设在缩缝处应采用设传力杆平缝型，施工缝设在胀缝处其构造与胀缝相同。确有困难需设置在缩缝之间时，横向施工缝应采用设拉杆企口缝型。

6. B

【解析】 经纬仪根据度盘刻度和读数方式的不同可分为游标经纬仪、光学经纬仪和电子经纬仪。经纬仪是进行角度测量的主要仪器，它包括水平角测量和竖直角测量。另外，经纬仪兼有低精度的间接测距和测定高差以及高精度的定线的辅助功能。

显然，经纬仪无法弯沉高精度的测距和测量高程的工作。

7. B

【解析】 平面控制测量应采用 GPS 测量、导线测量、三角测量或三边测量方法进行。路线平面宜采用导线测量方法进行。

8. C

【解析】 整平原地面→摊铺下层砂垫层→机具就位→塑料排水板穿靴→插入套管→拔出套管→割断塑料排水板→机具移位→摊铺上层砂垫层。

9. D

【解析】 现场冷再生法是用大功率路面铣刨拌合机将路面混合料在原路面上就地铣刨、翻挖、破碎，再加入稳定剂、水泥、水（或加入乳化沥青）和集料同时就地拌合，用路拌机原地拌合，最后碾压成型。就地冷再生工艺一般适用于病害严重的一级以下公路沥青路面的翻修、重建，冷再生后的路面一般需要加铺一定厚度的沥青罩面。目前应用类型已从最初的单纯水泥冷再生，逐步丰富形成泡沫沥青、乳化沥青冷再生。

现场冷再生工艺的优点有：原路面材料就地实现再生利用，节省了材料转运费用；施工过程能耗低、污染小；适用范围广。缺点是：施工质量较难控制；一般需要加铺沥青面层，再生利用的经济性不太明显。

10. B

【解析】 粘层作用与适用条件。

（1）粘层的作用：使上下层沥青结构层或沥青结构层与结构物（或水泥混凝土路面）完全粘结成一个整体。

（2）符合下列情况，必须喷洒粘层沥青：

①双层式或三层式热拌热铺沥青混合料路面的沥青层之间。

②水泥混凝土路面、沥青稳定碎石基层或旧沥青路面层上加铺沥青层。

③路缘石、雨水进水口、检查井等构造物与新铺沥青混合料接触的侧面。

11. A

【解析】 排除地下水的方法较多，有支撑渗沟、边坡渗沟、暗沟、平孔等。

12. B

【解析】 本题考查的是隧道地质超前预报。地质调查法是隧道施工超前地质预报的基础，适用于各种地质条件隧道超前地质预报。

13. A

【解析】 本题考查的是桥梁的扩大基础。扩大基础是由地基反力承担全部上部荷载，将上部荷载通过基础分散至基础底面，使之满足地基承载力和变形要求。适用于地基承载力较好的各类土层。

14．B

【解析】 本题考查的是地下连续墙施工。地下连续墙的施工工艺为：导墙沟槽开挖→导墙施工→地连墙沟槽分段开挖→槽底清理→安放接头管→吊放钢筋笼→水下灌注混凝土→拔接头管。

15．D

【解析】 本题考查的是钢筋工程施工。钢筋骨架的焊接拼装应在坚固的工作台上进行，操作时应符合下列要求：

（1）拼装时，在需要焊接的位置用楔形卡卡住，防止电焊时局部变形。待所有焊接点卡好后，先在焊缝两端点焊定位，然后进行焊缝施焊。

（2）骨架焊接时，不同直径钢筋的中心线应在同一平面上。为此，较小直径的钢筋在焊接时，下面宜垫以厚度适当的钢板。

（3）施焊顺序宜由中到边对称地向两端进行，先焊骨架下部，后焊骨架上部。相邻的焊缝采用分区对称跳焊，不得顺方向一次焊成。

16．B

【解析】 坑壁边缘应留有护道，静荷载距坑边缘不小于 0.5m，动荷载距坑边缘不小于1.0m。

17．A

【解析】 本题考查的是交通安全设施工程质量检验。防眩设施实测项目有安装高度（△）、防眩板设置间距、竖直度、防眩网网孔尺寸。

18．C

【解析】 钢筋混凝土梁桥的预拱度偏差防治措施包括：

（1）提高支架基础、支架及模板的施工质量，确保模板的标高无偏差。

（2）加强施工控制，及时调整预拱度误差。

（3）严格控制张拉时的混凝土强度，控制张拉的试块应与梁板同条件养护，对于预制梁还需控制混凝土的弹性模量。

（4）要严格控制预应力筋在结构中的位置，波纹管的安装定位应准确；控制张拉时的应力值，按要求的时间持荷。

（5）张拉千斤顶定期标定，钢绞线伸长值的计算应采用同批钢绞线弹性模量的实测值。

（6）预制梁存梁时间不宜过长，控制预制梁与桥面系铺装的龄期差。

本题 C 选项错误之处在于，控制预应力张拉的混凝土试块应与梁板同条件养护。故本题的正确选项是"C．控制预应力张拉的混凝土试块应采取标准养护"。

19．A

【解析】 本题考查的是公路工程设计变更管理的相关规定。有下列情形之一的属于重大设计变更：

（1）连续长度 10km 以上的路线方案调整的；

（2）特大桥的数量或结构形式发生变化的；

（3）特长隧道的数量或通风方案发生变化的；

（4）互通式立交的数量发生变化的；

（5）收费方式及站点位置、规模发生变化的；

（6）超过初步设计批准概算的。

20．B

【解析】　本题考查的是公路工程质量事故管理相关规定。重大质量事故，是指造成直接经济损失5000万元以上1亿元以下，或者特大桥主体结构垮塌、特长隧道结构坍塌，或者大型水运工程主体结构垮塌、报废的事故。

二、多项选择题

21．A、B、C

【解析】　路堤填料粒径应不大于500mm，并宜不超过层厚的2/3。路床底面以下400mm范围内，填料最大粒径不得大于150mm，其中小于5mm的细料含量应不小于30%。

22．A、B、C、D

【解析】　如果路基内0.5mm以下的高塑性石灰石颗粒超过20%～30%时，最好掺进20%～25%的砂，并在路基全宽拌匀和压实。对于旧路路面的碎石材料，再加进一些本地的低活性粘结料（如粉煤灰、石灰、炉渣、水泥灰、天然沥青砂等），可作为路面的垫层。

23．A、B、C

【解析】　基层在养护过程中出现裂缝，经过弯沉检测，结构层的承载能力满足设计要求时，可继续铺筑上面的沥青面层，也可采取下列措施处理裂缝：

（1）在裂缝位置灌缝。

（2）在裂缝位置铺设玻璃纤维格栅。

（3）洒铺热改性沥青。

24．A、C、D、E

【解析】　本题考查的是公路隧道洞口、明洞施工。洞口边坡、仰坡的开挖应减少对岩土体的扰动，严禁采用大爆破。

25．C、E

【解析】　桥梁护网主要设置于天桥或主线下穿的分离立交以及主线上跨铁路或等级较高的其他公路的分离立交上，用于防止杂物落在桥梁下方的道路行车道上，保证行车安全的防护设施，选项A错误。隔离栅的主要作用是将公路用地隔离出来，防止非法侵占公路用地的设施，同时将可能影响交通安全的人和畜等与公路分离，保证公路的正常运营，选项B错误。突起路标属于交通标线，选项D错误。

26．A、C、D、E

【解析】　垫层是设置在底基层与土基之间的结构层，起排水、隔水、防冻、防污等作用。

27．A、B、C、D

【解析】　计算模板、支架和拱架时，应考虑下列荷载并按规定进行荷载组合：

（1）模板、支架自重和拱架自重；

（2）新浇筑混凝土、钢筋、预应力筋或其他巧工结构物的重力；

（3）施工人员及施工设备、施工材料等荷载；

（4）振捣混凝土时产生的振动荷载；

（5）新浇筑混凝土对模板侧面的压力；

（6）混凝土入模时产生的水平方向的冲击荷载；

（7）设于水中的支架所承受的水流压力、波浪力、流冰压力、船只及其他漂浮物的撞击力；

（8）其他可能产生的荷载，如风荷载、雪荷载、冬季保温设施荷载等。

28. A、C、D、E

【解析】　需进行施工安全风险评估的有：跨径大于或等于140m的梁式桥、跨径大于400m的斜拉桥、跨径大于1000m的悬索桥。

29. A、B、C、E

【解析】　工程变更是合同变更的一种特殊形式，它通常是指合同文件中"设计图纸""技术规范"或工程量清单的改变，包括设计变更、进度计划变更、施工条件变更以及原招标文件和工程量清单中未包括的"新增工程"。

30. B、C、E

【解析】　本题考查的是公路工程项目应急管理体系。针对事故危害程度、影响范围和单位控制事态的能力，将事故分为不同的等级。

三、实务操作和案例分析题

【案例一】

参考答案：

1. 按组成结构：密实—悬浮结构。

按矿料级配：密集配沥青混凝土混合料。

2. （1）基层标高控制不严，导致混凝土路面板厚度与强度不足。

（2）切缝深度过浅。

（3）路面基础出现不均匀沉降。

（4）交通流量增大。

3. 加热→旧料再生→摊铺整形→罩新面工艺。

4. （1）正确。

（2）错误。

改正：每组不超过10栋，组与组之间距离不小于8m。

（3）错误。

改正：栋与栋距离不小于4m，房间净距不小于2.6m。

（4）正确。

5. 拌合一车混合料所需要的时间 $T = 60 \times 15/500 = 1.8 \text{min}$

所需运输车辆：$n = 1.1 \times (13 + 9 + 3)/1.8 = 15.28$

故，所需运输车辆为16辆。

6. 路面工程竣工验收工程质量评分 $= 85 \times 0.2 + 91 \times 0.6 + 92 \times 92 \times 0.2 = 90$ 分

质量等级为"优良"。理由：质量评分大于等于90分，质量等级为优良。

【案例二】

参考答案：

1. 第（3）条不正确，地下水毛细现象较难通过级配碎石底基层影响面层；第（6）条不正确，切缝深度不够才会导致路面板开裂或断板。其余均正确。

2. 第（7）条，由于干燥的基层会吸收水泥混凝土拌和物中的水分，使板底混凝土强度降低，导致开裂。

第（8）条，灌缝处理不好，地面水通过板间接缝进入路面结构层内部，导致开裂和断板。

第（9）条，基层标高超高，会导致面层水泥混凝土板厚度不够，从而整体强度不足，导致断板。

第（10）条，集料的含水量不一致，导致混凝土配合比控制不严，过大水胶比对混凝土强度不利，过小的水胶比会引起较大的混凝土收缩，所以容易引起开裂或断板。

3. 弯拉强度，板厚度，平整度，抗滑构造深度，相邻板高差，纵、横缝顺直度，中线平面偏位，路面宽度。

【案例三】

参考答案：

1. 应布置一个工作面，因为按最低进度指标计算总工期为：（160＋290）/70＋（60＋60＋50）/30＋3＋3＝18.1个月＜20个月，因此，按照单口掘进（即布置一个工作面）就能满足合同总工期要求。如果布置两个工作面，虽然也满足工期要求，但显然不经济。

施工场地布置在出口，由出口向进口掘进较为合理，因为工作面设在出口有利于顺坡排水。

2. 需要。因为该隧道穿越岩溶发育区，且Ⅴ级围岩连续长度达到60m（或超过50m）。

3. 主要安全危险源为：溶洞、地下水、断层破裂带、洞口浅埋段。可能造成隧道坍塌、突泥突水等安全事故。

4. 隧道穿过断层及其破碎带，或在薄层岩体的小褶曲、断层错动发育地段，一经开挖，潜在应力释放快，围岩失稳，小则引起围岩掉块、塌落，大则引起塌方。当通过各种堆积体时，由于结构松散，颗粒间无胶结或胶结差，开挖后引起坍塌。在软弱结构面发育或泥质充填物过多，均易产生较大的坍塌。

预测塌方常用的几种方法：观察法、一般量测法、微地震学测量法和声学测量法。

【案例四】

参考答案：

1. 属于原招标文件和工程量清单中未包括的"新增工程"的变更（或设计变更）。

工程变更确认过程和环节包括：提出工程变更→分析提出的工程变更对项目目标的影响→分析有关的合同条款和会议、通信记录→初步确定处理变更所需的费用、时间范围和质量要求→确认工程变更。

2. 不完善。设置预拱度时还应考虑支架在荷载作用下的非弹性沉陷和张拉上拱的影响。支架预压的目的是为了收集支架地基的变形数据，作为设置预拱度的依据。

3. 预应力筋宜使用砂轮锯（砂轮切割机）下料，预应力张拉过程中应控耐张拉应力和伸长值两项指标，以张拉应力控制为主（以伸长值作为校核）。

4. 不能满足要求。压浆应使孔道另一端饱满和出浆，并使排气孔排出与规定稠度相同的水泥浓浆为止。

5.（1）避免出现支架下沉；（2）避免脱模过早，以及模板的不均匀沉降；（3）加强箱梁混凝土浇筑后的养护工作。

【案例五】

参考答案：

1. 单代号网络计划图如下：

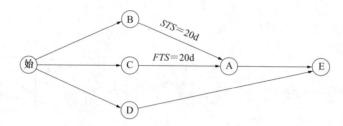

2. F代表上部构造预制和安装。

3. 石方爆破路堑、桩基。

4. 应持有三类管理人员上岗证书的有：项目经理、项目副经理、项目总工、现场专职安全生产管理人员。最少有5人。

5. 与建设（业主）单位签订廉政合同。

网上增值服务说明

为了给一级建造师考试人员提供更优质、持续的服务，我社为购买正版考试图书的读者免费提供网上增值服务。**增值服务包括**在线答疑、在线视频课程、在线测试等内容。

网上免费增值服务使用方法如下：

1. 计算机用户

2. 移动端用户

注：增值服务从本书发行之日起开始提供，至次年新版图书上市时结束，提供形式为在线阅读、观看。如果输入卡号和密码或扫码后无法通过验证，请及时与我社联系。

客服电话：4008-188-688（周一至周五9：00—17：00）

Email：jzs@cabp.com.cn

防盗版举报电话：010-58337026，举报查实重奖。

网上增值服务如有不完善之处，敬请广大读者谅解。欢迎提出宝贵意见和建议，谢谢！